사 회 책 임 투 자

Socially
Responsible
Investing
Amy Domini

Making a Difference and Making Money

사
회
책
임
투
자

Socially
Responsible
Investing
Making a Difference and Making Money
Amy Domini

좋은 세상 만들며
투자 이익 올리기
에이미 도미니 지음
구홍표 이주명 옮김

필맥

사회책임투자
– 좋은 세상 만들며 투자 이익 올리기

지은이 | 에이미 도미니
옮긴이 | 구홍표, 이주명

1판 1쇄 펴낸날 | 2004년 6월 1일

펴낸이 | 이주명
편집 | 문나영
표지디자인 | 조혁준
본문디자인 | 예티
출력 | 문형사
종이 | 화인페이퍼
인쇄 | 한영문화사
제본 | 영신사

펴낸곳 | 필맥
출판등록 제2003-63호
주소 | 서울시 종로구 송월동 99-2 송월빌딩 401호
이메일 | philmac@philmac.co.kr
전화 | 02-3210-4421
팩스 | 02-3210-4431

ISBN 89-91071-03-1 (03320)

이 도서의 국립중앙도서관 출판시도서목록(CIP)은 e-CIP 홈페이지(http://www.nl.go.kr/cip.php)에서
이용하실 수 있습니다.(CIP제어번호: CIP2004001037)

불가사리 수천 마리가 해변으로 쓸려 올라왔다.

한 어린 소녀가 불가사리가 죽지 말라고 바다로 다시 던져 넣기 시작했다.

"그러지 마라." 소녀의 엄마가 말했다. "그래봐야 달라질 게 없단다."

소녀는 잠깐 생각하더니 자기 손에 든 불가사리를 바라보며 말했다.

"그렇지만 엄마, 지금 내 손에 있는 바로 얘는 살릴 수 있어요."

투자자문가인 나는 두 개의 서로 다른 세계에 속해 있다. 먼저 내가 '사는 세계'에는 아이들의 삶과 지역사회, 더 나아가 세계를 좀더 살 만한 곳으로 만들고자 지속적으로 노력하는 사람들로 가득 차 있다. 또 하나, 내가 '일하는 세계'에는 고객들을 위해 더 나은 투자성과를 거두기 위해 안간힘을 쓰는 사람들로 가득 차 있다. 두 개의 세계는 같은 사람들로 이루어져 있다. 그들은 집에서도 노력을 하고 직장에서도 노력을 한다. 그러나 어느 한쪽에서 그들이 노력하는 것이 다른 한쪽에서 노력하는 것과 충돌한다. 그들은 자신들이 '사는 세계'에서 소중히 여기는 모든 것을 위험에 빠뜨릴지도 모를 목적을 달성하기 위해 직장에서 기나긴 시간을 일한다.

투자자문가에게는 보통사람들보다 더 많은 것이 요구된다. 우리는 고객으로부터 끊임없는 압력을 받는다. 고객들의 투자성과를 높여 금전적 이익을 극대화해줌으로써 그들이 인생의 과실을 즐길 수 있도록 해주는 것은 우리의 숙명이다. 그러나 투자성과를 극대화하기 위해 우리는 기업들이 하고 싶은 대로 하도록 내버려 두고 있는 것은 아닐까? 기업 경영진은 효용이 의심스러운 제품을 만들기 위해 과학기술을 매수하고, 세금을 빼돌리는 법률을 만들기 위해 여론을 매수하고, 가장 싼값의 제품을 만들기 위해 사슬에 묶인 노동력조차 매수하는 것이 자신들의 의무라고 주장할지도 모른다. 그들은 자신들은 이미 있는 규칙에 따라 행동할 따름이지, 규칙을 만든 사람이 아니라고 변명한다. 그들은 이런 변명 뒤에 숨은 채 자신들의 행동이 낳은 결과에 대해 아무런 책임도 지지 않는다. 그러나 만일 사람들이 좀더 관심을 갖고 지켜본다면 어떻게 될까? 분명 그들은 다른 규칙을 만들 것이다. 사실 우리는 고객들에게 진정한 인생의 과실을 주지 못하고 있다. 고객들의 돈지갑을 두둑하게 만들어주고 있지만 진정으로 그들에게 주어야 할 것은 주지 않는다. 금전적으로 더 풍족해지는 것이 사회의 건강, 개인의 안전, 또는 매일 매일의 조그마한 즐거움에서 행복감을 느끼는 능력을 희생시키면서 얻어져서는 안 된다.

나는 투자의사 결정 과정 속에 개인적인 관심과 도덕적인 기준을 깊숙이 통합시켜 넣는 것을 통해, 투자자들이 인간의 존엄성과 환경의 지속가능성을 중시하고 떠받치는 세계를 실현할 수 있다고 믿는다. 사회책임투자(SRI: Socially Responsible Investing)를 통해 투자자들은 성공의 방정식을 다시 만들어갈 수 있다. 우리가 돈을 벌려고 하는 이유는 보다 안전하고 더 나은 삶을 원하고, 우리의 자녀나 후손들, 나아가 지구에 좋은 유산을 남겨주기 위해서다. 물론, 단순히 경쟁에서 이겼다는 느낌을 갖기 위해 돈을 벌려고 하는 경우도 있다. 그러나 사회책임투자는 무엇보다 먼저 남들에게 해를 끼치지 않아야 한다고 요구한다.

세계가 머뭇거리고 있는 동안 나빠진 환경을 고칠 수 있는 시간은 줄어들고 있다. 아직 많은 사람들이 문명시민으로서 결코 받아들일 수 없는 현실에 여전히 묶여 있다. 이런 모든 것들의 뿌리에는 결국 돈 문제가 놓여 있다. 우리는 그것을 알고 있다. 사회책임투자야말로 바로 그런 문제를 풀 수 있는 유일한 열쇠다.

사회책임투자의 내력

먼저 사회적 책임성을 중시하는 투자, 즉 사회책임투자의 바탕을 이루는 철학에 대해 알아보자. 금융산업은 빠른 속도로 세계권력화하고 있다. 그런데 금융산업은 사람들의 행복이나 복지에 대해서는 책임을 느끼지 않는다. 환경이 파괴되면서 파멸의 시한폭탄이 째깍거리기 시작했고, 인간의 존엄성은 무시당하고 있다. 채권자들은 빌려주지 말았어야 할 돈을 빌려준 뒤 그것을 갚으라고 요구함으로써 많은 나라들을 파산상태로 몰고 간다. 투자자들은 더 값싼 원자재 공급 요구로 인해 농민들이 강탈당하고 논밭에서 쫓겨나 송유관 건설 노동자로 내몰리는 현실을 방관한다. 분명히 이런 행동들은 비도덕적이다. 그런데 이런 행동들이 다름 아닌 바로 우리를 위해 저질러지고 있다. 도덕에서 벗어난 금융산업과 기업들은 주주들에 대한 보상을 극대화하는 것을 최고의 가치를 지닌 행동규범으로 삼는다. 그들의 이런 행동규범은 다른 행동규범들에 앞서는 정도가 아니라, 아예 거기에 배타적인 권위가 부여된 것처럼 브인다.

사회책임투자는 1960~1970년대 남아프리카공화국에서 미국 기업들이 수행해야 할 역할을 놓고 전개된 논의과정에서 태어났다. 그리고 많은 개인과 단체들이 자신의 신념을 투자와 조화시키려고 노력한 덕분에 격동기를 거쳐 비옥한 토양에 확고한 뿌리를 내렸다. 사회책임투자의 전략과 방법은 종교에 바탕을 둔 투자규범에서 시작된 이래 환경운동, 베트남전쟁, 인권운동 등과 영향을 주고받았고, 남아프리카공화국 사람들의 고통을 완화시키려는 국제적 노력들이 통합되는 과정에서 성장했다.

세 가지 방법

나는 사회적 투자자들이 전통적인 투자방법과 차이를 두면서도 돈을 벌 수 있는 세 가지 방법을 추천한다.

첫 번째 방법은 사회적 또는 윤리적 고려를 하면서 신중하게 투자할 주식을 선택하는 것이다. 우선 곡물을 체로 거르듯 투자대상 기업들을 걸러서, 가장 나쁜 산업들에 속하는 기업들을 제외한다. 여기서 더 나아가, 다른 기업들보다 더 나은 기업들을 적극적으로 고를 수도 있다. 이런 스크리닝(Screening)을 하는 투자자는 의식적으로 자신의 가치관에 보다 더 잘 부합하는 투자를 하게 되며, 기업의 사회적 책임성에 대한 지속적인 감시의 틀을 만들게 된다.

두 번째 방법은 기업 경영진과의 대화에 적극적으로 참여하는 것이다. 가장 쉽게는 주주총회에 참석해 적극적으로 투표에 참가할 수도 있지만, 우리 모두에게 중요한 쟁점에 대해서 스스로 주주결의안을 낼 수도 있고, 다른 사회책임투자자 또는 기업 경영자들과 힘을 합쳐 착취공장이나 억압적 정권과 같은 현안 문제에 대한 해결책을 찾을 수도 있다. 기업 경영진과의 직접적인 의사소통을 통해 우리는 올바른 환경적 관행에서부터 고용의 다양성 증진에 이르기까지 다양한 쟁점들을 다루고, 외채 문제로 야기된 가난한 나라 국민들의 인간적 고통을 완화하기 위한 첫 걸음에 나설 수 있다.

세 번째 방법은 지배적인 금융 패러다임 밖에서 작동하는 지역사회개발 금융기관(CDFI; Community Development Financial Institution)을 활용하는 것이다. 나는 정의롭고 환경적으로 지속가능한 세계를 실현하기 위해서는 소규모의 지역사회개발 금융기관들을 도와야 한다고 주장한다. 도심의 빈민층 거주구역, 아메리칸 인디언 보호구역, 그리고 가난한 나라에서 많은 사람들이 건강한 지역사회를 만들어보지도 못하고 절망적인 위기에 몰리고 있다. 대출을 하면서 금융지식과 기술교육까지 제공하는 특수한 금융기관인 지역사회개발 금융기관들은 그런 사람들에게 필요한 도움을 줄 수 있다. 그러나 그들은 자금 지원을 필요로 한다. 지역사회개발 금융기관들을 돕는 일은 결코 어렵거나 멀리 있지 않다.

변화 만들기와 수익 올리기

세계가 좁아짐에 따라 이제는 물건을 살 때든 주식을 살 때든 국경이란 개념 자체가 희미해졌다. 그런데 외국에서 만들어진 물건을 사는 우리의 행위가 그 나라에 거대한 부조리를 낳거나 온존시키고 있다. 외국 기업의 주식을 사서 보유하는 행위는 그 외국 기업의 의사결정 방식을 변경시켜 그 나라의 전통적인 기업 운영방식과 충돌하게 만듦으로써 현지 사람들에게 재앙을 초래하고 있다. 그러나 오늘날과 같은 하나로 이어진 세계가 오히려 새로운 기회일 수도 있다. 하나가 된 지구경제는 우리가 인간의 존엄성과 건전한 환경적 관행이 꽃피는 세계를 건설할 수 있도록 무수히 많은 투자기회를 제공할 것이다.

사회책임투자자가 되어도 돈을 벌 수 있을까? 그렇다. 분명히 돈을 벌 수 있다. 이는 그동안의 투자실적이 말해준다. '도미니400 사회지수'[1]가 보여주듯 사회책임 뮤추얼펀드들의 수익률은 각각의 해당 업종 주가수익률을 능가한다. 사회책임 뮤추얼펀드의 이런 투자실적은 사회적 스크리닝의 결과라고 나는 생각한다. 스크리닝은 현재 가동되고 있는 경영의 질과 기업문화를 여실히 드러나게 보여주기 때문이다.

투자를 하는 것을 통해 세상을 바꿀 수 있을까? 사회책임투자는 고통을 완화하고, 보다 깨끗한 세계를 건설하며, 사회가 직면한 현안을 해결하는 방향으로 기업들이 노력할 수 있도록 그 길잡이 틀을 만드는 데 공헌해 왔다. 무엇보다 중요한 것은 세계 기업들의 새로운 소유자인 주주들이 목소리를 높이고 있다는 점이다. 우리의 아이들, 우리의 이웃들, 그리고 우리의 자연환경으로부터 돈을 훔치는 것을 기업의 주인인 우리는 결코 바라지 않는다. 이런 새로운 소유자들의 수가 많아지고 그 힘이 강력해지면 책임성 있고 지속가능한 기업 관행이 정착될 것이다.

돈이 돌리는 세계

경영의 목적은 투자자들에게 돈을 벌어주는 것이다. 대부분의 투자자들은 돈이란 가치중립적인 것이고 투자는 현실 세계에 아무런 영향도 주지 않는 행위라고 생각한다. 이런 관념은 옳지 않다. 현실에는 재화와 서비스가 움직이는 기업의 세계와 돈이 흐르는 금융의 세계가 있다. 금융은 기업을 움직이게 하고 스스로도 움직인다. 이 두 파트너는 동등하지 않다. 지갑을 불리는 것이 유일한 목적인 금융적 투자자들이 결국은 기업을 소유하는 것이다.

'내 뒷마당에는 안 된다'는 뜻인 님비(NIMBY)[2]는 거주지 근처에 교도소, 쓰레기 매립지, 고속도로를 건설하려는 계획에 대응한 지역사회의 분노를 가리키는 말이다. 누구도 자기 집 뒷마당에 문제가 있는 것이 설치되기를 바라지 않을 것이다. 설령 그것이 예전에는 문제가 없었더라도 이제는 문제가 있는 것으로 생각된다면 마찬가지다. 그런데 오늘날의 세계는 아주 작은 곳이 됐다. 미국에 있는 내 집에서 파나마의 열대우림 지역으로 가, 문자도 없이 사는 그곳

원주민을 만나는 데 6시간도 걸리지 않는다. 문맹률이 80%에 이르고 생활수준이 지난 25년간 계속 하락해온 아이티의 수도 포르토프랭스의 극빈지역까지 가는 데도 6시간이 안 걸린다. 이제 내 집의 뒷마당은 이처럼 연약한 지구 전체다.

지역사회개발 금융 | 사회적 투자의 진화 | 오네이다 공동체 | 침묵의 봄을 만드는 농업기업 |
남아프리카공화국의 장기자금 유입 변화 | 남아프리카공화국 재투자 펀드 | 미국의 14대 사
회책임 뮤추얼펀드 | 제너럴일렉트릭의 공장 이전 | 아동노동의 현실 | 아이티 청년들을 위한
대안의 프로젝트 | 남자보다 여자가

네거티브 스크리닝
포지티브 스크리닝
개인을 위한 좀더 쉬운 스크리닝 방법
사회적 스크리닝의 효과와 한계

이해관계자란 무엇인가 | 뮤추얼펀드란 무엇인가 | 세계 25대 도박회사 | 군수품 판매수익 25
대 기업 | 이윤을 추구하는 감옥 | 굶주림 해결에 무용한 생명공학 | 무익한 세계은행의 삼림
부문 대출 | 사회에 도움이 되는 기업들의 사례 | 재생가능 에너지 기업들 | 다양성을 지지하
고 나선 자동차업계 | 일하는 엄마에게 좋은 기업 Best 10 | 히스패닉계가 일하기 좋은 기업

4장 기업과 직접대화에 나서라 · 119

SRI

국제적인 무기제조 기업들 | 혁신적인 아이디어를 지닌 기업들 | 가난한 사람들의 것을 빼앗아 기업에게 준 민영화 | 스위스의 지속가능성 투자 | 일본의 녹색투자 펀드 | 이탈리아의 사회책임투자자 | 스웨덴의 사회책임투자 | 유럽이 앞장선 생산자책임강화 | 사회책임투자자들에게 추천하는 일본 기업 | 유엔 여성개발기금에 기부하는 펀드 | 남아프리카공화국의 지역사회 건축업자들에 대한 지원 | 국제적인 지역사회개발 대출펀드들 | 사회적 책임성이 있는 기업 | 환경보호에 기여하는 헝가리 기업 | 세계가 100명이 사는 마을이라면

환경 친화적인 기업들 | 거북이가 이긴다 | 성장형 펀드와 가치형 펀드 | 환경 측면에서 추천된 두 기업 | 기업의 성과와 윤리적 노력의 관련성 | 우수한 기업지배구조는 보상 받는다 | 에너지 분야의 추천 기업 | 자사 종업원에 대한 기업의 책임 | 개량형 경수로 사업과 기업복지

| 일러두기

1. 원서는 추천하거나 거론한 기업들의 증시 종목코드를 일일이 병기했으나 국내 독자들에게는 유용한 정보가 되지 않는다는 점에서 본 번역서에서는 그것을 모두 삭제했다.
2. 원서에서 소개된 인터넷 웹사이트들 가운데 2004년 5월 현재 폐쇄, 이전 등으로 그 주소가 바뀐 것은 본 번역서에서 제외했다.
3. 7장의 '거북이가 이긴다' 그래프는 KLD의 2004년 5월의 최신 자료로 바꾸어 실었다.
4. 역자들은 원서의 Appendix A~E를 본 번역서에서 부록 1~5로 옮기면서 지나치게 구체적인 내용은 제외하는 등 그 내용을 일부 압축하는 대신, '한국의 소수주주권'에 관한 참고자료를 부록 6으로 추가했다.

1장

어떻게 투자하느냐는 중요하다.

보통 사람들이 서로 힘을 합치면 역사를 변화시킬 수 있다. 나는 오늘날 젊은이들에게 가르쳐야 할 것들 가운데 이보다 더 중요한 것은 없다고 생각한다. 변화를 일으키기 위해서 새로운 마틴 루터 킹, 말콤 엑스를 찾을 수도 있다. 그러나 대답은 거울 속에도 있다.

– 로자 파크스

미국의 주가가 꾸준히 올라 수백만 경의 재산을 늘려주었다. 사람들은 자유로이 쓸 수 있는 돈을 갖게 됐고, 품위 있게 은퇴할 수 있을 것이라는 안도감도 생겼다. 그런데 지구 한편에서는 야생의 자연이 사라지고 있고, 생물종이라는 자연유산은 침식당하고 있다. 풍부했던 문화적, 인종적 다양성은 거의 사라졌고, 대도시들마다 커다란 빈민가가 자리를 잡았다. 수백만 덩이 노예상태로 살거나, 감옥에 들어가 있거나, 자신의 집에 갇혀 지낸다. 8살짜리 아이가 군대에 끌려간다. 돈에 팔려가 묶인 채 일하거나 매춘을 하는 아이들도 많다. 매일같이 수백, 수천 명이 영양실조, 콜레라, 가난으로 인해 죽는다.

어떻게 이런 두 개의 세계가 공존할 수 있을까? 아니, 문제는 다음 두 가지로 바꿔서 봐야 할 것이다. 하나는 '우리는 이런 두 개의 세계가 얼마나 더 오랫동안 지속되도록 방치할 수 있는가' 이고, 다른 하나는 '우리가 지금 만들어가는 세계의 필연적인 귀결은 무엇인가' 이다. 소수의 나약한 개인들이 평온한 호화로움, 청결, 품위 속에서 살아나가고, 그러면서도 그들이 가혹한 고통의 삶을 사는 다른 수십억 명을 도와야 하는 세상이 우리의 미래 모습일까? 아니, 우리는 이미 그런 세상 속에 있는 건 아닐까?

변화가 필요하다. 우리는 "밀물은 모든 배를 끌어 올린다"는 말을 더 이상 받아들일 수 없다. 지금 기업들은 소수의 소유자들, 즉 주주들에게 돈을 벌어주는 것만을 가치 있게 여기는 일련의 규칙들에 따라 운영된다. 그 규칙들은 기업들을 지구상에서 가장 강력한 사회 세력으로 만들었다. 오늘날 미국 대기업들의 수입은 저개발국

노예제도는 과거지사가 아니다

1948년에 채택된 세계인권선언 4조는 "어느 누구도 노예상태 또는 예속상태에 놓여지지 않아야 한다. 모든 형태의 노예제와 노예매매는 금지된다"고 규정하고 있다. 그럼에도 노예제는 여전히 현실에 존재한다. 오늘날에도 들판에서 노예들이 일하고 있다. 그들은 농촌과 도시의 많은 산업들에 육체노동을 제공한다. 현대판 노예제를 근절시키기 위한 노력과 시도들은 예전의 노예무역 반대 운동과 달리 성공적이지 못하다. 강제노역에 시달리는 미얀마의 노동자들, 카펫을 짜는 파키스탄의 아동노동자들, 속박된 상태에서 숯가마 일을 하는 브라질의 노동자들, 인도의 벽돌공장 노동자들은 오늘날의 노예들이다.

출처: '정부의 대응조처가 필요한 노예제의 현대적 형태들: 1990년대의 문제들 가운데 대규모로 지속되고 있는 것들', 1995년 6월 '노예제의 현대적 형태들에 관한 유엔 작업그룹'에 제출된 문건. www.antislavery.org.

들의 국민소득 합계액을 능가하고, 한 대륙 전체의 국민소득 합계액보다도 더 많다. 대기업들이 주주들에게 돈을 벌어 준다는 본래의 자기 임무를 수행하기 위해 기울이는 노력을 방해할 수 있는 것은 아무것도 없다.

건축물은 하나의 놀랄 만한 추세를 상징적으로 보여주고 있다. 고대에서 르네상스 시대까지의 대규모 지상 건축물들은 거의 대부분 신에게 바치기 위해 지어졌다. 하늘로 치솟은 유럽의 성당들과 동남아시아의 불교 사원들은 보편적인 선, 보편적인 목적이 존재하며, 그것은 존중돼야 함을 사람들에게 가르쳤다. 그 다음은 정부의 시대였다. 16세기 이후 300여 년 동안 지어진 건물들 가운데 가장 큰 것들은 대부분 의회나 궁전 등이었다. 이는 시민사회의 사회구조가 가장 중시되고 존중됐음을 보여준다. 시민사회의 가치는 보편적인 선보다는 협소한 개념이겠지만, 다수의 의견과 복리를 중시하는 것이었다.

최근 100여 년 동안 기업들의 본부가 도시에서 가장 큰 건물이 됐다. 뉴욕에 있는 크라이슬러 본사나 팬암 빌딩은 관광객들을 그랜드 센트럴 역으로 안내하는 이정표 역할을 하고 있다. 신시내티에 가든 밀라노에 가든 그곳을 정착지로 선택한 기업들의 기념물이 스카이라인을 장악하고 있음을 보게 된다. 사람들에게 음식, 옷, 주택, 기타 필요한 재화와 서비스를 공급하는 기업의 힘에 바쳐진 이런 건물들이 시민사회의 건물들을 대체했다.

그런데 이제 또 다시 바뀌고 있다. 팬암 빌딩의 이름은 메트라이프 생명보험 빌딩으로 바뀌었다. 지금 우리의 가장 거대한 기념물은 금융산업의 건물들이다. 이제 우리는 돈을 움직이는 자들을 인정하고 존중한다. 이제는 도시의 스카이라인을 차지한 건물들 가운데 보편적인 선을 상징하는 것도 사회조직을 존중하는 증표도 없고, 기업에 대한 찬양을 상징하는 탑도 없다. 오늘날에는 돈을 움직이는 자들이 신, 정부, 기업을 대체했다.

오늘 우리가 하는 투자는 내일 우리가 살 세계의 모습을 결정한다. 만일 투자가 사회적, 환경적 영향을 고려하지 않은 채 맹목적으로 이뤄진다면, 그 결과는 삶의 질을 희생시켜 돈주머니를 불리는 방향으로 끊임없이 기울어지는 세상이 될 것이다. 우리가 금융의 세계에 갇혀 있는 한 또 하나의 다른 세계를 보지 못한다. 도시를 수놓은 상징물들로부터 돈의 힘과 위용만 볼 뿐이다.

사회책임투자자들이 공유하는 근본적인 신념은 '어떻게 투자하는가는 중요하다'는 것이다. 우리의 논리는 간단하다. 소수를 위해 그들의 지갑을 가능한 불려주는 것과, 다수를 위해 이 세상을 살 만한 곳으로 만들어가는 것 사이에는 근본적인 갈등이 존재한다. 생계비 수준의 임금을 주고 노동자를 고용하는 것보다는 노예노동을 이용하는 것이 더 싸다. 환경을 깨끗하게 보존하는 것보다는 환경을 오염시키는 것이 더 싸다. 주차장 주변에 나무를 심고 벤치를 설치하는 것보다는 그냥 시멘트로 포장해 버리는 것이 더 싸다. 투자자들이 그들 자신에게 금전적 보상을 해주는 것이 기업의 존재이유라고 계속 고집하는 한, 우리가 희망하는 미래는 실현될 수 없다.

과거 일만 년에 걸쳐 발전해온 문명은 이제 평화, 아름다움, 인간의 존귀함, 인류가 공유하는 가치를 실현할 때가 됐다. 우리는 그렇게 할 능력을 갖고 있다. 그렇게 할 의지도 갖출 수 있다. 우리가 아직 갖추지 못한 것은, 살 만한 세계를 만든다는 목표를 우리의 가장 강력한 제도, 즉 기업 활동과 금융의 일상적 운영에 통합시켜 넣는 일에 적극적으로 나서는 태도다.

오늘날 점점 더 많은 개인과 기관들이 어떻게 투자하는가는 중요하다는 기본적 진리를 인식하고 있다. 이로 인해 사회책임투자라는 분야가 지난 몇 년간에 걸쳐 폭발적으로 성장했다. 최근의 한 조사에 따르면 여덟 가구 중 한 가구는 어떤 방식이든 사회책임투자를 하고 있다. '사회적투자포럼'[3]에 따르면 사회적 스크리닝, 적극적인 주주대화, 지역사회개발 이니셔티브와 관련지어 운영되는 자산의 규모가 1996년 이래 2년마다 두 배씩으로 늘어나고 있고, 1990년대

사회책임투자의 확산

- 확정기여형 퇴직연금제를 운영하고 있는 미국 기업들 가운데 35%는 종업원들에게 사회책임투자 옵션을 제공한다. 대형 기업들 가운데 포드자동차와 제너럴 모터스가 이 경우에 속한다.
- 미국의 기업 퇴직연금 제도인 401(k) 계획의 운영자들도 사회책임투자 옵션을 제공하고 있다. 예를 들어 대형 투자자문사인 피델리티(Fidelity Investments)는 운영 중인 97개 401(k) 연금계획 운영자산 중 9개가 사회책임투자 펀드로 돼 있다.
- 주식 포트폴리오에 따라 연금 지급액이 변동하는 가변지급형 연금(variable annuity)을 통해서도 사회책임투자 펀드에 많은 금액이 투자되고 있다. 교직원퇴직연금인 TIAA/CREF의 '사회선택계좌'(41억 달러)와 링컨 내셔널의 '사회의식펀드'(18억 달러)가 바로 여기에 속한다.

출처: '사회적 투자의 새로운 것들'(2000년 4월), 사회적 투자 포럼의 회원과 협력사들에게 제출된 자료.

말 현재 미국에서만 2조 달러에 이른다. 2000년 상반기만 놓고 보면 미국의 대형 투자펀드들 가운데 3분의 2와 교원퇴직연금, 그리고 뱅가드 그룹이 사회책임투자자들을 위한 뮤추얼펀드를 출범시켰다. 사회책임투자는 이제 성년기에 접어들었다.

15년 전만 해도 기업의 연례보고서에는 사회적 책임성에 관한 내용이 들어 있지도 않았다. 그러나 이제는 많은 대기업들이 연례보고서나 웹사이트에서 자사의 사회적 책임성에 관해 설명하고 있다. 우리는 이제 지역사회에 대한 기업의 기여도와 태도, 다양성 정책, 그리고 환경 문제에 대한 정책 등을 읽을 수 있다. '책임성 있는 기업'이라는 평판을 얻기 위해서는 어떻게 해야 하는가를 조언해주는 컨설팅 회사들도 많이 생겨났다. 미국의 비즈니스 스쿨들은 윤리학과를 설치하거나 윤리학에 관한 강의를 새로 개설하고 있다. 예를

지속가능한 발전을 위한 투자

에토스 재단(Ethos Foundation)은 1999년 말 현재 스위스 전역의 74개 연금기금을 대신해 전 세계의 주식과 채권에 대략 4600억 유로를 투자하고 있다. 이 재단의 도미니크 비더만 이사는 이렇게 설명한다. "에토스 재단은 연금기금을 위해서 연금기금 스스로가 만들었다. 그 목적은 연금기금들로 하여금 지속가능한 발전이라는 기준에 따라 기업들을 분석해 자산관리를 하도록 하는 방법을 구축하는 데 있다. 그것은 고전적인 재무적 기준에 일련의 환경적, 사회적 기준을 추가한 접근방법이다. 더 나아가 책임성을 중시하는 방식으로 주주들이 투표권을 행사하도록 하는 것도 에토스 재단의 목적이다." 이 재단이 제시하는 투자전략은 특정 투자대상의 기피, 적극적인 선별, 그리고 참여라는 세 가지를 적절히 혼합하는 방식이다.

출처: '사회적 투자의 새로운 것들'(2000년 4월), 사회적 투자 포럼의 회원과 협력사들에게 제출된 자료.

들어 앨라배마대학에는 '더르-필라우어 기업윤리학과'가 있고, 하버드대학에는 '존 섀드 기업윤리학과'가 있다.

그러나 이런 관심이 발휘하는 효과는 제한적이다. 기업의 소유자는 기업 자신이 아니라 주주들이다. 주주들이 이윤 극대화를 다른 모든 고려사항들보다 우선시한다면 기업도 그렇게 할 것이다. 만약 우리가 인간의 존엄성, 환경의 지속가능성, 그리고 기본적 자유가 존재하는 미래를 바란다면, 오늘날 우리의 세계에 대해 좀더 적극적 방식으로 관여하고 책임성 있게 행동해야 한다. 우리에게 주어진 재료는 자본주의, 금융, 세계무역이다. 그리고 기업들은 여러 측면들에 영향을 끼친다는 사실을 인식해야 한다. 기업의 행위가 주위에 끼치는 영향을 추적감시하고, 그러한 영향에 대해 투자자와 기업들에게 끊임없이 상기시키고, 경제발전의 대안적 모델을 추구하는 것을 통해 사회책임투자자들은 지구의 미래에 긍정적인 결과를 가져올 강력한 목소리를 낼 수 있다.

다국적 자본주의의 지배

기업에 대한 대안은 분명히 있다. 멕시코의 쿠에르나바카에는 수천 명의 행상들이 각자 자신의 상품을 소리치며 파는, 거대하고 활기찬 중앙시장이 있다. 행상들은 매일 같은 장소에 나와 자기들끼리 자율적으로 상품종류별 구역을 나누어 자리를 잡는다. 예를 들어 아이들 옷을 파는 구역, 전자부품을 파는 구역, 꽃을 파는 구역 등으로 나누는 것이다. 거기에는 주주도 없고, 구매가격을 흥정하는 중앙의 구매담당관도 없고, 광고물을 제작하는 마케팅부서도 없고, 휴가철에 보너스를 나눠주는 임시사무실도 없다. 그럼에도 이 시장에서는 상품교환이 매우 효율적으로 이뤄진다. 소비자들은 자신이 원하는 상품을 얼마든지 구할 수 있고, 이 시장을 통해 수백 명이 자신의 생계유지와 가족부양에 필요한 돈을 번다.

미국에는 큰 규모의 벼룩시장들이 열린다. 일종의 임시 시장인 벼룩시장에서는 수십 명의 상인들이 며칠씩 함께 머물면서 공예품이나 중고가구 등 여러 가지 상품들을 판다. 상인들은 협동조합과 같은 조직을 이루기도 한다. 이런 벼룩시장에도 주주, 구매담당자, 마케팅부서, 임시사무실은 없다. 많은 점에서 벼룩시장은 오늘날의 소매업을 낳은 옛 정기시장의 잔존물이다.

300여 년 전부터 사람들은 도시의 시장에서 원하는 물건들을 구할 수 있게 됐다. 중세에는 마을별로 1년에 한두 번 정도만 정기시장이 열렸고, 그곳에서 마을 사람들은 원하는 프라이팬, 바늘, 도끼 등을 살 수 있었다. 사람들의 기호가 변함에 따라 상품의 기능 못지않게 그 패션도 중요해졌다. 사람들은 어떤 상품을 원할 때 즉시 그 상품을 살 수 있기를 바랐고, 이에 따라 상점이 등장했다. 상거래가 상시화하고 상점이 늘어남에 따라 그런 상거래와 상점들을 뒷받침하는 금융방식들도 생겨났다. 개인 투기자들은 해상운송 사업체나 섬유공장의 일부를 주식의 형태로 살 수 있게 됐다. 투자자들이 스스로 직접 하지 않은 사업체나 기업의 행동으로 인해 책임을 지게 되는 일이 없도록 보호해주는 법률도 만들어졌다. 빌려준 돈을 돌려

받는 데 필요한 수단과, 돈을 돌려받지 못하게 될 경우 채무자의 재산을 압류할 수 있는 수단도 제도화됐다.

그러는 사이 유럽의 강대국들은 대형 범선과 화약을 갖게 됐다. 각국은 그런 것들을 이용해 지구의 먼 곳들에 가서 그곳 나라들의 통치권을 빼앗고, 보호령 또는 식민지라는 명목 아래 그 나라들을 관리하면서 자연자원과 재화를 탈취했다. 정부가 직접 할 수 없거나 하고 싶지 않은 일을 맡기기 위해 정부가 아닌 사업체에 특허를 내주기도 했다. 영국의 동인도회사는 이렇게 허가된 회사들 가운데 하나였다. 이 회사가 주주들에게 돌려준 수익은 수천 명의 인도인들을 죽임으로써 만들어진 것이었다. 동인도회사의 이런 행동에 격분한 에드먼드 버크[4]는 다음과 같이 선언했다.

"영국인이 번 이윤 한 푼 한 푼이 인도에게는 영구적인 손실이다. 우리에게는 한때의 약탈과 부정에 대해 여러 시대에 걸쳐 자선 기금으로 가난한 사람들에게 갚아야 한다는 보상 신조가 없다. 교만이 낳은 해악을 치유해줄 당당한 기념물도 없고, 타락한 나라가 스스로를 구원하는 데 쓸 치장물도 없다. 영국은 교회도, 병원도, 궁전도, 학교도 짓지 않았다. 영국은 다리를 놓지도, 길을 닦지도, 뱃길을 열지도, 저수지를 만들지도 않았다. 다른 모든 정복자들은 국가적인 것이든 시혜적인 것이든 기념물을 남겼다. 지금 우리가 인도에서 물러나게 된다면, 우리가 인도를 지배한 명예롭지 못한 기간에 원숭이나 호랑이보다 조금이라도 나았음을 알릴 그 무엇도 남지 않을 것이다."

결국 영국 의회는 동인도회사에 대한 허가를 취소하고, 회사의 운영을 국왕의 직접적인 통제 아래 두도록 했다. 주주의 이윤을 극대화한다는 회사의 임무보다 국가의 위신을 유지하는 것이 먼저라고 인정한 결과였다.

주식과 채권은 기업의 발달에서 유래한 두 가지 주된 투자형태다. 예를 들어 보자. 어떤 가게의 주인이 자금이 필요하게 됐다. 자금이 필요하게 된 것이 상품의 재고를 늘리려고 했기 때문일 수도 있고, 상점을 하나 더 내려고 했기 때문일 수도 있다. 이때 가게 주인이 미리 저축해 놓은 돈이 없다면 남에게서 돈을 빌리거나 자기 사업 중 일부분을 떼어내 파는 등 두 가지 중 최소한 한 가지 방법을 써야 한다. 어느 쪽이든 가게 주인에게 돈을 대주는 사람이 있다. 이 경우 돈을 빌려준 사람, 즉 대부자는 채권을 산 셈이 되고, 사업의 일부분을 산 사람, 즉 투자자는 주식을 산 셈이 된다.

주식이란 무엇인가

주식은 소유권의 증서다. 주식을 가진 자는 사업의 일부분에 대한 소유자이며 사업의 이윤을 분배받을 권리를 가진다. 그러나 이윤에 대한 주주의 권리는 은행 융자나 그 외 채권자들이 꿔준 돈을 갚을 의무보다 나중이다. 길모퉁이의 작은 아이스크림 가게 주인 역시 자기 이익을 챙기기 전에 차입금에 대한 이자를 먼저 지급해야 한다. 그런데도 채권이 아니라 주식을 가지려고 하는 것은 왜일까? 그 이유는 주주가 되면 사업이 커감에 따라 자기가 소유한 부분의 가치가 커질 가능성이 있기 때문이다. 주식을 사는 진정한 이유는 다른 투자대상을 사고팔아 얻게 될 이익보다 주식을 소유했다가 팔아 얻게 될 이익이 더 클 것이라고 생각하는 데 있다. 그러나 주가에 영향을 주는 요인들이 아주 많다. 주식을 발행한 기업에 대해서는 올바른 판단을 한다고 하더라도 세계 어느 곳에선가 전쟁이 일어난다든가 전염병이 발생한다든가 하는 외부적 사건이 벌어진다면 그 주식의 가치가 떨어질 수도 있다.

주식과 채권은 금융산업의 기본적인 두 수단이다. 주식과 채권은 기업의 바퀴가 잘 굴러가도록 기름칠을 해야 한다는 사업상의 필요에서 만들어졌다. 이런 기본적인 사실은 금융산업의 힘이 커지고, 심지어 기업이 운영되는 방식까지 금융이 좌지우지하게 됨에 따라 잊혀져 버렸다. 그러나 사회는 기업이 제공하는 음식, 옷, 주택, 보건 서비스, 기타 각종의 재화와 서비스를 필요로 한다. 금융시스템은 기업을 도와주기 위해 고안되었고, 결국은 사회가 필요한 재화와 서비스를 즉시 구해 이용할 수 있도록 해주었다. 즉 금융은 목적을 달성하기 위한 수단으로 만들어진 것이다.

두 개의 세계를 생각해보자. 그 중 하나는 재화와 서비스가 만들어지고 유통되는 거대한 기업의 세계다. 이 세계에는 공장, 선박수송, 통신은 물론 우리에게 친숙한 많은 것들이 있다. 다른 하나는 금

채권이란 무엇인가

채권은 돈을 빌려준 증서다. 미국 재무부 채권을 사는 것은 미국 정부에 돈을 빌려주는 것이다. 지방자치단체 채권을 사는 것은 시청이나 주정부에 돈을 빌려주는 것이다. 기업 채권을 사는 것은 그 기업에 돈을 빌려주는 것이다. 각각의 채권에는 미리 정해진 금리와 상환일이 표시돼 있다. 상환일, 즉 만기가 오기 전에 채권을 팔아야 한다면, 그 채권을 산 시점 이후 금리가 어떻게 변했는가에 근거해 매각가격을 협상해야 한다. 채권은 비교적 빠른 시간 안에 회수할 수 있고 이자 지급일정이 명시돼 있으므로 주식만큼 가치변동이 심하지 않다. 따라서 양질의 채권은 흔히 안전한 피난처로 여겨지곤 한다. 앞으로 5년여 정도가 지난 뒤에 큰돈을 지출해야 할 일이 있다면 갖고 있는 돈을 채권에 투자해두는 게 좋다. 뿐만 아니라 만일의 상황에 부닥칠 가능성에 대비해 주식보다 안전한 투자대상을 찾는다면 채권을 사두는 것이 좋다.

융의 세계다. 이 세계에서는 돈으로 채권이나 주식을 사면서 기업, 심지어는 특정한 나라가 망하느냐 흥하느냐를 놓고 도박을 한다. 매일같이 수조 달러의 돈이 돌아다니며, 그 중 일부분은 기업의 세계를 떠받치고 있다. 이 두 개의 세계가 만나는 접점이 있는데, 그 접점이 바로 투자자다. 투자자는 두 개의 세계에 연료를 공급하는 원천이다.

투자소득, 수익률, 총투자수익률은 어떻게 다른가

소득, 수익률, 총투자수익률은 투자자들이 사용하는 단어들 가운데 가장 기본적이고 자주 사용되는 것이다.

- **투자소득(Investment Income)**은 배당금과 이자로 받은 돈을 말한다. 배당금은 기업이 거둔 이익 가운데 주주에게 나누어 주기로 결정한 부분이고, 이자는 채권이나 단기대출의 대가로 지급된 부분을 말한다. 주식투자의 자본이득에 대해서는 세금을 내지만(미국과 달리 한국에서는 상장주식의 자본이득에는 세금이 부과되지 않는다 – 옮긴이), 실현되지 않은 자본이득은 투자소득이 아니다.
- **수익률(Yield)**은 투자소득 금액을 투자 포트폴리오의 전체 가치로 나눈 비율이다. 오늘날에는 대부분의 기업들이 배당을 많이 지급하지 않기 때문에 주식 포트폴리오의 수익률이 2%에도 못 미치는 경우가 흔하다. 그러나 이것만이 주식 포트폴리오에서 얻는 전부는 아니다.
- **총투자수익률(Total Return)**은 투자소득에 자본이득을 합한 금액을 특정 시점의 투자 포트폴리오 가치로 나눈 값이다. 공식이 다소 복잡해 보이지만, 어쨌든 이것이 기본 개념이다. 1999년에 20%의 투자수익을 낸 뮤추얼펀드는 투자수익의 일부는 배당의 형태로, 다른 일부는 자본이득의 형태로 낸 것이라고 볼 수 있다. 뮤추얼펀드가 편입한 주식을 팔지 않고 계속 보유하고 있는 경우에도 그 보유 주식의 시장가치 상승분이 투자수익에 합산된다. 총투자수익률은 투자성과라는 말로 더 널리 사용된다.

점점 더 많은 투자자들이 뮤추얼펀드를 통해 금융과 관계를 맺고 있다. 뮤추얼펀드 산업의 역사는 70여 년에 이르지만, 지금과 같이 부각된 것은 1975년에 종업원 퇴직소득 보장법이 제정된 것이 그 계기였다. 이 법에 따라 기업에 고용돼 일하는 근로자들이 개인 퇴직계좌[5]를 개설하는 것을 통해 자신의 퇴직에 대비한 저축을 할 경우 세금경감 혜택을 받을 수 있게 됐다. 이에 따라 갑자기 미국의 거의 모든 근로자들이 퇴직에 대비한 저축을 할 유인을 갖게 됐다.

1980년대에 뮤추얼펀드 산업에 종업원 퇴직소득 보장법 못지않은 역동적인 투자의 계기가 등장했다. 그때까지만 해도 미국 기업들은 일반적으로 직원들에게 미리 정해진 퇴직급여를 지급했고, 지금도 미국 이외의 다른 많은 나라들이 그렇게 하고 있다. 그런데 미국 경제가 고용규모를 줄이면서 더 높은 효율성을 추구하는 방향으로 고통스러운 구조조정을 거치면서 기업들이 하나둘 확정지급형 연금계획을 버리는 대신 확정기여형 연금계획, 즉 흔히 말하는 401(k)를 도입하기 시작했다.[6]

확정기여형 연금계획은 몇 가지 측면에서 개인퇴직계좌와 아주 비슷하다. 확정기여형 연금계획은 자산운영에 관한 결정권이 대부분 근로자에게 있으며, 근로자가 직장을 옮기면 그 근로자를 따라가도록 설정될 수 있다. 세금혜택도 부여된다. 게다가 근로자가 원하기만 한다면 자기 계좌의 가치를 매일같이 정산할 수도 있다. 확정기여형 연금계획이 이처럼 이점이 많은데다가 다른 사회안전망들이 와해됨에 따라 근로자들은 봉급 중 가능한 많은 금액을 떼어내 퇴직계획에 집어넣도록 유도됐다. 이런 수요에서 나온 투자의 증가에 힘입어 미국에서 뮤추얼펀드는 거의 모든 사람들이 잘 아는 투자수단이 됐다. 사실상 미국의 거의 모든 근로자들이 그동안 투자와 관련된 용어들을 나름대로 알게 됐고, 과거에는 월스트리트에서만 쓰이던 전문용어들도 보편적으로 사용되기에 이르렀다.

지난 20여 년간 미국의 금융산업에서 일어난 변화가 다른 나라들에서도 재연되고 있다. 국민에게 미리 확정된 연금을 지급하는 것을 기반으로 하는 유럽식 사회보장제도는 이제 무너지고 있다. 유럽인들도 자신의 퇴직에 대비한 저축을 어떻게 하는 것이 좋은지를 고민하면서 뮤추얼펀드에 투자한다. 일본과 호주에서도 점점 더 많은 사람들이 은행에 가서 자문에 구하는 것과 같은 낡은 정보입수 방식 대신, 개인 투자자들을 위한 정보를 제공하는 잡지, 뉴스레터, 웹사이트 등을 활용하는 미국식 방식을 이용하고 있다. 신흥경제 국가들에서는 그동안 돈을 가진 사람들과 갖지 못한 사람들이라는 두 계급이 존재해 왔다. 돈을 가진 사람들은 금융수완이 있는 투자자들이다. 그들은 투자의사 결정에 능하다. 신흥경제 국가들의 1인당 소득수준이 점차 높아져 강력한 중산층이 형성된다면 점점 더 많은 사람들이 투자자가 될 것이다. 이런 추세는 곧 뮤추얼펀드 산업을 성장시키는 힘이 된다.

이런 변화에는 긍정적인 측면들이 많다. 뮤추얼펀드는 소액투자자들이 아주 저렴한 비용으로 수준 높은 포트폴리오 운영 서비스를 이용할 수 있게 해준다. 뮤추얼펀드를 통해서 모든 사람들이 기업의 성장에서 이익을 얻을 수 있게 되고, 세계경제의 성장으로부터도 이익을 얻을 수 있게 된다. 뮤추얼펀드는 우리 대부분에게 괜찮은 투자수단이다. 그러나 그 규모가 커지면서 뮤추얼펀드는 이제 다른 분야에까지 영향을 끼치기에 이르렀다. 오늘날 금융회사들은 각 도시에서 가장 높은 빌딩을 짓고 있다. 사회적 투자를 세계적인 차원에서 이해하려고 한다면 우선 금융서비스 산업이 갖고 있는 힘을 파악해야 한다.

사회책임투자의 동기

투자자는 세계경제의 엔진인 투자와 그 에너지원인 돈이 만나는 접점에 서있다. 이것이 우리가 오늘 어떻게 투자를 하는가에 따라 내일 우리가 살 세계의 모습이 결정되는 이유다. 투자는 기업과 금융이 동시에 의존하는 연결고리이자 엔진이다. 투자자들은 이 점에 대해 책임감을 갖지 않았기 때문에 오늘날 우리가 살고 있는 세계가 이렇게 궁색한 곳이 돼버렸다. 투자에 사회적, 윤리적 기준을 통합시켜 넣어야 하는 근본적인 이유는 두 가지다. 하나는 투자를 바람직한 가치와 조화시켜야 할 필요성이고, 다른 하나는 그렇게 해야 긍정적인 사회변화를 이루는 데 투자자들이 일정한 역할을 할 수 있기 때문이다.

사람들로 하여금 사회적 책임성을 중시하는 투자로 나서게 하는 동기는 언제나 자신의 가치체계와 일관된 투자를 하고자 하는 욕구에 있다. 사회적으로 책임성 있는 방식으로 투자하겠다고 결심하면 기업의 역할을 보는 시각이 달라진다. 즉, 다양한 이해관계자들에 대한 기업의 영향을 기준으로 삼아 사회 내 기업의 역할을 정의하고 평가할 수 있다고 생각하게 된다. 우리는 주주행동주의 활동을 통해서, 그리고 기업을 스크리닝하는 과정에 예고지표를 설정하고 그것을 추적 감시함으로써 현안 쟁점을 정확히 인식하고 평가할 수 있다. 투자 포트폴리오 가운데 일부를 지역사회개발 금융기관 지원용으로 배정하는 것을 통해서도 건강한 지역사회를 건설하는 데 힘을 보탤 수 있다. 고등학교 교사가 학생들에게 술 광고를 하는 주류회사에 투자하는 것은 일관성이 없는 행동이다. 개인적으로 환경보호에 관심이 있어 환경단체에 기부를 하는 사람이라면 투자도 그와 같은 방향에서 환경에 도움이 되도록 하는 것이 일관성 있는 행동이다. 투자는 무엇인가를 사는 결정이다. 투자에 관심을 갖는다는 것은 무엇을 먹을 것이며 자신의 삶을 위해 어떤 선택을 할 것인가에 관심을 갖는다는 말과 같다.

내가 사회책임투자자로서의 첫 걸음을 뗀 때는 1978년이었다. 나는 베트남전쟁 기간에 성년이 됐고, 당시에는 주식브로커로서 일하고 있었다. 내가 버는 돈의 액수가 커질수록 나는 '스스로 신념을

사회책임투자자가 돼야하는 이유

웬델 필립스(1811~1884, 미국의 연설가이자 노예폐지론자)는 "자유를 지키기 위해서는 항상 경계해야 한다"고 말했다. 자본주의 체제와 금융수단 덕분에 많은 나라들이 굶주림과 빈곤에서 해방됐지만 우리 모두가 지속적인 경계심을 갖고 살펴야 할 것이 있다. 그것은 '금융기업을 포함한 기업들이 시민사회가 필요로 하는 재화와 서비스를 계속 공급하는가'와 '기업들이 자신의 행위가 초래하는 해악을 줄이려고 노력하는가'다.

배반하고 군산복합 톱니바퀴의 한 부분이 됐다'는 사실에 점점 더 무덤덤해졌다. 그러나 내 마음속에서 그런 사실에 대한 의식을 완전히 제거하지는 못했다.

하루는 내가 일하는 회사의 리서치 부서에서 중요한 군수품 납품계약을 따낼 가능성이 높은 기업에 대해 매수추천 의견을 내놓았다. 나의 동료 브로커들 대부분은 고객들에게 전화를 걸어 그 기업의 주식을 사도록 권유했다. 나는 역겨움을 느꼈다. 내가 가장 좋아

상식을 추구하는 납세자 모임

랄프 드제나로는 '상식을 추구하는 납세자 모임(Taxpayers for Common Sense)'의 창설자이자 대표로 활동하고 있다. 그와 그의 동료들을 분개하게 하는 것은 기업에 특혜적인 낭비성 정부지출과 보조금 지급이다. 이 납세자 모임은 납세자들이 매년 평균 10억 달러 이상을 절약할 수 있도록 하겠다고 공언하고 있다. 이 납세자 모임이 맞서 싸우고 있는 기업특혜의 사례는 다음과 같다.

• 보잉은 TRW, 레이시언, 록히드 마틴과 함께 국가미사일방어(NMD) 체제의 개발을 감독하는 16억 달러짜리 계약을 정부와 체결했다. 이들 기업은 NMD 체제의 배치가 신속히 추진되기를 바라고 있다. 그러나 NMD는 필요한 검증기준을 통과하지 못했고, 핵균형을 무너뜨릴 것이며, 그 비용도 엄청나다.
• 와이어하우저(Weyerhaeuser), 루이지애나 퍼시픽(Lcuisiana-Pacific), 보이스 캐스케이드(Boise Cascade)는 국유림 안에 있는 납세자 소유의 나무를 베어내는 일을 하는 데 각각 수십억 달러씩의 정부보조금을 받았다. 특히 북서쪽 태평양연안 지역과 알래스카에서 이들 기업은 나무들을 공짜로 가져가고, 납세자들의 돈으로 놓인 목재수송용 도로를 이용하고, 삼림당국의 기만적인 회계처리로 특혜를 입었다.

출처: www.taxpayer.net

하는 이들에게 전화를 걸어 사람을 죽이는 데 사용될 무기에 투자하라고 채근해야 할 정도로 나는 타락한 것일까?

나로서는 그것이 각성의 순간이었고, 나중에 나는 대부분의 사회적 투자자들이 당시의 나와 비슷한 순간을 경험했다는 사실을 알게 됐다. 누구든 자신 및 자신의 가치체계와 일관성을 갖는다는 것은 의미 있는 일이다. 완벽한 일관성이 필요한 것은 아니다. 천릿길도 한 걸음부터다.

각종 기관투자가들도 자신의 소임과 일관성이 있는 방식으로 투자를 하는 경우가 많다. 보건기관들은 담배산업에 투자를 하지 않는다. 여성과 어린이들을 보호하는 일을 하는 조직들은 알콜산업이나 도박산업에는 투자하지 않는다. 알콜 섭취와 도박이 늘어나면 각 가정이 부담해야 할 비용이 너무 커지기 때문이다. 교회들은 신앙의 교리를 감안해 투자결정을 내린다. 개인이든 기관이든 자신의 돈을 운영하는 방식에 사회적 기준을 통합해 넣겠다는 결정을 한다면 '일관성의 유지'가 그 첫 번째 목표가 된다.

일관성은 '긍정적인 사회변화를 가져올 과정을 촉진하는 추동력

세계적인 현실 네 가지

- 전 세계에서 가장 부유한 1%가 소유하고 있는 부는 하위 57%가 소유하고 있는 부와 같다.
- 연간 2만 5000달러를 버는 사람은 전 세계 인구 중 98%보다 더 부자다.
- 미국의 가장 가난한 10%의 평균소득은 전 세계 인구 중 3분의 2의 평균소득보다 크다.
- 전 세계에서 하위 5%의 평균소득에 대한 상위 5%의 평균소득의 배율은 1988년 78배에서 1993년 114배로 커졌다.

의 일부분이 된다'는 두 번째 목표와도 연결된다. 나와 마찬가지로 대부분의 사회적 투자자들은 자신의 투자를 자신의 가치에 보다 밀접하게 일치시키기 위해 사회책임투자를 시작한다. 그리고 나와 마찬가지로 그런 투자방식이 돈도 벌게 해주면서 동시에 세계도 변화시킨다는 믿음 때문에 사회적 투자자로 계속 남아있는 것이다.

사회책임투자라는 분야가 그토록 빠르게 성장한 이유는 오히려 두 번째 동기에 있다. 대부분의 사람들은 자신이 할 수 있는 일에 주로 관심을 가지며, 실제로 그런 일을 하고자 한다. 사회책임투자자인 우리 대부분은 그렇게 작은 노력만으로 그렇게 큰 영향을 낳을 수 있다는 데 대해 감사한다. 우리는 투자를 하면서 다른 투자자들에 못지않은 수익을 달성하는 동시에 커다란 무엇인가의 일부분이 된다. 우리는 정의롭고 환경적으로 지속가능하며 모든 이들이 행복을 느낄 수 있는 세계를 만들어가는 과정의 일부분이 될 수 있다.

기업의 소유자인 주주들이 대부분 '인간적, 환경적 정의를 희생시켜서 이익을 거둬서는 안 된다'고 생각한다면 기업들도 그런 방향으로 움직일 것이다. 그러면 기업들은 삶을 영위하는 존재인 주주들을 해치지 않는 방식으로 필요한 재화와 서비스를 공급하는 효과적인 수단이 될 것이다. 전 세계 경제엔진의 소유자들이 '사람이 숨쉴 수 없다면 돈이 무슨 소용이냐'고 생각한다면 숨쉴 수 있는 공기와 금융적 수익을 동시에 실현시키는 규칙이 창출될 것이다. 어떤 단계에 이르면 경제엔진의 소유자들이 그 엔진의 운영방식을 좌우할 것이라고 사회책임투자자들은 생각한다. 사회적으로 운영되는 포트폴리오는 단순한 투자 포트폴리오를 넘어서는 어떤 커다란 것의 일부분이 된다. 기업 운영방식의 세계적인 혁신 과정을 구성하는 일부분이 되는 것이다. 은행털이범인 윌리 서턴의 말을 빌면 "거기에 돈이 있기 때문"에 투자 포트폴리오는 더 나은 세계를 건설하는 데 도움이 된다.

세 가지 접근방법의 내용

사회책임투자의 세 가지 기본적인 측면은 투자 포트폴리오에 대한 스

건강과 생활을 개선하는 기업들

KLD(Kinder, Lydenberg, Domini & Co., Inc.)의 조사담당 이사인 스티븐 라이든버그는 모든 기업이 다 사회에 이로운 일을 할 잠재력을 갖고 있지만, 다른 이해관계자들을 희생시켜 오로지 주주들만을 위한 이윤극대화에만 몰두하는 기업은 시민사회를 더욱 가난하게 만들 뿐이라고 주장한다. KLD는 기업이 제공할 수 있는 보다 폭넓은 수익과 편익들을 조명하기 위해 '시민가치 500(Civic Values 500)' 프로젝트를 출범시켰다. 이 프로젝트는 시민적 가치를 존중하고 그에 대해 책임성을 갖추었는지 여부를 기준으로 삼아, 규모가 작고 비교적 덜 알려진 기업들 가운데서 시민가치를 대변한다고 판단되는 기업들을 가려낸다. 이 책에서 나는 이 프로젝트에 의해 선별된 기업들을 시민적 가치의 종류별로 묶어서 박스 글로 소개한다. 우선 건강과 라이프스타일을 개선하는 데 기여하고 있는 다음 6개 기업들을 독자들에게 소개한다.

- **아메리칸 워터 워크스(American Water Works)**는 지역사회에 안전한 물 공급이 이뤄지도록 하는 데 전념하고 있는 수자원 회사다. 물은 갈수록 줄어드는 자원으로 인식되고 있다.
- **애프턴(Aphton Corp.)**은 세계보건기구와 함께 개발도상국들의 인구 억제를 위한 피임약

크리닝, 기업과의 직접대화, 그리고 지역사회개발 금융기관에 대한 투자다. 사회적 투자자들은 이 세 가지 방법을 모두 구사한다. 이 세 가지는 각각 서로 다른 목적을 갖고 있고 그 효과도 서로 다르지만, 그중 어느 하나는 다른 두 가지를 강화시킨다는 점에서는 똑같다.

스크리닝은 투자자들로 하여금 브다 긍정적인 사업운영 기록을 갖고 있는 기업들에 대한 투자를 할 수 있도록 해준다. 스크리닝은 해로운 제품이나 서비스를 피하고, 좀더 긍정적인 노력을 높이 평가하도록 한다. 스크리닝은 투자자가 직접 자신의 주식 포트폴리오를 운영하면서 할 수도 있고, 뮤추얼펀드에 투자함으로써 할 수도 있다. 어떤 뮤추얼펀드들은 동물의 권리나 환경과 같은 특정한 사안에

과 피임기구를 개발하는 제약회사다.
- **바이오메트(Biomet Inc.)**는 정형외과에서 사용되는 수술용 또는 비수술용 기구를 만드는 회사다. 이 회사의 제품들은 환자의 삶의 질을 개선시킨다.
- **가든버거(Gardenburger Inc.)**는 식품제조 기업으로, 주식으로 먹을 수 있는 비육식의 혁신적인 대안 식품을 만들어낸다. 동물고기를 사용하지 않는 이 기업의 식품은 다른 고기 식품들에 비해 환경에 훨씬 덜 부정적인 영향을 끼친다.
- **트라이앵글 제약(Triangle Pharmaceuticals)**은 에이즈, HIV, 간염, 기타 치명적인 바이러스성 질환에 대한 치료약을 개발하는 기업이다. 이런 질병들의 치료는 삶의 질을 개선하고, 질병의 확산을 막는 데 중요한 일이다. 예를 들어 HIV 예방 처치를 받지 못한 사람은 전 세계적인 전염병으로 확산되고 있는 에이즈에 걸릴 확률이 상대적으로 훨씬 높다.
- **홀 푸즈 마켓스(Whole Foods Markets Inc.)**는 유기농산물의 소비를 촉진시키고 있는 식품소매 기업이다. 회사는 유기농가와 소비자 사이의 연결관으로 활동하면서 보다 건강에 좋은 식품 생산을 뒷받침할 수 있는 경제가 창출될 수 있도록 돕고 있다.

출처: www.kld.com

만 초점을 맞추지만, 사회책임투자 뮤추얼펀드들의 대부분은 사회에 대한 기업의 전반적인 영향을 고려한다. 나의 초기 고객 한 분은 무엇에 관심을 갖고 있느냐는 질문에 이렇게 대답했다. "여성 인권의 문제도 있고, 환경 문제도 있고, 남아프리카공화국 문제도 있겠죠. 그 가운데 어느 것이 더 중요한가를 나더러 판단하라고 하지 마세요. 내게는 그 모든 것들이 다 중요합니다." 투자자들의 관심사를 폭넓게 반영하는 펀드가 특정한 관심사만 반영하는 펀드보다 더 많은 투자금을 유치하고 있는 점을 보면, 대부분의 투자자들이 이 말에 수긍하는 것 같다.

충분한 조사 없이는 포트폴리오 스크리닝이 가능하지 않다. 따라서 사회적 투자자들은 기업의 사회적 영향에 관한 조사를 요구함으로써, 기업들이 어떻게 우리의 삶에 영향을 끼치는가에 관한 방대한 양의 정보가 만들어지도록 자극해 왔다. 전에는 다양성, 환경적 영향, 지역사회 지원 등의 다양한 쟁점들에 대해 기업들이 어떻게 대응하는지를 지속적으로 추적하는 일이 없었다. 그러나 오늘날 우리는 사회적 투자 덕분에 그렇게 하고 있다. 이렇게 얻어진 정보들은 그 자체가 긍정적 변화를 일으키는 도구가 된다. 이 점에 대해서는 뒤에 다시 설명할 것이다.

개인적인 가치와 일관성을 갖도록 자신의 투자 포트폴리오를 스크리닝하는 것은 아주 엄청난 일인 것처럼 보인다. 그러나 좀더 책임성 있는 기업들에 선별적으로 투자하면서 자신의 금융이득의 목표를 달성하는 방법을 찾는 것은 얼마든지 가능하다. 책임성을 완벽하게 갖춘 기업들에 투자한다고 주장할 수 있는 사람은 거의 없다.

그런 주장은 사실로 입증되기가 어려울 뿐 아니라 완벽한 책임성이라는 게 무엇을 가리키는지 정의하기도 어렵기 때문이다. 그러나 사회책임투자 분야의 뮤추얼펀드나 전문적 투자자들이 사회책임투자자들의 요구에 부합하려고 애쓰고 있는 것은 분명하다. 그 과정에서 우리는 주주뿐 아니라 종업원, 고객, 지역사회, 납품업자, 자연환경에 대한 기업의 전반적인 영향을 관찰한다. 이런 것을 이해관계자 분석이라고 한다.

사회책임투자자는 기업에 대한 평가 의견을 듣기를 원하며, 그것이 자신의 가치와 부합하는지를 확인해 보려고 한다. 물론 기업에 대한 평가가 자신의 가치관과 부합하는지를 판단하는 근거는 다소 가변적이다. '사회적 책임성이 있다'는 관념 자체가 변하기 때문이다. 옛날에는 착취공장이라는 말이 오하이오 강 유역의 무노조 철강 공장을 가리켰다. 그러나 오늘날의 착취공장 문제를 알기 위해서는 중부 베트남의 작은 양철지붕 공장들을 평가할 수 있는 방법을 찾아야 한다. 다행히 사회적 투자는 새로이 떠오르는 문제들에 대해 신축적으로 대응할 수 있다.

스크리닝에는 네거티브 스크리닝과 포지티브 스크리닝이 모두 포함된다. 애초에 스크리닝이란 일련의 가치들에 부합하지 않는 것들에는 투자하지 않는 네거티브 스크리닝이었다. 이런 접근법은 종교에 기반한 사회적 투자자들이 인간사회에 해로운 산업에서 이득을 취하기를 회피하고자 했던 사실에서 연유한 것이다. 그러나 술, 담배, 도박이 중독성이 있고 가정을 파탄시킬 수 있다는 점은 굳이 종교를 믿는 사람이 아니더라도 누구나 다 인정한다. 더 나은 세계를 건설하기를 원하는 사람은 누구나 그런 산업들이 자신의 가치와 일관되지 않은 투자대상이라고 생각한다.

네거티브 스크리닝은 투자자들로 하여금 해로운 산업들을 피하도록 해준다. 그러나 인간과 지구의 관점에서 주위에 끼치는 영향을 개선하려고 스스로 노력하는 기업이나 산업들을 부각시키는 데는 네거티브 스크리닝이 크게 도움이 되지 못한다. 이에 따라 사회책임투자자들은 포지티브 스크리닝, 다른 표현으로는 질적 스크리닝을 강조해왔다. 포지티브 스크리닝은 다른 기업들보다 더 나은 사업운영 기록을 갖고 있는 기업, 또는 모범적인 기업시민이 되려고 스스로 노력한다고 입증된 기업들에 투자할 수 있도록 해준다. 질적 스크리닝은 자신의 행동을 깨끗이 하는 기업들을 보상해주는 동시에 다른 기업들로 하여금 그런 기업들을 본받도록 한다.

스크리닝은 기업이 주주, 고객, 종업원, 지역사회, 납품업자, 자연환경을 어떻게 다루는가를 관찰함으로써 시작된다. 이런 조사에는 신중하게 선택된 자료들이 토대가 된다. 이 자료들은 관련 기업의 도움 없이 정보가 입수돼야 하고, 수량화된 것이어야 하며, 단순한 수치 이상의 의미를 보여주는 것이어야 한다.

질적 스크리닝이 이루어짐에 따라 기업의 책임성과 관련된 자료들이 체계적으로 수집되고 평가되게 됐다. 이것은 큰 사회적 공헌이다. 사회책임투자의 시대가 오기 전에는 증권시장에서든 다른 어디에서든 누구도 기업의 사회적 영향을 감시하지 않았다. 사회적 투자자들이 존재하게 됨으로써 비로소 사회 내에서 기업에 대한 점검과 평가가 지속적으로 이루어지는 구조가 만들어졌다.

사회책임투자의 두 번째 측면은 직접대화다. 주주라면 누구나 기업의 일부분에 대한 소유권을 지렛대로 삼아 직접대화의 테이블에 앉아서 기업 쪽에 여러 가지 쟁점들에 곤한 의견을 폭넓게 제기할 수 있다. 투자자와 기업 경영진 사이의 직접대화는 여러 가지 성과를 남겼다. 그것은 남아프리카공화국의 인종차별 정책을 종식시키는 데 기여했고, 납품업체에 제품이나 부품 생산을 아웃소싱할 때 적용돼야 할 행동규범을 만드는 데 기여했고, 기업들이 환경적 영향에 대한 일관성 있는 보고서를 쓰게 하는 등 수많은 진보적 변화를 뒷받침해왔다. 직접대화는 여러 가지 형태로 이뤄진다. 기업에 대한 사회적 감사 보고서를 해당 기업에 전달하고 그에 대한 보충설명과 응답을 요구하는 것도 쟁점 현안에 대한 경영진의 경각심을 불러일

소비자들의 압력에 굴복한 스타벅스

스타벅스는 2000년 4월 10일 2000개가 넘는 자사 커피숍에서 공정무역 인증을 받은 커피만을 팔기로 하는 계약에 조인했다고 발표했다. 이로써 스타벅스는 미국에서 공정무역 인증을 받은 커피를 가장 많이 구매하는 회사가 됐다.

이 발표는 세계적으로 커피의 생산과 판매를 장악하고 있는 카르텔에서 공급하는 커피 대신 소규모 영농조합에서 생산하는 커피를 선택해 사 마실 권리를 보장하라는 스타벅스에 대한 전국적인 시위를 사흘 앞두고 이뤄졌다. 미국 동부의 커피전문 도매회사인 글로벌 익스체인지의 공정무역 담당 이사인 데보라 제임스는 스타벅스의 발표에 대해 이렇게 설명했다. "이제 가난한 나라 수천 농가들의 소득이 3배로 늘어날 것이다."

스타벅스의 결정은 기업이 자신의 행동에 책임성을 갖도록 하는 데 시민들이 얼마나 큰 힘을 발휘할 수 있는지를 분명하게 보여주는 동시에 착취적이지 않은 조건 속에서 생산된 제품에 대한 수요가 얼마나 증가했는지를 보여주는 것이기도 하다.

으킬 수 있는 하나의 방법이다. 기업이 어떤 결정을 내렸을 때 편지를 보내 명확한 설명을 요구하거나 우려를 표명하고, 경우에 따라서는 감사의 뜻을 전하는 것도 좋은 결과로 이어질 수 있다. 소비자 불매운동과 선별구매 전략도 사용되고, 심지어는 불도저 앞에 드러눕는 방법도 동원된다. 그러나 기업 경영진과 직접대화를 하는 방법으로 가장 제도적이고도 널리 이용되는 것은 주주결의안 제출과 그것에 대한 투표다.

주식을 소유한 사람들은 기업의 연차총회에 참석해 경영진에게 질문을 할 권리가 있다. 이런 권리로 인해 주주와 경영진은 현안 쟁점에 관해 논의하기 위해 협상 테이블에 종종 마주앉는다. 기업행위에 대한 경각심을 불러일으키기 위해 주주행동가들이 어떻게 해왔는가를 알게 된 사람들은 주주행동주의 활동이 왜 좀더 널리 알려지지 않았는지 아쉬워한다. 아메리칸 인디언을 어떻게 부를 것인가를 놓고 기업들에게 경각심을 불러일으키기 위한 운동이 벌어지기도 했다. 이 문제와 관련해 주주행동가들은 CBS, 가네트, 나이트 리더, 펩시코 등 여러 기업들을 접촉했다. 이들 기업과 벌인 대화의 핵심은 아메리칸 인디언을 풍자한 만화 캐릭터를 회사의 로고나 마스코트로 사용하는 행위를 중단하도록 설득하는 것이었다. 그런 행위는 아메리칸 인디언에 대해 부정적인 이미지를 만들며, 그렇게 형성된 부정적인 이미지는 다시 아메리칸 인디언들에게 부정적인 사회환경, 교육환경, 노동환경을 만드는 작용을 하기 때문이었다.

사회적 현안에 대한 직접대화의 또 다른 예는 세계적인 과다채무와 인간적 고통이라는 문제다. 주주행동가들과 저개발국 정부들이 채무상환을 위해 교육 및 식량 관련 예산을 삭감함에 따라 그렇지 않아도 이미 가난한 사람들에게 비용을 치르게 하는 상황을 놓고 직접대화가 벌어졌다. 이런 직접대화의 결과 JP 모건은 공개적으로 채무탕감 법안을 지지한다고 밝혔다. 과다채무 문제는 국제통화기금과 세계은행의 대출로 인해 개발도상국들이 짊어지게 된 엄청난 규모의 빚으로 인해 발생했다. 메리놀형제회[7] 소속의 활동가인 조지프 라 마르는 이렇게 지적했다. "많은 가난한 나라들이 외채상환을 해야 하는 탓에 그렇지 않아도 빈약한 정부의 재원에서 보건, 교육 등 긴요한 서비스에 지출할 여력이 더욱 줄어들고 있다." 모잠비

사회적 투자자들이 세계은행 채권을 기피하는 이유

국제통화기금과 세계은행은 정부지출 삭감, 민영화, 외국인투자에 대한 개방을 주요 내용으로 하는 정책 패키지를 금융지원 대상국들에 요구하고 있다. 이는 오히려 전 세계적인 빈곤을 심화시켜 왔다. 이 정책 패키지가 적용되면서 중남미에서는 1인당 소득이 정체됐고, 아프리카에서는 1인당 소득이 오히려 떨어졌다.

많은 가난한 나라 정부들은 보건, 교육, 사회기반시설 등에 대한 긴요한 지출을 줄이는 대신 엄청난 비중의 국가예산을 해외 채권자들에게 진 빚을 갚는 데 쓰고 있다. 국제통화기금과 세계은행은 가난한 나라들에 대해 채무부담을 경감시켜 준다는 계획을 갖고 있지만, 이런 채무 경감에는 몇 년간의 구조조정 정책을 조건으로 붙이기 태반이고 그 이행상황을 감시한다. 실질적으로 가난한 나라들은 매년 갚아야 할 채무 상환금액을 거의 줄이지 못했다. 아시아 통화위기가 발생했을 때 국제통화기금은 위기를 맞은 국가들에게 긴급차관을 제공하면서 구조조정을 그 조건으로 요구함으로써 상황을 더욱 악화시켰다. 결과적으로 기업 파산의 급증, 노동자 해고, 그리고 빈곤의 악화가 나타났다. 인도네시아의 경우 빈곤율이 11%에서 40~60%로 상승했다. 이 나라에서는 한때 심각한 식량부족 사태가 빚어져 하비비 당시 대통령이 국민들에게 1주일에 2번씩 단식을 해달라고 부탁하기도 했다. 사실 많은 인도네시아 사람들이 굶는 것 외에는 달리 어떻게 할 도리가 없는 실정이었다.

크, 가나, 잠비아와 같은 나라들은 사회정책 프로그램보다 외채상환에 더 많은 돈을 지출하고 있다.

직접대화의 성공사례가 매년 이어졌다. 최근의 사례는 다음과 같다. 벨 애틀랜틱은 북아일랜드의 벨파스트에서 자사가 벌이는 사업활동이 그 나라의 공정고용 기준인 맥브라이드 원칙[8]에 부합함을 보장한다고 밝혔다. 코카콜라는 자사의 플라스틱 용기에 들어가는 재활용 원료의 비중을 높였다. 윈-딕시 스토어스의 경영진은 평등고용에 관한 자료를 공개하기로 했다. 20여 년 전의 직접대화는 남아프리카공화국에서의 기업의 역할에 집중됐다. 그러나 최근의 직접대화에서 가장 많이 논의되는 사안은 환경적 행동규범, 착취공장, 다양성 실적 등이다. 직접대화에서 대부분의 새로운 쟁점들이 처음으로 부상한다.

사회책임투자자들은 기업 경영진과 현안 쟁점들을 논의함으로써 도움을 필요로 하는 사람들을 직접적으로 도울 수 있다. 그 효과는 아주 가시적인 경우가 많다. 스크리닝은 장기적이고 구조적인 성격을 갖는 데 비해 직접대화는 그 효과의 측면에서 즉각적이고 전술적인 성격을 갖고 있다. 직접대화에서는 기업의 반응을 보고 그 기업이 우리의 말을 새겨듣는지를 확인할 수 있다. 기업으로부터 자사의 사업활동이 환경에 끼치는 영향이나 다양성 이니셔티브에 관한 연례 보고서를 제공하겠다는 약속을 받을 수도 있다. 이런 결과를 이끌어낸다면 직접대화에 나선 활동가들은 대단히 즐거울 것이다. 그런 결과와 관련된 쟁점에 대한 결의안이 주주총회에 제안되면, 그것에 찬성투표를 할 다른 많은 사회책임투자자들도 즐거움을 공유할 수 있다.

사회책임투자의 마지막 세 번째 측면은 지역사회개발 금융기관들에 대한 지지와 투자다. 사회책임투자자로서 우리는 기존의 지배적 금융체제 바깥에서 대안의 금융거래 모델을 찾을 수 있다. 빈곤층에게 대출을 하는 금융기관인 지역사회개발 은행과 협동조합과 같은 대안적 금융조직들은 지금 사회책임투자자들의 도움을 기다리고 있다. 이런 대안적 금융조직들을 통해 사회책임투자자들은 자금을 달리 구할 수 없는 사람들에게 자금을 공급해줄 수 있다. 그렇게 공급된 자금은 그들이 집을 사거나 사업을 시작하기 위한 종자돈 역할을 한다. 사회책임투자자들이 이렇게 하는 것은 '자본주의의 기적'이 작용하지 않는 사람들이 많이 존재한다는 것을 알기 때문이다. 도심 빈민가의 황폐함, 아메리칸 인디언 보호구역의 극빈 상태, 저개발국들에서 벌어지는 기아와 인간적 그통 등은 모두 대안의 경제모델을 찾아야 할 필요성을 웅변하고 있다.

지역밀착형 금융기관들은 이런 요구에 부응하기 위해 극빈자 대출, 사회적 서비스 기관과의 협력, 교육훈련과 감시, 비전통적 방식에 의한 위험과 보상 나누기 등의 일을 한다. 이런 일들은 여러 측면에서 가장 오래되고 일반적인 형태의 사회책임투자라고 말할 수 있다. 대출기관들은 역사적으로 오랜 내력을 갖고 있다. 저축은행은 원래 지금의 지역사회개발 금융기관과 똑같은 목적을 수행한다는 취지에서 사업인가를 받았다. 그 목적은 바로 가난한 사람들에게 저축은 어떻게 하고, 집은 어떻게 사며, 사업을 시작하려면 어떻게 해야 하는지를 가르쳐주는 것이었다.

대안의 금융거래는 어떻게 작동하는가? 때로는 저축을 어떻게 할 것인지와 같은 간단한 방법을 익히게 해주는 것만으로도 충분한 경우도 적지 않다. 멜번 브룩스는 남편 없이 혼자서 1년에 3만 2000 달러를 벌며 두 아이를 키웠다. 그녀는 자기 집을 갖는다는 꿈을 이루고, 방 3개짜리 자기 집으로 이사했다. 시카고의 사우스 쇼어 뱅크의 '쇼어뱅크 이웃연구소'가 개발한 저축훈련 프로그램 덕분이었다. 브룩스는 이렇게 말했다. "나는 관점을 완전히 바꾸었다. 내가 저축을 하는 것을 아이들이 보았다. 나는 아이들에게 왜 매주 금요일에 사주던 패스트푸드를 더 이상 사줄 수 없는지, 왜 엄마가 2주일에 한 번씩 머리를 하다가 그렇게 하지 않는지, 왜 우리가 영화관

저축을 시작하는 방법

자산형성을 하는 가장 간단한 방법은 저축을 비용으로 보는 것이다. 다시 말해 개인적인 예산계획을 세울 때 비용으로 지출될 항목들을 처음부터 정해 놓으면서, 저축할 돈도 전화요금과 마찬가지로 아예 처음부터 따로 빼놓는 것이다.

일반적으로 말해 저축을 처음 시작하는 사람은 무엇보다 먼저 자신의 인생에서 심각한 경제적 위기가 닥칠 경우에도 그 위기를 버텨낼 수 있을 정도로 충분히 큰 금액의 비상금을 만들려고 한다. 비상금은 종사하는 직업의 안정성에 따라 다소 다르겠지만, 대체로 2달~1년 동안 활동하면서 살아나가는 데 충분한 금액은 돼야 한다. 비상금은 은행의 양도성 정기예금과 같은 안전한 투자대상에 넣어둬야 한다. 일단 이런 비상금을 충분히 비축한 사람이라면 투자를 시작할 수 있다. 비상금 비축을 위해 매달 저축한 금액만큼을 뮤추얼펀드에 넣는 등 투자로 돌릴 수 있기 때문이다.

이런 식으로 해서 저축과 투자를 평생의 습관으로 만들자. '티끌 모아 태산'이라는 속담은 여전히 진리다. 자산형성을 하는 가장 쉬운 방법은 지출을 줄이는 것이다.

에 갈 수 없는지를 설명해줘야 했다." 이렇게 해서 그녀는 어렵게 장만한 자기 집을 유지하기 위해 필요한 주택융자 원리금 월 상환액 1800달러를 지불할 수 있을 만큼의 돈을 절약할 수 있었다. 그녀가 자기 집 장만을 위한 주택저당 융자를 제공받을 수 있었던 것은 바로 선의의 투자자들이 그녀가 돈을 빌린 지역사회개발 은행에 돈을 맡긴 덕분이었다.

사회적 투자자들은 자신의 투자 포트폴리오 가운데 일부를 떼어 내어, 전통적인 은행이나 대출기관들이 기피하는 사람들에게 돈을 빌려주는 지역사회기반 금융기관에 예치하거나 융자한다. 내가 지역사회개발 은행에 예금을 하면 그 은행은 내가 예치한 돈의 20배에 달하는 대출을 할 수 있다. 위기에 몰려 있으나 재정적 도움이 필요한 사람들에 대한 대출은 가족, 이웃, 지역사회들의 운명을 완전히 변화시킬 수 있다.

지역사회개발 대출의 한 사례

이퀄 익스체인지(Equal Exchange)는 지역사회개발 금융기관인 '뉴잉글랜드 상호저축기금'의 오랜 고객이다. 이퀄 익스체인지는 저개발국의 협동조합들에 의해 생산된 커피를 중개 판매하는 커피 도매업체이며 종업원 소유 회사다. 이 회사는 커피 농가들이 자신들이 재배한 커피를 공정한 값을 받고 팔 수 있도록 돕고 있다.

이 회사의 창업자인 조나단 로젠탈은 이렇게 말한다. "우리 회사는 초기에 필요한 자본을 조달하기가 어려웠다. 그때 뉴잉글랜드 상호저축기금이 대출해준 자금이 큰 도움이 됐다." 이퀄 익스체인지는 2000년에 북미에서 가장 규모가 큰 공정무역 인증 조직이 됐다. 이 회사는 1년에 450톤의 커피를 판매해 600만 달러 이상의 매출을 올리고 있다. 이런 성취는 지역사회개발 대출기관의 초기지원 덕분이다.

사회책임투자자들은 살 만한 지구를 만드는 데 스크리닝, 직접 대화, 지역사회개발 금융기관이라는 세 가지 수단을 이용한다. 정의와 환경적 지속가능성이라는 목적을 매일 매일의 투자결정에 통합시켜 넣는 선택을 함으로써 우리는 나 자신뿐 아니라 모든 아이들도 평화와 인간으로서의 존엄성을 지키면서 클 수 있는 세계를 만드는 데 한몫을 하게 되는 것이다.

2장

사회책임투자는 어떻게 시작되고 진화해 왔나

우리는 우리가 얻을 수 있는 모든 것을 얻어야 한다. 하지만 우리가 해서는 안 되는 것이 있다. 그것은 삶을 희생시키는 대가로 돈을 얻는 것이다.

– 존 웨슬리

사람들이 사회책임투자가 사회쟁점을 다루는 운동으로서 하나의 독립된 분야라고 인식하기 시작한 지는 30년 남짓하다. 남아프리카공화국에서 사업을 하는 기업들의 역할을 둘러싸고 벌어진 논쟁은 이 분야에서 가장 잘 알려진 이니셔티브였다. 그 후 시민사회가 투자자산과 기업활동을 이용해 더욱 정의롭고 인간적인 미래를 실현하려고 한 수많은 노력들이 뒤를 이었다.

인류역사가 시작된 이래 여러 사회들이 협동조합 방식으로 설립된 상업적 기업의 힘을 활용해 사회 전체의 복리를 실현하려고 노력했다. 고대에도 특정한 지역사회 안에서 모든 이들을 위한 복지를 창출하는 경제구조를 활용한 사례들이 분명히 있었다. 인류 초기의 역사를 돌이켜보면 사회적 투자의 씨앗이 이미 그때 뿌려졌음을 알 수 있다. 고대 인도의 통치자들 가운데 가장 존경을 받았던 아소카

왕은 기원전 262년에 전쟁을 포기하고, 광범위한 공공사업 프로젝트들을 실행하기 시작했다. 백성들 모두의 필요를 충족시키고, 그가 지배한 나라에 비폭력적인 불교를 제도화하기 위해서였다. 이스라엘은 모든 시민들에게 땅을 나눠주면서 건국됐다. 18세기 중반에는 종교집단들이 오늘날 우리가 인권이라고 부르는 과제들을 실현하기 위해 적극 나섰다. 1758년 런던과 필라델피아에서 열린 퀘이커교 친우회(Society of Friends)의 연례회의는 공식 회의록을 통해 퀘이커 교도는 자신의 노예를 해방시켜야 하며, 노예를 사거나 판 사람은 퀘이커교와 관련된 일에 관여하지 못한다고 못 박았다. 이런 역사적 사례들 가운데 어느 것으로부터도 우리는 사회책임투자 이야기를 시작할 수 있다. 그러나 오늘날 우리가 알고 있는 사회책임투자는 주로 지난 2세기에 걸쳐 이뤄진, 신앙에 근거를 둔 투자결정들로부터 발전된 것이다.

종교의 유산

감리교회의 창설자인 존 웨슬리(1703~1791)의 설교 중 '돈의 사용'에 관한 설교는 사회책임투자 이야기를 시작하기에 아주 적절한 출발점이다. 이 주목할 만한 설교에서 그는 "이웃을 다치게 함으로써 돈을 벌거나 이익을 취하지 말라"고 했다. 우선 그는 이웃을 "재산상으로 다치게 하지 말라"고 했다. 특히 불공정한 거래나 도박, 그리고 해로운 융자 등으로 이웃의 재산이 축나도록 해서는 안 된다고 했다. 두 번째로 그는 이웃을 "육체적으로 다치게 하지 말라"고 설교했다. 술을 만들어 팔아 이익을 취함으로써 이웃의 육신을 다치게 하는 것과 같은 일을 해서는 안 된다는 뜻이었다. 세 번째로 그는 이웃을 "정신적으로 다치게 하지 말라"고 가르쳤다. 직접적으로나 간접적으로나 무절제에 봉사하는 상거래에 손을 댐으로써 이웃을 정신적으로 다치게 해선 안 된다고 했다. 또 더 나아가 지나치게 고되고 기나긴 노동을 피하라고 권고했다. 그는 당시에 막 일어나던 화학산업을 절대적으로, 그리고 전적으로 불건강한 것으로 지목했다. 그는 자신을 따르는 신도에게 강과 개울을 오염시키는 산업이나 뇌물을 써서 돈을 버는 산업에는 관여하지 말라고 촉구했다. 웨슬리는 설교에서 충실한 신도에게 단순하게 살아갈 것과, 물질의 소유에 너무 집착하지 말 것을 권고했다.

얼마나 대단한가. 여기서 우리는 올바른 삶의 공식을 찾을 수 있다. 우선 자신의 가족들에게 해를 입히는 제품들을 가려내고, 그런 것들로부터 이익을 얻는 일을 하지 않는 것으로 시작해야 한다. 다음으로 나와 가까운 이웃들을 생각하고, 그들에게 해를 입힐 수 있는 상거래를 피한다. 그런 다음에는 사회로 눈을 돌려 법률과 시민적 구조들을 훼손하는 관행들이 우리 사회의 근본 조직들을 찢어버리지 못하게 주의하고, 그것들을 이용해 이익을 취하려 하지 말아야 한다. 마지막으로 점점 높아지고 있는 우리의 소비행위가 지구의 자연자원과 아름다움을 훼손하고 있음을 깨닫고, 단순하게 살려고 노력해야 한다.

감리교만이 오랜 세월에 걸쳐 해로운 제품에 투자하기를 금지해온 종교단체인 것은 아니다. 퀘이커교도 예로부터 무기 판매로 이익을 거두는 행위를 금지해 왔다. 이슬람교도는 술, 담배, 돼지고기를 피하며, 금융에서 이자를 받지 않는다. 미국의 종교단체인 크리스천 사이언스의 신도는 의료행위를 피한다. 많은 불교도는 정육점이나 고기를 취급하는 회사를 기피한다. 이처럼 신앙에 기반을 둔 투자기피의 대상물로 가장 흔히 지적되는 것은 술, 담배, 도박, 무기다. 이 네 가지는 신앙에 따른 것이든 그렇지 않든 모든 사회책임투자자들에 의해 앞으로도 계속 기피될 것이다.

오네이다 공동체

여성이 경영의 핵심 역할을 맡고, 직장 내 탁아 서비스가 무료로 제공되고, 사원들의 복지가 회사의 첫 번째 목표인 제조기업을 상상해 보라. 이런 기업이 19세기 미국에 실제로 있었다. 뉴욕주 오네이다에 설립됐던 오네이다 공동체(Oneida Community)가 바로 그것이다.

오네이다 공동체는 종교적으로 시작되었는데 삶과 일에서 공동체주의를 대단히 강조했다. 농업, 통조림 제조업 등 각종 사업들이 번창해, 진보적 체제를 갖춘 이 공동체의 경제적인 기반이 됐다.

그러나 공동체 내부의 분파 간 갈등과 외부로부터의 압력이 문제가 되어 1879년에 투표를 거쳐 조직 형태를 주식회사로 바꾸기로 했다. 그 결과 탄생한 것이 '오네이다 공동체 주식회사(Oneida Community Ltd.)'다. 이 회사는 오네이다 공동체의 이상을 그대로 이어받았다. 종업원들에게 풍족한 임금과 안전한 노동환경을 제공했고, 어려움에 닥치면 경영자들이 자발적으로 자신들의 보수를 줄여서 역경을 헤치고 나갔다.

오늘날의 '오네이다 주식회사(Oneida Ltd.)'는 예전보다는 공동체에 중점을 두지 않지만, 회사에 대한 사원들의 충성도는 높은 수준으로 유지되고 있다. 회사는 1980년대 후반에 종업원지주제를 도입했다.

출처: www.oneida.com

예전의 신앙에 기반한 기피모델은 1960년대 말부터 1970년대 초에 걸친 격동의 시기를 거치면서 보다 폭넓은 윤리적 사항들을 고려하는 방향으로 발전했다. 투자자의 역할에 대한 새로운 방법들이 시도되면서 사회책임투자의 현대적인 형태가 그 모습을 갖추기 시작한 것이다.

시대적 배경

1960년대의 후반과 1970년대의 대부분은 급격한 각성의 시기였다. 당시 미국은 인종차별 문제에 대한 고통스런 자기비판을 거쳐 인종차별의 역사를 종식시키기 위한 몇 가지 중요한 정책들을 시행했다. 미국 내 소수인종 집단들이 국가적 성공의 과실을 보다 충분히 누릴 수 있도록 할 목적으로 1964년에 시민권법(Civil Rights Act), 1965년에는 투표권법(Voting Rights Act)이 제정됐다. 풀뿌리 지역사회 개발 기관들도 자산운용을 할 때 선의의 투자자로서 소수인종, 특히 도시지역에 거주하는 흑인들을 미국 사회의 주류에 편입시키는 방법을 고려하기 시작했다.

이 시기는 전쟁의 시기이기도 했다. 미국은 뜨거운 논란의 와중에서도 베트남 전쟁에 개입하고 있었다. 시민들 사이에 부정적인 여론이 들끓었다. 시위대는 징집영장을 불태웠고, 평화주의자들은 군수산업에 대한 투자를 거부했다. 대기업들은 '군산복합체'로 불렸다. 미국은 1·2차 세계대전 때 세계를 구한 영웅에서 제국주의 약탈자로 전락했다. 전쟁의 시기에 성인이 된 베이비붐 세대의 마음속에는 지워지지 않는 전쟁의 상처가 남았다. 베트남 전쟁은 그것에 찬성한 사람이든 반대한 사람이든 한 세대의 사회인식에 커다란 영향을 주었다. 베트남 전쟁은 기존 사회질서에 대한 한 세대의 신뢰와 권위, 특히 정부의 권위에 대한 그들의 확신을 허물었다.

베트남 전쟁은 기업의 이익이 사람들의 고통을 대가로 얻어진다는 사실을 새삼 조명했다. 당시 글을 읽을 수 있는 나이였던 모든 미국인들은 벌거벗은 9살짜리 여자아이가 등에 불이 붙은 채 비명을 지르며 카메라를 향해 마구 달려오는 사진을 보면서 받은 충격을 기억한다. 그 사진은 1972년 6월 미군이 소녀가 살던 마을에 네이팜탄을 투하한 직후에 찍은 것이다. 이 폭탄을 만든 다우 케미컬에 대중적 분노가 집중됐고, 조직적인 항의시위가 미국 전역에서 일어났다. 도대체 어떤 악마가 그런 제품을 만들 수 있단 말인가?

당시는 환경에 대한 관심이 높아진 시기이기도 했다. 유명한 해양생물학자 레이첼 카슨은 1962년에 출간한 획기적인 저서 《침묵의 봄(Silent Spring)》를 통해 그 단초를 제시했다. 이 책은 살충제 사용이 초래한 자연파괴의 실상을 기록한 것이었다. 유기농만 하면서 자연 그대로 살겠다는 농촌 마을이 속출했다. 1970년에는 '지구의 날(Earth Day)'[9]이 시행됐고, 환경을 걱정하는 투자자들은 원자력과 관련된 기업들의 주식을 기피했다. 자동차 배기가스를 규제하는 법안과 폐기물 투기를 단속하기 위한 법안이 통과되기도 했다. 청량음료 병에 대해 예치금을 부과하는 법을 제정하고자 하는 노력도 상당한 지지를 받았다. 자연산 곡물과 콩류 위주로 식생활을 하는 장수식 요법이 대중적인 인기를 끌기도 했다. 1979년에는 스리 마일 섬에서 원자력 발전소 사고가 발생했다. 이 사고는 대규모 오염에 대한 우려를 일으켰을 뿐 아니라, 핵발전은 검증되지 않은 불안전한 기술이 아니냐는 의구심을 더욱 증폭시켰다.

이러한 시대적 배경 속에서 국가적 쟁점들이 기업의 경영활동에도 영향을 미칠 수밖에 없게 됐다. 활동가들은 기업들의 연례 주주총회에 주목하기 시작했다. 사회 속에서 기업의 역할에 대한 우려의

침묵의 봄을 만드는 농업기업

농민들은 한번 잃어버린 좋은 흙을 다시는 회복하지 못할 거란 걸 알고 있다. 부채에 허덕이는 농민들에게 더 이상 미래는 없다. 인도의 농촌지역에서는 전염병이 번지듯 농민들이 스스로 목숨을 끊고 있다. 광대하게 펼쳐진 한때 비옥했던 농토들은 오염되어 물에 젖어 있는 사막으로 변하기 시작했다.

왜 이런 재난이 시작됐을까? 종자회사들은 '하얀 금(white gold)'으로 불리는 변종 목화씨를 팔면서, 농민들이 자체적으로 번식시키던 토착 종자들을 포기하게 만들었다. 새로운 변종 종자들이 매년 더 많이 보급됐다. 그러나 이런 변종 증자들은 값이 비싼데다 수확하는 작물의 질을 개선하지도 못했다. 무엇보다 문제인 것은 변종 종자들은 병충해에 약하기 때문에 살충제 사용을 증가시킬 수밖에 없다는 점이었다.

살충제 과다사용은 벌이나 나비와 같은 매개체들을 죽임으로써 나무들이 열매를 맺지 못하게 만든다. 게다가 농민들 자신도 살충제 잔류성분에 중독돼 서서히 죽어간다. 세계화라는 이름으로 지금 우리가 가난한 이웃들에게 하고 있는 일들은 잔인하고 결코 용서받을 수 없는 짓이다.

변종 종자의 주된 생산업체들은 몬샌토(Monsanto), 노바티스(Novartis), 듀폰(DuPont), 아스트라제네카(AstraZeneca), 아처 다니엘스 미들랜드(Archer Daniels Midland) 등이다.

출처: '대기업들이 가난한 사람들을 어떻게 굶주리게 하는가', 반다나 시바, 〈더 데일리 텔레그라프〉, 2000년 5월 11일.

목소리를 내는 기회로 주주대화를 활용하기 시작한 것이다. 주주대화의 주제는 다우 케미컬의 네이팜탄 제조에서 시작하여 남아프리카공화국의 인종차별 정책으로 확대됐다. 1970년에는 저명한 소비자운동가 랄프 네이더가 주도한 '프로젝트 제너럴 모터스'가 제너럴 모터스의 주주총회에 두 가지 안건을 제출하여 투표하게 했다. 그중 하나는 제너럴 모터스 이사회의 인종구성을 다양화하는 노력에 관한 것이었고, 다른 하나는 자동차 배기가스 배출기준을 강화하는 시도에 관한 것이었다. 표결에서 두 안건 모두 부결됐다. 그러나 이런 움직임이 일으킨 대중적인 압박에 밀린 제너럴 모터스는 필라델피아의 흑인 목사인 레온 설리번을 이사로 선임했다. 아울러 제너럴 모터스는 자사가 생산하는 자동차의 배기가스 배출기준을 점진적으로 강화해 나가는 정책을 채택했다.

남아프리카공화국 논쟁

1948년 아프리카 백인민족당은 흑백분리주의인 아파르트헤이트를 슬로건으로 내걸고 총선에서 승리한 뒤 남아프리카공화국의 집권당으로 군림해왔다. 1994년까지 집권한 이들은 아프리카 대륙 전체에 걸친 탈식민지화에도 불구하고 아프리카에서 흑인 인구가 증가하는 데 대한 백인들의 두려움을 더욱 자극하면서 그것을 활용했다. 넬슨 만델라는 자신의 회고록에서 "아파르트헤이트는 새로운 말이지만 생각은 오래된 것이었다. 그것은 여러 세기에 걸쳐 흑인에게 백인보다 열등한 지위를 강요해온 온갖 법규들을 하나의 억압적인 체제로 명문화한 것이었다. 사실상의 차별을 법률상의 차별로 바꾸었다"고 지적했다. 아파르트헤이트는 대부분의 흑인에게 가난에서 벗어나지 못하도록 저주를 내렸고, 열악한 흑인지역의 기회의 가능성마저 막아버렸다.

1960년 남아프리카공화국 정부의 방조 아래 경찰이 반아파르트헤이트 시위대에 발포한 '샤프빌 대학살 사건'이 일어나고 난 뒤에야 비로소 국제적인 분노가 행동으로 옮겨졌다. 유엔은 1963년 남아프리카공화국에 자발적 무기금수 조처를 내렸고, 1976년 '소웨토 소요사태' 이후에는 이 금수조처가 의무화 됐다. 그러나 유엔의 이런 조처가 남아프리카공화국의 정권을 교체하지는 못했으며, 오히려 흑인들에 대한 탄압만 더욱 강경하고 무자비하게 만드는 결과를 초래했다. 이에 미국 레이건 행정부는 과거 행정부들과는 달리 일종의 회유정책인 '건설적인 개입'을 시도했다. 그렇지만 많은 사람들은 이 회유정책의 실효성에 대해 의구심을 가졌다. 레이건의 정책은 아프리카 남부에 공산주의가 확산되는 것을 막기 위해 남아프리카공화국을 방패로 내세우겠다는 뜻으로 비쳤기 때문이다. 그러자 종교단체들은 남아프리카공화국 흑인들의 고통을 해소시키려는 혁신적인 새로운 방법을 시도했다.

대영제국이 지배한 나라들에는 흔히 영국 성공회가 진출해 활발한 활동을 펼쳤다. 대영제국에는 해가 지지 않았다고 하듯이 영국 성공회도 세계 곳곳에 자매교회를 두고 있었다. 영국 성공회는 남아프리카공화국 교회의 고통을 잘 알고 있었다. 영국 성공회가 남아프리카공화국의 고통을 덜어주기 위해 애쓰는 동안 미국 성공회는 아파르트헤이트 정책을 지지하는 미국 기업들을 변화시키려고 프로젝트 제너럴 모터스에서 효과를 보았던 것과 같은 방법을 쓰기로 결정했다.

1971년 미국 성공회의 존 하인스 주교는 당시 남아프리카공화국에서 최대 고용주였던 제너럴 모터스의 주주총회에 참석해 남아프리카공화국에서 사업을 철수할 것을 요구했다. 그의 요구는 주주총회에서 받아들여지지 않았다. 그런데 전해에 이사로 선임된 설리번 목사는 이 문제에 큰 관심을 가졌다. 1976년 소웨토 소요사태를 계기로 설리번 목사는 기업들이 남아프리카공화국에서 사업을 할 때 지켜야 하는 행동규범을 만들었다. 이 행동규범은 나중에 '설리번 원칙' [10]으로 불리게 된다.

이러한 추적평가 시스템이 가동되자, 미국 기업들이 남아프리카공화국 사업장에서 인종차별을 제거하기 위한 노력을 전혀 안 하고 있다는 사실이 보다 분명히 드러났다. 이에 따라 인종차별 폐지 운동이 더욱 가열됐다. 1980년대 중반 미국 각지에서 남아프리카공화국에서 사업을 하는 기업들의 제품이나 서비스에 대한 불매운동이 시작됐다. 많은 대학교, 종교단체, 연금기금들이 남아프리카공화국에서 사업을 하는 미국 기업들의 주식을 처분했다. 이는 남아프리카공화국의 백인정권을 고립시키고 압박하는 운동의 일환이었다. 그러나 남아프리카공화국의 상황 개선은 지지부진했다. 일반적인 무역제재에 더해 1986년에는 미국, 유럽경제공동체, 영연방이 모두 남아프리카공화국에 대한 신규투자를 금지시켰다. 이로써 남아프리카공화국으로 유입되는 장기자금 흐름이 급격히 위축됐다.

    남아프리카공화국의 경제전망이 급격히 악화하자 1986년 남아프리카공화국 사업주의 75%를 대변하는 사업자단체가 아파르트헤이트 정책의 폐지를 요구하는 내용의 기업헌장을 작성했다.[11] 국제적인 압력에도 불구하고 남아프리카공화국의 개혁은 더디게 진행되고 있었기 때문에 사업자들의 이런 움직임은 시의 적절한 것이었다. 1990년까지 설리번 원칙을 채택한 기업들을 보면, 전체 종업원의 60%가 흑인이었음에도 불구하고 흑인 관리자의 비중은 4%에 지나지 않았다. 게다가 미국 기업들의 흑인 관리자 비중은 2%로 더 낮았으므로 설리번 원칙은 그 실행의 측면에서 한계를 드러냈다. 이런 증거를 바탕으로 국제여론은 남아프리카공화국의 백인 정권에 대해 전체 국민들이 참여하는 선거를 치를 것을 요구했고, 1994년에 선거가 실시됐다. 50년 만에 흑인을 비롯한 모든 인종의 남아프리카공

남아프리카공화국의 장기자금 유입 변화

연도	장기자금 유입액(백만 달러)
1981~1984 연평균	422
1984	1,722
1985	−697
1986	−1,303
1987	−1,317
1988	−443
1989	−493
1990	−266

화국 국민들이 참여한 가운데 실시된 이 선거에서 아파르트헤이트에 반대해온 쪽이 승리를 거두었다. 마침내 아파르트헤이트 정권이 선거를 통하여 권좌에서 밀려나게 된 것이다.

이제는 남아프리카공화국에서 사업을 하는 기업들에 투자를 재개해 달라는 요구가 나오기 시작했다. 넬슨 만델라 대통령 당선자는 국제사회에 경제봉쇄를 풀고 투자를 재개해 달라고 촉구했다. 미국과 유럽의 투자자들은 이에 즉각 화답해서 투자제한 가이드라인을 삭제했다. 과거 투자철수 요구에 앞장섰던 남아프리카공화국의 흑

남아프리카공화국 재투자 펀드

'남아프리카공화국 재투자(RISA; Reinvest in South Africa)' 펀드는 출범 초기였던 1999년 상반기 6개월 동안 목표수익률을 초과달성했으며, 경쟁 펀드들에 비해서도 우수한 실적을 올렸다. 이 펀드는 6개월간 16.7%의 수익률을 기록해, 남아프리카공화국 주식시장의 평균 주가상승률 10%를 훨씬 웃돌았다. 이는 '새로운 남아프리카공화국 기업들'에 투자하면 요하네스버그 증시의 16개 대형주들에 투자하는 것보다 높은 수익률을 올릴 수 있다는 RISA의 투자방침이 옳았음을 입증했다.

'새로운 남아프리카공화국 기업들'이란 요하네스버그 증시에 상장된 중소규모 기업들 가운데 남아프리카공화국의 고속성장 부문에 속하는 기업들을 가리키는 말이었다. 구체적으로 이들은 신기술, 통신, 금융 서비스, 수출형 제조업 부문의 기업들이었다. 이런 기업들은 연간 20% 이상의 성장률을 기록하기도 했다. 이들 기업은 남아프리카공화국 다수 인종인 흑인들의 경제력 강화에 기여하는 측면에서 높은 점수를 받는 기업들이었다.
RISA의 투자대상 종목 선정기준에는 이해관계자의 인종적 다양성, 투명한 지배구조, 노동자 교육훈련 프로그램, 환경적 책임성, 작업환경의 질적 수준, 고용창출 효과 등이 포함돼 있었다. RISA는 미국 필라델피아에 본부를 둔 투자자문 회사이며, 남아프리카공화국의 다인종 기업인 아프리칸 하비스트(African Harvest)와 제휴관계다.

인 지도자가 이제는 투자재개를 위해 앞장을 섰던 것이다.

　반 아파르트헤이트 운동은 오늘날 점점 더 확대되고 있는 사회 책임투자 산업의 근간이 되는 조직들을 만들어냈다. 당시 서로 다른 종파에 속하는 많은 교회들이 영국 성공회와 손을 잡고 기업들에게 남아프리카공화국에서 사업을 철수하거나 최소한 설리번 원칙에 서명하라고 요구하는 운동을 벌였다. 이 연대운동에서 오늘날 주주행동주의의 주된 기반이자 원천이 되고 있는 '종파를 초월한 기업책임성 센터(ICCR; Interfaith Center on Corporate Responsibility)'가 결성됐다. 1972년 이래 사회적 쟁점이나 환경적 쟁점들에 대한 활발한 대화를 유도해낸 주주결의안들의 대부분이 바로 이 ICCR 네트워크의 주장을 반영해 작성됐다. ICCR 네트워크는 신앙의 바탕 위에서 기업의 책임성에 관한 성숙한 논리와 주장을 만들어냄으로써 주주행동주의를 뒷받침해왔다. 이 연대는 남아프리카공화국의 수백만 흑인들로 하여금 인간 존엄성의 꿈을 실현할 수 있도록 도왔다.

　남아프리카공화국에 사업장을 갖고 있는 미국 기업들의 사회적인 역할은 무엇이어야 하는가를 놓고 벌어졌던 논의는 기업의 사회적 역할에 대한 사람들의 인식을 폭넓게 변화시켰다. 곳곳에서 남아프리카공화국 이슈에 대해 어떤 입장을 취해야 하는지를 놓고 토론이 이어졌다. 기업들은 이사회 결의로 '투자의 사회적 책임성에 관한 위원회'와 같은 이름의 특별위원회들을 설치하고, 그런 위원회들로 하여금 기업의 사회적 역할과 관련된 사안들을 검토하고 그 결과를 보고하도록 했다. 당시 설립된 이런 특별위원회들 가운데 다수가 오늘날까지 존속하면서, 사회적 책임성 관련 문제들에 대해 회사가 어떤 입장을 취해야 하는지를 조언하고 있다.

남아프리카공화국 운동을 계기로 기존의 윤리적 투자(ethical investing)라는 용어는 그 쓰임새의 범위가 확대됐다. 종교적이거나 선교적인 기준에 근거한 투자의사 결정뿐 아니라, 환경이나 노동 문제에 관한 직접대화에 기업이 얼마나 적극적으로 임하느냐를 중시하는 투자의사 결정에도 윤리적 투자라는 용어가 쓰이게 됐다. 이후

미국의 14대 사회책임 뮤추얼펀드

2000년 4월 30일 현재 '사회적 투자 포럼'이 추적 관찰하는 68개 사회책임투자 펀드 가운데 순자산 순서로 상위 14개 뮤추얼펀드들은 다음과 같다. 이들 펀드는 광범위한 사회책임투자자들을 고객으로 삼고 있으며, 시장에서 비교적 쉽게 눈에 띄는 펀드 그룹에 속한다. 이들 외에도 수십 개의 작은 펀드들이 사회적 투자자들에 의해 활용되고 있다. 소규모 펀드들 가운데는 특정한 종교적 성향을 띤 것들도 있지만 환경보호와 같은 일반적인 사회적 목표를 지향하는 것들도 있다.

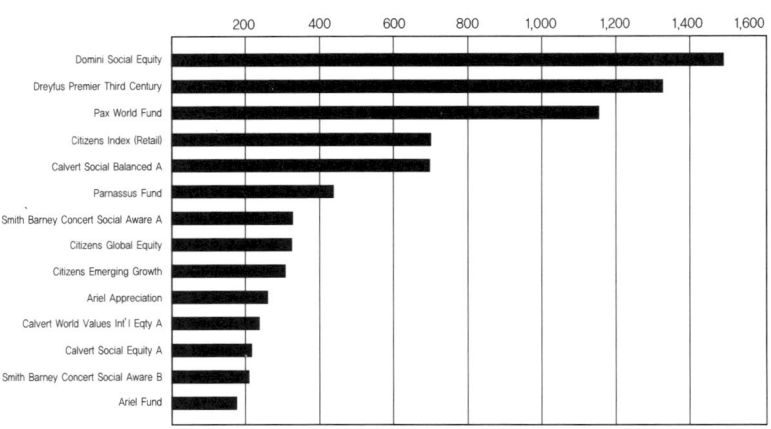

단위: 100만 달러

출처: www.socialinvest.org

윤리적 투자라는 용어 자체가 점차 사회책임투자라는 용어로 대체되기 시작했다. 사회책임투자는 종업원, 지역사회, 납품업체, 소비자 등 이해관계자들과 자연환경에 기업이 끼치는 영향에 대한 우려도 고려하게 됐다. 반사회적 기업을 투자대상에서 배제하는 선별투자 방식인 전통적인 네거티브 스크리닝뿐 아니라 사회적인 기준에서 우수한 성과를 올린 기업들을 투자대상에 적극적으로 포함시키는 포지티브 스크리닝 방식도 도입됐다.

1980년대 초반까지 윤리적 투자자들을 위한 펀드들이 설립됐다. 그 가운데 팍스 월드 펀드, 드레퓌스 서드 센츄리, 파나서스, 뉴 얼터너티브스, 캘버트 소셜 밸런스트 펀드 등은 네거티브 스크리닝과 포지티브 스크리닝 두 방식을 모두 채택했다. 이들 펀드들은 술, 담배, 도박, 원자력, 무기는 물론 남아프리카공화국에서 사업하는 미국 기업도 기피했고, 다양한 이해관계자들에 미치는 기업 활동의 영향을 평가하여 사회적 책임성이 우수한 기업에 투자하고자 했다.

설리번 원칙이 성공적으로 관철됨에 따라 기업의 영향을 추적 기록해 알리고, 그에 따라 시민사회가 행동에 나설 수 있게 됐다. 확인 가능한 데이터들을 이용해 기업의 영향을 추적하는 방법은 오늘날에도 기업에 대한 사회적 연구의 토대가 된다. 진전이 있는 기업에 대해서는 더 많은 투자로 보상하고, 진전이 이뤄지지 않은 기업에 대해서는 주주행동 등의 수단을 통해 잘못을 고치도록 요구한다. 데이터 수집을 통해 기업을 바로 이해하고, 그런 이해를 주주행동으로 이어간다는 방법론은 바로 남아프리카공화국 논쟁에서 우리가 거둔 결실이다.

지역사회개발 금융

1960년대 후반에서 1970년대 초반에 현대적 구조의 지역사회개발 금융기관들이 형성됐다. 기업의 사회적 책임과 관련된 노력들과는 별개였지만 인종 간 불평등 문제에 대한 각성에 대응한 지역사회 이니셔티브들도 거의 동일선상에서 나타났다. 1973년에 밀턴 데이비스, 제임스 플레처, 로널드 그르지윈스키, 메리 휴턴은 지역사회개발에만 전념하는 최초의 은행인 시카고의 '사우스 쇼어 뱅크(South Shore Bank)'를 설립했다. 이 은행의 설립자들은 사회정의에 대한 신념을 실제로 지역사회를 위한 실천과 결합시켰다. 다른 많은 이웃 도시지역들과 마찬가지로 시카고의 사우스 쇼어 지역도 1950~1960년대에 백인 중산층들이 도시외곽으로 이주하는 '화이트 플라이트(white flight)' 현상을 겪었고, 그에 따라 상가들도 외곽으로 나가버렸다. 사우스 쇼어 지역은 빈민들만 사는 광대한 우범지대가 되어버릴 위기에 처했다.

사우스 쇼어 뱅크는 그런 지역에서 대출에 의해 지역사회가 안정될 수 있는지를 확인해보는 사회적 실험이었다. 그러나 사우스 쇼어 지역의 대출 수요는 사우스 쇼어 뱅크 혼자 감당할 수 있는 수준을 훨씬 넘었다. 사우스 쇼어 뱅크의 자본금이 부족한 게 문제였다기보다 예금이 거의 없다는 게 문제였다. 사우스 쇼어 뱅크는 지역 주민들의 저축을 효과적으로 유치할 수 없었고, 예금 없이는 저비용으로 지역 주민들에게 융자하는 게 불가능했다. 예금 유치가 부족했던 것은 이 지역의 흑인 주민들이 '퍼스트 시카고 은행'의 단골고객으로 남아있었기 때문이다. 퍼스트 시카고 은행은 흑인들에게 대출은 해주지 않았지만, 시카고에서 처음으로 흑인에게 당좌거래를 허용함으로써 흑인 고객들에게 큰 인기를 끌고 있었다. 그래서 사우스 쇼어 뱅크는 미국 전역을 대상으로 한 예금유치 전략을 폈다.

사우스 쇼어 뱅크가 설립된 지 30년이 지난 오늘날 시카고의 사우스 쇼어 지역은 사회경제적 다양성을 갖춘 쾌적한 흑인 주거지역이 돼있다. 떠나간 상점들을 다시 끌어들이지는 못했지만, 이 지역 일대는 이제 분명히 안정을 되찾았고 경제도 활성화됐다. 가난한 지역 주민들에게 대출을 해줌으로써 그들이 스스로 부를 축적하게 하고 건강한 지역사회를 건설하도록 돕는다는 사우스 쇼어 뱅크의 실험은 성공했다. 많은 사람들이 놀란 일이지만, 이 지역의 대출금 상환율은 미국 전체의 평균 대출금 상환율보다 높다. 사우스 쇼어 뱅크 자체도 설립 2년 후인 1975년 이래 매년 이익을 실현함으로써 지역사회개발 금융기관이 수익성 있는 사업모델이 될 수 있음을 보여주었다.

사우스 쇼어 뱅크 모델은 미국과 유럽 등 선진국뿐 아니라 파키스탄, 케냐, 방글라데시 등 저개발국들에서 그와 유사한 금융기관이 만들어지도록 자극했다. 크레디 포퓔레르 자이로(Credit Populaire Zairos)도 그런 금융기관들 가운데 하나다 이 은행은 콩고의 북부에 위치한 키부 지역의 소비자협동조합에 의해 1987년 설립됐고, 1989년에는 자이레 중앙은행으로부터 자금지원까지 받아 지역사회 경제에 도움이 되는 농업, 공업 등의 사업을 지원해 왔다. 소비자 신용조합처럼 운영되는 이 은행은 회원 협동조합들에게 주택 건설, 산림 재조림, 여성들만의 집단농장 운영, 급식소와 양로원 건설 등을 할 수 있도록 돈을 빌려준다. 최근에는 '사랑의 집짓기 운동(Habitat for Humanity)'과 제휴해 1600가구의 주택을 지어 주민들에게 공급하기도 했다.

1980년대 초에 남아프리카공화국 문제와 관련해 생겨난 '투자의 사회적 책임성에 관한 위원회'들이 시카고의 실험을 알게 되자, 지역사회에 대한 관심을 그들의 사업계획 안에 추가했다. 이들 위원회 중 다수는 그 이전에 시민권 투쟁을 돕는 방향으로 자신들의 자산을 운용했던 경험이 있다. 1968년 미국 성공회가 설립한 '빈민가 종잣돈 대출기금(Ghetto Seed Loan Fund)'도 그중 하나다. 이 기금은 1980년대 후반에 더욱 큰 지역사회 투자 포트폴리오로 확대됐다. '사우스 엔드 미팅 하우스'라는 단체의 주거위원회가 설립 자본금을 댄 '보스턴 커뮤니티 캐피털'과 같은 비영리 융자 펀드들도 생겨났다. 사회책임투자는 특정한 투자를 기피하는 것을 넘어, 사회적 약자가 필요로 하는 것을 적극적으로 공급할 수 있는 새롭고 혁신적인 방법을 추구하는 수단이 됐다.

오늘날 사회적 투자자들은 지역사회 경제개발 이니셔티브들과 연대하고 있으며, 자신들의 투자 포트폴리오 구성에 사우스 쇼어 뱅크와 같은 회사에 대한 지분을 포함시키고 있다. 지역사회개발 금융기관들은 투자자들이 사회적 약자에 대한 기업활동의 영향을 강조하는 풀뿌리 사회운동가들과 손을 맞잡을 수 있는 기회를 제공한다. 이런 움직임은 사회적 감시를 더욱 충실한 것이 되도록 하고, 주주행동주의에 새로운 지평을 열어주고 있다.

사회적 투자의 진화

오늘날 사회책임투자 산업은 세 개의 발로 확고하게 서있다. 여기서 세 개의 발이란 스크리닝을 거쳐 포트폴리오 구성하기, 주주행동주의, 지역사회개발 금융기관이다. 각 수단은 다른 수단들과 상호보완적인 관계에 있다. 각 수단은 강점과 약점을 갖고 있지만, 서로를 강화시켜준다. 어떤 이들은 기업 책임성의 개념이 너무 이론적이어서 스크리닝이 무의미하다고 주장한다. 또 어떤 이들은 기업 활동과 관련해 이루어져야 할 수많은 일들을 고려할 때 단지 20여 개 기업들

제너럴일렉트릭의 공장 이전

제너럴일렉트릭(GE)은 1986년 이래 미국 내 종업원 수를 거의 절반으로 줄이고, 생산설비를 저임금 국가로 이전하는 구조개편을 실시했다. 그러나 저임금 국가로 공장을 옮겨도 비용이 충분히 낮아지지 않자 터키에 있던 공장을 폐쇄하고 임금이 더 낮은 헝가리로 공장을 옮겼고, 그 뒤에는 헝가리 공장을 폐쇄하고 그것을 인도로 다시 옮기겠다고 위협했다. 또 자사 공장을 폐쇄하는 데 그치지 않고 납품업체의 공장까지 폐쇄하도록 강요했다.

제너럴일렉트릭은 수익성이 매우 높은 항공기엔진 사업부를 멕시코로 옮길 때 납품업체들에게 제너럴일렉트릭과 거래를 계속하고 싶으면 그들의 공장도 같이 이전해야 할 것이라고 몰아붙였다. 제너럴일렉트릭의 내부문서에 따르면 당시 이 회사는 '납품업체 이전에 관한 회의'를 열어 이렇게 경고했다. "우리는 이미 사업장을 이전하기로 결정했다. 우리와 함께 당신들도 공장을 이전하라. 그렇게 하지 않으면 우리와의 계약이 파기될 것이다. 이번 회의는 당신들에게 정보를 주기 위해 연 것이 아니다. 우리는 당신들이 이른 시일 안에 신속히 이전하기 바란다."

출처: '제너럴일렉트릭의 모든 공장들이 한 배에 타다', 러셀 모키버 & 로버트 바이스만, 〈포커스 온 더 코퍼레이션(Focus on the Corporation)〉, 2000년 5월 17일.

로 하여금 환경관련 행동규범에 서명하도록 하는 것은 큰 물통에 한 방울의 물을 떨어뜨리는 것이나 다름없다면서 주주행동주의의 실효성이 크지 않다고 주장한다. 그런가 하면 어떤 이들은 지역사회 개발이 좋은 것이긴 하지만, 빈곤 속에서 살아가는 전 세계 수억 명의 인구를 고려할 때 일부 지역에 사는 소수의 삶만 개선한다는 것은 사실상 의미가 없다고 말한다. 그러나 이들 세 가지 실천수단이 합쳐지면 많은 일을 해낼 수 있다. 사회책임투자자들은 가능한 일을 가능한 규모에서 실천한다는 의지와 함께, 우리 각자가 한 번에 한 생명씩을 구하기 위해 할 수 있는 일을 한다는 것이 중요하다는 신념을 공유하고 있다. 착취공장에 대한 최근의 논의는 그런 일을 어떻게 할 수 있는지를 보여준다.

착취공장 또는 착취적인 공급사슬의 문제는 최근 사회책임투자

아동노동의 현실

국제노동기구(ILO)는 전 세계에서 5~14살의 저개발국 아동 2억 5000만 명이 노동을 하고 있으며, 그 가운데 1억 2000만 명은 하루 종일 노동을 하고 있다고 추정한다. 아동 노동인구의 61%는 아시아, 32%는 아프리카, 7%는 중남미 아동이다.
〈AP통신〉은 미국에도 농업 등 일부 산업들에 아동노동이 존재한다고 지적하고, 미국 내 불법 아동노동자 수가 29만 명에 이른다고 추정했다. 이 보도에 따르면 코스트코, 하인즈, 뉴먼스 오운, JC 페니, 필스버리, 시어스, 월마트, 캠벨 수프 등 유명 기업들이 불법적이고 비도덕적인 아동노동 문제와 관련돼 있다. 이들은 납품업체가 어린이들에게 일을 시키고 있다는 언론보도 이후 해당 납품업체들을 비난하면서 거래처를 바꾸기도 했던 기업들이다.

출처: www.qualitydigest.com

자들 사이에 급속히 관심의 대상으로 떠오른 주제다. 오늘날의 착취 공장은 지난 수십 년간 진행돼온 제조업의 변화가 낳은 결과다. 남아프리카공화국 토론이 격화되었을 때는 그 나라에 제조업 시설을 소유하고 운영하는 기업들에만 초점이 맞춰졌다. 그런데 오늘날 대기업들은 자사가 소유하지 않은 업체들에서 구매하기도 하며, 그러면서도 그런 업체들에게 막대한 영향력을 행사한다. 납품업체 또는 하청공장의 노동조건 문제는 그리 간단하지 않다. 뉴욕에 본부가 있는 어떤 기업이 아이티에 있는 하청업체에게 1만 벌의 티셔츠를 생산해 납품해 달라는 주문을 했다고 가정해보자. 이 경우 뉴욕 본사의 구매담당자가 구매결정 뒤에 숨어있는 아이티의 노동인권 문제에 주목하기란 쉽지 않을 것이다.

하청업체의 노동여건에 대한 지금의 운동은 아이티에서 종교활동을 벌인 가톨릭 선교사들의 모임이 발단이 됐다. 그들은 처음에 야구공 제조공장의 인권문제를 제기했다. 몇 시간 동안 실을 감아 야구공을 만드는 작업은 고된 육체노동이었고, 제조공장의 작업환경은 비인간적이고 불결하며 위험했다. 아이티의 세금혜택과 저임금은 야구공 외에도 전자제품, 의류, 스포츠용품 등을 취급하는 외국 제조업체들을 유인했고, 아이티에서 생산된 제품은 주로 미국으로 수출됐다. 1990년에 아이티의 공장 노동자들 가운데 75%가 여성이었고, 일당은 겨우 3달러 20센트였다. 이들 대부분은 제품을 구입하는 최종 소비자들은 상상할 수 없을 정도의 열악한 환경에서 일한다.

야구공 공장에 관한 운동은 언론의 주목을 끌지 못했지만 가톨릭과 전 세계의 선교단체 및 자선단체들 사이에서는 큰 반향을 불러일으켰다. 착취공장은 아이티에만 국한된 문제가 아니라 대부분의 저개발국들에 뿌리를 내리고 있었다. 선교단체들은 과테말라, 엘살바도르, 멕시코에서도 착취공장 반대운동을 주도했다. 이들의 운동은 우선 제조설비를 소유한 기업들을 겨냥했고, 다른 한편으로는 착취공장을 직접 소유하지 않더라도 착취공장에 하청을 준 기업들도 대상으로 했다.

미국의 노동조합들이 이 문제를 제기하고 나서자 미국 노동부 장관 로버트 라이히가 조사에 착수했다. 미국 시민들은 캐시 리 지포드[12]가 생방송 토크쇼에서 자신의 옷 생산을 아시아의 착취공장에 맡긴 것에 대해 눈물을 흘리며 잘못을 고백하는 모습을 보면서 이 문제를 인식하게 됐다.

이어 〈CBS〉가 뉴스 프로그램 '48시간'에서 나이키 제품을 생산

아이티 청년들을 위한 대안의 프로젝트

크레올그룹(Group Kreyol)은 시드(SEED)의 여러 가지 프로젝트 중 하나로 2000년에 시작됐다. 95명의 청년으로 구성된 크레올그룹은 아이티 청년들의 실업과 이로 인해 발생하는 해외이주 문제를 해결하고자 수익사업을 찾았다.

크레올그룹이 시작한 사업은 크레올 키친, 크레올 쿠투어, 부티크 크레올 등 세 가지였다. 크레올 키친은 토착 농산물을 이용해 캔디, 잼, 쥬스 등을 만들었고, 크레올 쿠투어는 전통 자수를 넣은 셔츠를 만들었다. 그리고 부티크 크레올은 크레올그룹에서 만든 물건이나 다른 협동조합들에서 공급한 물건들을 판매하는 아웃렛 매장을 운영했다. 크레올그룹의 세 가지 사업들은 모두 협동조합에 의해 소유되고 운영됐다.

크레올그룹에 참여한 청년들은 시드의 도움을 받음으로써 그들의 고국 안에서 더 나은 생활의 터전을 닦아 나갈 수 있게 됐다. 시드는 아이티 지역사회개발 대출기금(Haiti Community Development Loan Fund)의 별칭이다.

하는 베트남 공장의 노동자 착취를 상세히 보도하자 나이키가 착취공장 논쟁의 핵심 타깃이 됐다. 1996년 10월부터 나이키 제품에 대한 불매운동이 시작됐다. 〈CBS〉의 보도에 격노한 시민단체들은 베트남의 노동단체 및 언론인을 통해 보도내용을 재확인했다. 그들은 나이키 간부들과 직접 만나 착취공장 문제에 대해 따졌고, 지속적인 감시를 위해 '베트남 노동감시(VLW; Vietnam Labor Watch)'라는 조직을 결성했다. VLW에 참여한 사람들은 나이키의 동의를 얻어 1997년 3월 2~18일 나이키의 베트남 현지 공장을 방문해 그곳의 노동법 위반사례, 임금, 근로조건, 보건 및 안전에 관한 조처, 성희롱 등의 문제를 집중 조사했다. 이들이 현지에서 발견해낸 부당한 상황들이 미국 시민들에게 전해지면서 53명의 하원의원들과 작가 앨리스 워커[13], 그리고 각종 공익단체들이 참여하는 대규모 나이키 제품 불매운동이 시작됐다. 이로써 나이키는 착취공장을 상징하는 기업이 됐고, 소비자들의 나이키 불매운동에 동조하는 사회책임투자 펀드들은 대부분 나이키 주식을 처분했다.

사회책임투자자들은 착취공장 문제에 어떻게 대응해야 하는가? 도미니 사회투자가 조사한 결과, 사회책임투자자들은 착취공장 문제를 환경 문제에 이어 두 번째로 중요시하고 있다. 그러나 착취공장에서 제품을 만드는 기업을 가려내어 투자대상에서 제외하는 작업은 오늘날에도 거의 불가능하다. 아직도 이런 작업을 하는 데 활용할 만한 자료가 없기 때문이다. 남아프리카공화국 이슈에서 대응책을 만들어 낸 것처럼 이 문제에 대해서도 앞으로 진전을 이뤄야 한다.

사회적 투자 산업은 새로이 부각되는 다양한 이슈들에 대해 현장 활동가들의 조언을 구한다. 남아프리카공화국의 투자철회 운동은 남아프리카공화국의 흑인 지도자들이 미국인들에게 남아프리카공화국에 투자한 기업들의 주식을 팔아치우라고 요구하면서 시작됐다. 그러나 착취공장 문제에 대해서는 운동의 리더십이 분산돼, 관련된 기업들에 대한 주식투자를 중단하도록 촉구하는 영향력 있는 목소리는 아직 들리지 않았다. 착취공장 문제의 특성상 어떤 주도적인 목소리가 존재하기 어려운 점도 있다. '인권감시(Human Right Watch)'나 '멕시코 접경지역 공장들에 정의를 실현하기 위한 연대(Coalition for Justice in the Maquiladoras)'와 같은 인권단체들은 사회책임투자 펀드 매니저들에게 외주조달에 관한 행동규범을 만드는 문제에 관해 기업들과 대화에 나설 것을 촉구했다. 이런 행동규

남자보다 여자가

투자성향을 알아보기 위해 800명의 성인을 대상으로 조사를 한 결과, 여자들이 남자들보다 기업의 사회적 책임성에 더 큰 관심을 보였다. 그 내용은 다음과 같다.

기준	여자(%)	남자(%)
환경보호	73	67
여성의 고용 및 승진	69	56
소수인종의 고용 및 승진	69	55
노동관행	65	51
담배제조업	54	45

출처: 1999년도 양켈로비치 파트너스(Yankelovich Partners)의 여론조사.

범은 노동자들의 일자리를 보호하면서 비인간적인 노동조건으로부터 노동자들을 해방시킬 수 있으며, 더 나아가 남아프리카공화국 문제에 대한 논의가 우리에게 가르쳐즈었듯이 시민사회가 무기력에서 벗어나 행동에 나서기 위해 필요한 데이터도 제공해 줄 것이다.

오늘날 착취공장 문제와 관련해 점차 확산되고 있는 주주행동주의는 기업들로 하여금 기본적인 인간의 존엄성을 경영의 주된 고려사항으로 여기도록 강제한다. 태평양 사이관 섬 의류공장들의 착취적인 노동조건과 관련해 집단소송을 당한 캘빈 클라인, 리즈 클레이본, 시어스, 토미 힐피거 등 17개 미국 의류업체들은 2000년 이 소송을 화해종결하기로 합의했다. 인권단체와 의류산업 노동단체를 포함한 원고측은 의류업체들이 지급한 800만 달러의 합의금을 제3자에 의한 독립적인 노동조건 모니터링 작업, 노동자들에 대한 체불임금 지급, 식수 및 음식의 안전성을 높이기 위한 대책 마련, 공적 교육 등을 위해 사용할 계획이다.

착취공장에 대한 논의는 평가기준을 제정하는 논의로 이어졌다. 이런 평가기준에 기업들이 얼마나 부합하는지를 판정하는 좀더 세련된 방법들이 앞으로 만들어질 것이다. 어떤 기업이 더 책임성 있게 경영되는가를 판정할 수 있는 방법도 개발될 것이다. 아직은 나이키만이 불매운동과 투자철회 운동의 표적이 되고 있지만 착취공장이 존재하는 한 기업의 책임을 묻는 움직임은 단지 시작일 뿐이다. 착취공장 문제에 대한 논의는 사회책임투자의 진화에 커다란 영향을 끼칠 것이다. 착취공장 문제는 남아프리카공화국 문제 이래 사회책임투자가 직면한 가장 복잡한 이슈다.

3장

투자할 때는 스크리닝부터 하자

그녀는 어둠 속에서 저주하고 있기보다 촛불을 켰다. 그러자 그녀의 불빛은 온 세계를 따뜻하게 덥혔다.
— 애들레이 스티븐슨('엘리노어 루스벨트에 대한 회상' 중에서)

당신이 사회적, 윤리적 기준에 맞는 기업을 찾아 투자할 때는 투자 의사 결정을 당신의 개인적 가치와 일치시킨다. 또한 당신은 인간의 존엄성과 환경의 지속가능성을 투자이익이나 주주가치 극대화 못지 않은 중요한 목표로 고려한다. 투자할 기업을 가려내기 위해서는 우선 잠재적 투자대상 기업들을 '사회적 스크리닝' 이라는 필터링 절차로 걸러야 한다. 필터링 과정을 통해 당신은 어떤 제품이나 사업관행을 제외시키고 어떤 것들은 부각해서 강조할 수 있다. 스크리닝은 지난 20년간 기업이 다양한 이해관계자들에게 미치는 부정적, 긍정적 영향에 대한 평가수단으로 발전돼 왔다. 이 장에서는 스크리닝의 방법과 이유에 대해 보다 상세히 알아본다.

당신은 사회적 책임성이 있는 투자자르서 투자의사 결정을 할 때도 기부행위를 하거나 삶의 방식을 선택할 때만큼 신중할 것이다.

당신이 소유한 주식이나 채권을 스크리닝할 때도 그렇지만, 사회책

이해관계자란 무엇인가

이해관계자(Stakeholders)는 기업의 경영 방침이나 관행에 영향을 받는 자들을 말한다. 기업의 이해관계자의 종류는 다음과 같이 다양하다.

- **지역사회**: 기업이 사업활동을 하는 곳에 사는 사람들. 이들은 기업이 세금을 내는지, 다양한 사회경제적 영역에 걸쳐 일자리를 제공하는지, 자신들이 사는 지역의 공적 기관들을 지원하는 자선기부 프로그램을 갖고 있는지, 지역에 어울리고 쾌적하며 인간적인 규모로 사업시설을 짓는지에 관심을 갖는다.
- **고객**: 기업으로부터 제품을 구매하는 사람들. 이들은 안전하고 유용한 제품을 공급받는 데 관심이 있다.
- **종업원**: 기업을 위해 일하는 사람들. 이들은 일자리 보호, 안전, 승진, 임금이나 보수, 균등한 기회 보장, 계속적인 교육과 학습, 가족 부양 등을 뒷받침하는 데 구체적으로 맞춰진 프로그램을 기업이 갖고 있는지에 각별한 관심을 갖는다.
- **채권자**: 기업에 돈을 빌려준 개인, 은행 및 기타 기관들. 이들은 기업이 사업활동을 통해 벌어들이는 현금흐름에 특히 관심을 갖는다.
- **주주**: 기업의 소유자들. 이들은 특히 주가가 계속 상승하는지에 관심을 갖지만, 기업의 지배구조에도 신경을 쓴다.
- **자연환경**: 우리가 사는 세계. 이 이해관계자는 기업이라는 존재에도 불구하고 자신이 더 나은 상태로 유지되기를 바란다. 따라서 오염에 대해 염려하고, 기업이 더 깨끗하고 살기 좋은 환경을 만드는 노력에 관심을 갖기를 바란다.
- **납품업자**: 기업에 물건을 파는 사람들. 이들은 원부자재 조달에 관한 기업의 의사결정 규칙을 알고 싶어 한다.
- **다양성**: 미국은 특히 다양성이 큰 국가이므로 다양성이 기업의 이해관계자로 자주 거론된다. 기업이 다양한 이해관계자들과 관계를 가질 때 그 기업은 다양성에 의해 더욱 강해진다고 보는 시각도 있다. 예를 들어 작업장 내의 다양성을 촉진하는 프로그램이 위 항목들 가운데 종업원 항목에 포함될 수 있고, 여성이나 소수민족이 소유한 업체로부터 물품을 구매하는 프로그램이 납품업자 항목에 포함될 수도 있다.

임투자 뮤추얼펀드에 투자할 때도 그렇다. 당신이 뮤추얼펀드에 투자한다고 결정하면 직접 참여한다는 느낌은 줄어들지만 혼자서 개인적으로 투자할 때보다 더 큰 영향력을 발휘할 수 있다. 당신이 주식 포트폴리오를 직접 짜려고 하든 단순히 당신이 투자하려는 펀드가 어떻게 스크리닝을 하고 있는지 알고자 하든 당신의 사회책임투자는 신중한 결정과 함께 시작된다.

네거티브 스크리닝

전 세계의 사회책임투자자들은 술, 담배, 무기 제조회사에 투자하기를 피한다. 핵발전을 하는 기업이나 도박장 운영업체 또는 도박장 시설을 공급하는 기업도 기피대상이다. 이렇게 특정 기업을 기피하는 방식의 스크리닝은 얼핏 단순해 보이지만 실제로는 생각보다 복잡하다. 예를 들어 미국에서 사회책임투자에 흔히 적용되는 기준에 따르면 담배는 기피대상이지만, 담배를 파는 가게는 기피대상이 아니다. 그럼에도 대부분의 사회적 투자자들은 담배를 팔아서 과도한 이익을 남기는 가게를 기피한다. 그러한 가게에 대한 투자는 사회책임투자 스크리닝의 목적에 배치된다고 보기 때문이다. 모든 네거티브 스크리닝에 똑같은 이야기를 할 수 있다.

예를 들어 도미니 사회주식펀드(Domini Social Equity Fund)의 스크리닝은 알코올음료 제조업체들을 투자대상에서 배제하는 동시에 알코올음료의 소매판매에서 나온 이익이 회사 전체 이익의 15%

를 넘는 기업도 투자대상에서 배제한다. 이런 스크리닝 기준에 따라 일부 레스토랑 체인과 편의점이 실제로 투자대상에서 제외됐다. 게다가 이 기준은 알코올음료 생산과정에서 사용되는 증류된 옥수수 주정과 같은 제품을 파는 여러 농업기업들도 배제한다. 보리나 포도처럼 가공처리 되지 않은 농산물 공급업체일지라도 수익의 15% 이상이 알코올음료 제조업체에 농산물을 판매한 데서 나온 수익이라면 비공식적으로 투자대상에서 제외된다.

캘버트의 사회적 펀드들은 무기산업에 대해 스크리닝할 때도 비슷한 사고방식을 적용한다. 이들 펀드들은 무기 생산에 상당히 관여하고 있는 기업들에는 투자하지 않으며, 무기 계약액이 연간 총매출

뮤추얼펀드란 무엇인가

뮤추얼펀드(mutual fund)는 주식이나 채권의 포트폴리오다. 포트폴리오는 뮤추얼펀드의 약정서에 씌어있는 특정한 투자원칙에 따라 운용된다. 일반적으로 투자자들은 투자실적이 입증되고 투자원칙을 공표한 뮤추얼펀드를 선택한다. 대부분의 투자자들에게 뮤추얼펀드에 투자하는 것은 개별 주식이나 채권에 투자하는 것보다 좀더 효과적이고 효율적인 투자방식이다.

거의 모든 뮤추얼펀드는 펀드의 총금액이 고정돼 있지 않은 개방형(open-ended)이다. 개방형 뮤추얼펀드는 편입된 주식들의 가치에 따라 그 가격이 결정된다. 만약 당신이 투자한 뮤추얼펀드가 A사의 주식을 편입했는데 A사의 주식 가치가 오른다면 당신의 뮤추얼펀드 가치는 A사 주식 가치가 상승한 만큼 상향조정된다.

만약 당신이 벼룩시장에서 책상을 하나 사려고 하면 그 책상을 파는 사람, 그리고 그것을 사고자 하는 다른 사람들과 가격을 놓고 옥신각신해야 한다. 당신이 A사 주식만을 사려고 한다면 이와 마찬가지로 그 가격을 놓고 옥신각신해야 한다. 그러나 당신이 개방형 뮤추얼펀드에 투자하면 그날의 기준가격으로 그 주식을 구매하게 된다.

세계 25대 도박회사

회사 이름	국가
남코(Namco Ltd)	일본
라운드 원(Round One Corp.)	일본
젠팅(Gentiong Berhad)	말레이시아
잘레코(Jaleco Ltd.)	일본
엠지엠 미라지(MGM Mirage)	미국
힐튼그룹-에이디아르(Hilton Group PLC- ADR)	영국
파크 플레이스 엔터테인먼트(Park Place Enterainment)	미국
탭코프 홀딩스(Tabcorp Holdings Ltd.)	호주
탄종(Tanjong PLC)	말레이시아
매그넘(Magnum Corp. Berhad)	말레이시아
힐튼그룹(Hilton Group PLC)	영국
베르자야 스포츠 토토(Berjaya Sports Toto Berhad)	말레이시아
하라스 엔터테인먼트(Harrah's Entertainment nc.)	미국
케르사프 인베스트먼츠(Kersaf Investments Ltd.)	남아프리카공화국
애리스토크래트 레저(Aristocrat Leisure Ltd.)	호주
인터내셔널 게임 테크놀러지(International Game Technology)	미국
맨덜레이 리조트 그룹(Mandalay Resort Group)	미국
선 인터내셔널(Sun International Ltd.)	남아프리카공화국
프라임 게이밍 필리핀(Prime Gaming Philippines Inc.)	필리핀
탭(Tab Ltd.)	호주
베르자야 랜드(Berjaya Land Berhad)	말레이시아
스카이 시티(Sky City Ltd.)	뉴질랜드
베르자야 그룹(Berjaya Group Berhad)	말레이시아
스테이션 카지노(Station Casinos Inc.)	미국
와익 홀딩스(Wah Yik Holdings Co.Ltd.)	중국(홍콩)

* 2000년 7월 30일 시가총액 기준.
출처: 〈블룸버그〉

군수품 판매수익 25대 기업

회사 이름	국가	군수품수익비중(%)
엘비트 시스템스(Elbit Systems Ltd.)	이스라엘	99.9
보스퍼 소니크로프트(Vosper Thornycroft)	영국	99.9
비브이아르 시스템스(BVR Systems Ltd.)	이스라엘	99.0
앨비스(Alvis PLC)	영국	99.0
아비모 그룹(Avimo Group Ltd.)	싱가포르	94.0
디와이 포 시스템스(DY 4 Systems Inc.)	캐나다	90.0
피에스시 인더스트리스(PSC Industries BHD)	말레이시아	83.0
비에이아이 시스템스(BAE Systems PLC)	영국	73.0
라다멕 그룹(Radamec Group PLC)	영국	65.0
프리시전 스탠더드(Precision Standard Inc.)	미국	63.7
싱가포르 테크 엔지니어링(Singapore Tech. Engineering)	싱가포르	60.0
톰슨 시에스에프(Thomson-CSF SA)	프랑스	57.0
다소 항공(Dassault Aviation SA)	프랑스	55.0
디노 인더스트리어(Dyno Industrier SA)	노르웨이	55.0
대한항공(Korean Air Lines)	한국	51.0
헌팅(Hunting PLC)	영국	51.0
라다 일렉트로닉 인더스트리스(Rada Electronic Industries Ltd.)	이스라엘	50.0
사브(Saab AB)	스웨덴	50.0
비에이아이 시스템스 캐나다(BAE Systmes Canada, Inc.)	캐나다	43.0
신마이와 인더스트리스(ShinMaywa Industires Ltd.)	일본	43.0
제너럴 다이내믹스(General Dynamics Corp.)	미국	41.9
스파 에어로스페이스(Spar Aerospace Ltd.)	캐나다	39.0
악조 노벨(Akzo Nobel NV)	네덜란드	39.0
라칼 전자(Racal Electronics PLC)	영국	38.0
뉴포트 뉴스 조선(Newport News Shipbuilding, Inc.)	미국	35.2

출처: www.kld.com

액의 10%를 넘는 기업도 투자대상에서 제외한다. 캘버트의 사회적 펀드들은 특히 미국 국방부의 무기조달 계약 시장에서 차지하는 비중으로 상위 85%에 해당하는 기업들과, 핵무기 계약 시장에서 상위 90%에 해당하는 기업들에는 투자하지 않는다. 무기조달 계약 시장에 적용하는 85% 기준을 적용한 결과 상위 40대 기업은 투자대상에서 배제된다. 이 기준에 따라 1996년에 상위 25대 핵무기 기업이 배제됐다. 이처럼 용납할 수 없는 산업에 대한 기업의 관여 정도에 퍼센트로 허용한계를 설정함으로써 사회적 투자자들은 술, 담배, 도박, 무기와 같은 제품이나 관련 서비스에 대한 자신들의 투자비율을 낮게 제한할 수 있다. 이런 방식은 이들 산업의 특별히 문제되는 측면을 부각시킬 것으로 기대된다.

사회적 투자자들의 네거티브 스크리닝 기준이 다 같은 것은 아니다. 사회적 투자자들 가운데 일부는 강력한 군사력이 바람직하고 필수적인 것이라고 생각한다. 또 일부는 알코올음료 소비는 그런대로 괜찮은 개인적 기호로 본다. 그러나 굳이 알코올을 피하는 사람이 아니더라도 알코올이 중독성이 있고, 광고되어서는 안 되고, 수백만 명의 사람들이 그것으로 인해 고통을 받고 있다는 사실을 잘 알 것이다. 그리고 굳이 평화주의자가 아니더라도 무기가 너무 많은 사람들 손에 있다고 느낄 것이다.

기피대상을 가려 배제하는 방식의 네거티브 스크리닝은 일찍부터 개발됐다. 하지만 그것이 구시대적인 것은 결코 아니다. 좀더 정치경제적인 해석을 해보자. 이익을 추구하는 체제를 가장 잘 활용하는 방식은 가능한 한 많은 사람들에게 가능한 한 낮은 가격으로 제품을 공급하는 것이다. 자본주의는 필요한 제품과 서비스를 많은 사람들에게 공급하는 효과적인 체제다. 술, 담배, 도박, 무기를 가능한 한 저렴한 가격으로 폭넓게 공급하는 것도 사회에 최선의 이익이 된다고 말할 수 있는가?

네거티브 스크리닝은 바람직하지 못한 산업을 통해 돈을 버는 것은 잘못이라는 개인적인 신념에서 발달해 나왔다. 그런 산업이 자유로운 이윤추구 경영에 맡겨질 경우 관련 기업들은 시민사회에 손해를 끼치는 것을 통해 이익을 챙길 뿐이다. 대부분의 나라들에서 술, 담배, 도박, 무기 등을 만드는 시설은 아주 최근까지도 정부가 소유하고 운영해왔고, 지금도 적지 않은 나라들에서는 여전히 그렇다. 예를 들어 인도에서는 무기제조 허가를 받은 단 하나의 공장이 민간 기업에 의해 운영되고 있고, 거기서 생산된 무기들은 전부 인도 정부에 판매된다. 정부소유 방식이 완벽한 것은 아니지만, 분명히 말할 수 있는 것은 적어도 어떤 제품들은 사회 전체에 봉사하는 방식으로 공급돼야 한다는 것이다.

이윤추구의 분위기 속에서 왜곡된 산업들도 있다. 영리 목적의 교정시설, 교육시설, 보건시설 관리 산업 등이 그 예이다. 이러한 산업들을 관통하는 공통점은 죄수, 어린이, 환자와 같은 직접적인 고객들이 소비자의 입장에서 불리한 위치에 있다는 점이다. 정부와 학부모와 같은 고객들은 약삭빠르고 정보에도 밝을 수 있다. 하지만 정부와 학부모는 서비스 공급의 어느 단계에서 더 이상 관여하지 못한다. 이러한 산업의 구조는 지위의 남용이 용납되고 심지어는 권장되기까지 할 가능성이 높다. 사회책임투자자들은 대개 이런 산업들을 기피한다.

책임성 있는 투자자들은 문제가 있는 산업들을 어떻게 다루는 것이 최선인가를 놓고 고민한다. 대부분은 문제가 있는 산업들을 완

이윤을 추구하는 감옥

영리를 목적으로 운영되는 감옥기업이 초래하는 비극에 대해 가장 잘 말해줄 수 있는 사람은 오하이오주 출신 하원의원인 테드 스트릭랜드다. 그는 경비가 삼엄한 오하이오주 남부 교정시설에서 정신과 의사로 일한 적이 있다. 그의 생각은 이렇다.

"공설 감옥은 교정담당관, 수감자, 주변 지역사회를 위해 안전한 환경을 유지할 의무를 진다. 그러나 사설 감옥은 그것을 운영하는 기업의 주주들에게 책임을 진다. 사설 감옥의 존재 이유는 보호와 교정이 아니라 이윤이다.

감옥의 민영화 추세는 공공정책을 부패하게 할 수 있다는 점에서도 문제가 있다. '커렉션스 코프 오브 아메리카'와 같은 감옥기업들은 그들의 이익을 정책에 반영하기 위해 정계에 발이 넓은 로비스트들을 고용한다. 이윤추구를 목적으로 운영되는 감옥기업은 수감자들로 감옥이 항상 꽉 차게 만들어야 한다. 그래야 이익이 발생하고 투자자들이 행복해지기 때문이다. 따라서 감옥기업은 수감되는 사람들이 가급적 오랜 기간 감옥에 갇혀 있도록 하기 위해 법원에서 장기 형을 선고하도록 로비를 한다. 교정담당관은 가석방 결정에도 영향을 미친다. 예를 들어 한 수감자가 15~45년 형을 선고받았다고 가정해보자. 이 수감자는 감옥 안에서 그와 관련해 어떤 일이 일어났는지에 따라 45년간 계속 감옥에 있게 될지, 아니면 그 이전에 조기 석방될지가 결정된다. 감옥기업이 회사의 이익 실적에 따라 종업원들에 대한 보상을 달리하는 제도를 운영하고 있다면, 그 종업원들은 수감자를 가급적 오래 감옥에 있도록 하는 데서 개인적인 이익을 얻게 된다.

궁극적으로 사설 감옥은 가능한 한 비용을 절감하려고 하고, 감옥을 항상 죄수들로 가득 채우려고 한다. 사설 감옥은 호텔과 마찬가지로 공실이 없어야 돈을 벌기 때문이다. 호텔이나 모텔 경영이라면 전혀 문제가 되지 않는다. 그러나 공공의 안전에 관한 문제라면 이런 방식은 결코 인정할 수 없다."

출처: '사설 감옥의 손익결산', 테드 스트릭랜드, 〈워싱턴포스트〉 1999년 6월 13일.

전히 배제하는 쪽으로 결론을 내린다. 어떤 투자자들은 일부 산업은 기피하고, 일부 산업에 대해서는 투자비중을 낮추는 결론을 내리기도 한다. 석유산업을 예로 들어보자. 인류는 석유를 주된 에너지원으로 활용해왔다. 그러나 석유를 연료로 사용하는 것은 우리의 자연환경에 매우 해로운 영향을 끼친다. 배기가스와 온실효과로 인해 우리가 아는 형태의 삶 자체가 더 이상 존속할 수 없는 환경여건이 나타날 것이라는 점은 이제 거의 분명해졌다. 그럼에도 석유 소비는 매년 증가하고 있고, 의미 있는 대안은 나오지 않고 있다. 이런 어려운 문제에 대해 사회책임투자자들 가운데 일부는 석유산업 전체를 기피하고, 일부는 석유산업에 대한 투자비중을 크게 낮추는 방식으

굶주림 해결에 무용한 생명공학

몬샌토를 비롯한 세계적인 생명공학(바이오테크) 기업들은 기아와 싸운다는 자신들의 명분을 뒷받침하기 위해 굶주린 사람들을 자사 광고에 등장시켜 왔다. 그러나 1999년 7월 미국 농업부는 생명공학이 곡물의 생산량을 늘리거나 콩과 목화의 해충 구제비용을 줄이지 못했음을 밝혀냈다. 1998년 찰스 벤브룩 박사가 8200종의 콩을 조사·연구한 결과를 보면, 제초제에 견딜 수 있도록 유전자 조작된 몬샌토의 '라운드업 레디' 콩은 거의 모든 실험조건에서 일반 콩보다 수확량이 적었다.

미국에서 생산되는 콩의 90%, 옥수수의 80% 이상이 굶주린 사람들에게 공급되는 게 아니라 가축의 먹이로 사용되는 상황에서 유전자 조작된 농작물이 세계의 기아를 줄일 것이라고 주장하기는 어렵다. 콩과 옥수수는 물론 감자, 파파야, 스쿼시, 카놀라, 목화 등 다른 종류의 유전자 조작 농작물들도 가난한 저개발국 국민들에게 먹을거리를 공급하기 위한 것이 아니다. 게다가 유전자 조작된 종자는 제3세계 농민들에게는 그 값이 너무 비싸다.

출처: '생명공학의 선전과 그 진실은 너무 다르다', A. 이크라무딘, 〈더 그린 가이드(The Green Guide)〉 72호, 1999년 10월.

로 대응하고 있다. 그들이 차를 갖고 있느냐 않느냐는 이 문제와 상관이 없다.

환경에 해악을 끼치는 산업분야들 가운데 하나인 육류산업에 대해서도 같은 이야기를 할 수 있다. 존스홉킨스대학 보건학부에 있는 '살 만한 미래를 위한 연구센터'는 가축생산 산업이 인간의 건강과 자연환경에 끼치는 영향 등 가축생산 산업의 모든 측면들에 대한 연구와 토론을 벌이는 프로젝트를 시작했다. 이 프로젝트의 책임자인 데이비드 브루바커 박사는 "우리가 걱기 위해 동물을 기르는 방식이 지구를 위협하고 있다. 그것은 다량의 물과 곡물, 석유, 농약, 약품 등을 사용함으로써 자연환경을 오염시킨다"고 지적했다. 그는 5000 마리 규모의 돼지 사육농장이 인구 5만 명인 도시보다 더 많은 배설 폐기물을 발생시키지만, 그 처리방법은 훨씬 더 원시적이라고 지적한다. 석유와 마찬가지로 육류산업에 대해서도 사회적 투자자들은 그것을 완전히 기피하거나 투자비중을 낮추고 있다.

사회적 투자자들이 기피하지는 않지만 인기가 없는 산업도 있다. 거대한 상자 모양의 슈퍼스토어는 대중이 그것을 매우 불쾌하게 여기고 있음에도 불구하고 여전히 우리 가까이에 존재한다. 우리는 그런 슈퍼스토어에서 완전한 인간성 상실을 경험한다. 주차장에는 벤치도 정원도 없다. 건물의 정면 겉모습에서 어떤 즐거움을 느낄 수도 없다. 아이들이 뛰어놀 공간도 없고, 예술 장식품도 없다. 쾌적하게 앉아 쉴 자리도 없고, 상품에 관한 정보를 얻을 방법도 없다. 뿐만 아니라 계속적인 광고의 공격에서 벗어나 머리를 식힐 공간도 없다. 만약 기업과 사회가 행복한 삶이라는 장기적인 목표를 실현하는 방향으로 새로운 건축기준을 마련하거나 이해관계자들을 그런 방향으로 유도한다면, 우리는 지금과는 다른 세상에서 살 수 있을 것이다. 슈퍼스토어는 일자리를 만든다는 기대 때문에 허가도 쉽게 나고 규제도 면제되곤 한다. 그러나 그런 일자리는 인간다운 생활을 영위하는 데 필요한 정도의 임금을 벌 수 있는 곳이 아니라 최저임금 수준의 돈벌이 장소일 뿐이다. 따라서 지역경제에는 거의 도움을 주지 못한다. 이런 이유들 때문에 많은 사회적 투자자들이 슈퍼스토어 체인에 투자하기를 꺼려한다. 그러나 이보다 더 나은 대응은 슈퍼스토어 경영자들이 주주들과 대화를 갖게 하고, 그들과 더불어 더욱 책임성 있고 지역사회에 도움이 되는 방식으로 슈퍼스토어를 운영하도록 유도하는 것이다. 거대한 상자 모양의 슈퍼스토어가 제기하는 문제는 슈퍼스토어 그 자체의 본질에 있는 게 아니라, 그런 슈퍼스토어에 대한 사회의 역할에 있다. 사회는 규칙을 만들 필요가 있다.

네거티브 스크리닝은 주식뿐 아니라 채권에도 적용된다. 지방자치단체와 정부는 주식을 발행하지 않지만 채권은 발행한다. 그리고 기업과 마찬가지로 지방자치단체나 정부도 평가를 받는다. 사회책임투자자들은 정부가 보증하는 채권들 가운데 특정한 것들에 대해서는 투자를 기피하기도 한다. 예를 들어 미국 국채의 발행 목적은 너무나 다양한데, 미국 정부의 예산 중 지나치게 많은 몫이 무기구입 등 군사적인 목적에 배정되기 때문에 대부분의 사회적 투자자들은 미국 국채를 사지 않는다.[14]

사회책임투자자들 대부분은 세계은행이 발행한 채권도 기피한다. 도와야 할 사람들을 오히려 곤경에 빠뜨리는 프로젝트를 세계은행이 지원하고 있다고 보기 때문이다. 멕시코가 더 이상 외채를 상환할 수 없게 됐다고 발표해 세계를 놀라게 한 1982년 이래 세계은행은 많은 가난한 국가들에게 기존 채무를 경감시켜 주는 대가로 신규 융자를 받아 가도록 강요했다. 이들의 기존 채무는 원래 국가에서 빌린 것이 아니었다. 그것은 부패한 정치지도자나 무능한 기업인들이 터무니없는 사업계획을 만들고 그것을 이용해 세계은행에서 돈을 빌려서 착복했거나, 그런 사업이 실패함에 따라 국가가 떠안게 된 짐이다. 세계은행은 책임성 있는 융자기관이라면 애당초 하지 않았을 대출을 한 뒤에, 그렇지 않아도 절망적으로 가난한 상태에 빠져 있는 나라들에게 그 돈을 갚으라고 요구한다. 1996~1999년에 최빈채무국들의 외채는 10.6%나 증가했다. 가장 취약한 20개국의

무익한 세계은행의 삼림부문 대출

무거운 외채부담을 지고 있는 나라들은 외채를 갚기 위해 수출을 늘리라는 압력을 받는다. 그 결과를 '지구의 친구들(Friends of the Earth)'은 이렇게 설명한다. "그러한 국가들은 지속가능한 정도를 넘어선 삼림채벌, 채광, 농업을 하게 돼 오염과 환경파괴가 초래된다." 세계 각국에 제공되는 세계은행의 삼림부문 대출은 이런 상황을 개선하는 데 아무런 역할도 하지 못한다. 세계은행 내부의 운영평가부조차 1999년 11월에 이렇게 지적했다. "가장 위기에 처한 열대우림 지역을 갖고 있는 20개 나라들에서 열대우림 훼손율을 낮추는 데 세계은행이 기여하는 정도는 무시해도 좋을 수준이다."

출처: '4월 16일에 워싱턴에 가야 하는 12가지 이유', 러셀 모키바 & 로버트 바이스만, 〈포커스 온 더 코퍼레이션(Focus on the Corporation)〉, 2000년 4월 5일.

채무를 탕감해주더라도 그 금액은 70억 달러에도 못 미친다. 그런데도 부자 나라들은 이들 최빈채무국들의 채무 전액을 탕감해주기를 거부한다.

가장 유해한 제품과 서비스를 가려내 배제하는 필터링을 하는 사회적 투자자들은 상당수의 기업들을 배제하거나 그런 기업들에 대한 투자비중을 줄인다. 이는 개별 주식들로 구성된 포트폴리오든 뮤추얼펀드 투자든 마찬가지다. 사회책임투자는 단순한 생태근본주의를 강조하지 않는다. 사회책임투자는 이윤추구의 현 체제를 인간의 존엄성과 지속가능한 환경이 보존되는 세상을 만드는 방향으로 인도하려고 노력한다. 갈수록 늘어나는 기피대상 목록에 들어가는 것들을 기피하는 것만 강조하는 태도는 불합리하다. 사회책임투자의 흐름은 이와 달리 이해관계자들이 긍정적인 영향력을 발휘해야 한다는 점을 강조하는 쪽으로 가고 있다. 물론 긍정적인 것에 대한 강조는 부정적인 것의 회피를 내포하고 있긴 하다.

바람직하지 못한 기업이나 산업을 제거하는 것은 중요한 첫 걸음이다. 그 이유는 그렇게 하는 것이 사회책임투자의 핵심일 뿐 아니라, 기업이 사회 속에서 해야 할 역할과 시민적 기관이나 정부의 형태로 사회가 떠맡아야 할 역할을 강조하기 때문이다.

포지티브 스크리닝

질적 또는 포지티브 스크리닝이 과연 실제의 구체적인 사실들에 근거해 이뤄지고 있느냐 하는 점이 아마도 사회책임투자에서 가장 크게 오해되고 있는 측면일 것이다. 우선 포지티브 스크리닝이 어떻게 발달돼 왔는지를 알기 위해 그 역사를 살펴보자.

과거에 기업의 영향을 연구한 사람들은 한 번에 한 이해관계자의 관점에서만 연구를 수행했다. 소비자의 권익을 옹호하는 사람들은 제품의 안전성이나 가격 문제를 추적하며 공론화했고, 환경보호론자들은 환경에 유해한 기업 활동들을 연구하거나 들춰내고자 했고, 노동조합은 노동자의 권리에만 초점을 맞추었다. 이러한 사회적 연구들은 모두 자선기금이나 정부의 연구자금에 의존했다. 그런 구조에서는 지속적인 연구가 가능하지 않았다.

일반적으로 자선기금과 정부는 자신이 실행할 구체적인 행동계획을 만드는 데 필요한 자료를 얻으려는 목적으로 조사연구 활동에 자금지원을 한다. 얼른 끝날 것 같지 않은 연구에 장기적으로 계속 자금을 지원하는 것은 그들에게 맞지 않는다. 따라서 어느 한 분야에서 자료수집이 2~3년간 진행되고는 중단되고 만다. 이렇게 하는 것은 지속적인 감시와 평가 작업을 위한 기초를 쌓아올릴 목적의 장기적 연구에는 도움이 되지 않는다. 예를 들어 환경 문제에 관심을 가진 자선기금은 환경적 영향을 개별적으로 평가하는 연구 프로젝트에 자금을 지원한다. 이처럼 자선재단들이 각각 자신이 중요하다고 생각하는 문제에 집착하다 보니 포괄적인 맥락에서 기업이 초래하는 전체적인 영향을 파악하는 연구가 제대로 이뤄지지 못 하고 있다. 그러나 사회책임투자자들은 이 같은 단편적인 연구들이 생산해 낸 자료들을 하나로 모아 기업의 사회적 책임성에 관한 종합적인 참고파일을 만든다.

사회에 도움이 되는 기업들의 사례

KLD의 조사 담당 이사인 스티브 라이든버그는 소규모 사업, 적정한 주거, 다양한 미디어, 교육인프라 등을 개발하고 지원하는 일을 하는 기업들의 사례를 다음과 같이 선정해 소개했다.

- **얼라이드 캐피털(Allied Capital Corp.)**은 지역사회 경제개발에 매우 중요한 소규모 사업에 융자를 제공하는 데 초점을 맞추고 있는 금융회사다.
- **드브리(DeVry Inc.)**는 대학 수준의 직업교육 서비스를 제공하는 기업이다. 등록 학생 중 45%가 소수민족이고, 25% 정도는 여성이다.
- **연방저당권협회(Fannie Mae)**는 적정한 주거를 실현하기 위한 주택 저당권 시장에 유동성을 공급하는 금융기관이다. 1998년 12월 현재 미국 전역의 지역사회개발 금융기관에 1550만 달러를 저금리로 예치하고 있다.
- **라디오 원(Radio One)**은 흑인 소유로 운영되는 라디오 방송네트워크 회사로, 흑인을 주 대상으로 방송한다. 이 회사는 흑인들의 관심사를 주제로 한 행사를 지원하기도 한다. 예를 들어 흑인들에게 흔히 발생하는 질병에 대한 경각심을 높이기 위한 행사를 지원한다. 홀로 아이를 키우면서 엄청난 양육비용 부담을 지는 흑인 미혼모와, 방화범의 공격을 당한 흑인교회를 지원하기 위한 모금에도 나서고 있다.
- **세인트 폴 보험회사(St. Paul Companies)**는 다양한 이웃단체들에게 자선헌금을 지원하는 프로그램을 운영하고 있다. 이 회사의 자선헌금은 지역 예술인들에게도 제공되고, 광범한 주거환경 개선 이니셔티브에도 제공된다.
- **웨인라이트 뱅크 앤드 트러스트(Wainwright Bank and Trust)**는 1980년대 중반에 설립된 이래 보스턴의 지역사회에 융자를 제공해오고 있다. 적정한 주거 실현, 굶주림 해소, 에이즈 퇴치와 관련해 가장 적극적으로 융자를 제공하는 기업이다. 도심 재활성화 사업에 자금이 지원되도록 하는 예금증서 프로그램도 운영하고 있다. 에이즈 퇴치 및 노숙자 지원 단체들에게 카드 사용액의 1%를 자동으로 기부하게 돼 있는 신용카드도 발급하고 있다.

출처: www.kld.com

투자자가 기업에 투자할 때는 전체적인 관점에서 투자의사를 결정한다. 기업에 투자하는 것은 그 기업의 어느 한 측면에 대해서만 투자하는 것이 아니라 그 기업 전체에 대해 투자하는 것이다. 따라서 투자자들은 환경보호단체나 노조보다 더 포괄적인 관점에서 기업을 평가한다. 이처럼 큰 그림으로 접근하는 방식은 기업의 사회적 책임을 감시하는 다양한 단체들에서 나오는 정보들과 기업 자체에서 나오는 정보들 가운데 중요한 것들이 뭔지를 제대로 파악할 수 있게 해준다. 이렇게 파악된 정보를 통해 특정 기업의 전반적인 실적을 올바로 평가할 수 있는 것이다. 이런 절차는 하나의 훌륭한 파트너십을 보여준다. 특정한 이슈를 다루는 데는 기업감시 단체들이 더 능숙하지만, 다양한 이해관계자들에 대한 기업의 복잡한 영향들을 파악하는 것은 투자자들이 더 잘 할 수도 있다.

미국의 환경보호국(EPA; Environment Protection Agency)은 특정한 독성 화학물질들에 대해서는 기업이 그 배출에 관해 보고하도록 의무화해 놓고 있다. 다른 나라들에는 이런 법률이 존재하지 않지만 대부분의 나라들은 사회적 분석가들이 자연환경의 관점에서 기업을 관찰하는 데 필요한 환경적 영향에 관한 정보를 대중적으로 이용할 수 있도록 하고 있다. 이런 정보들어 근거해 일단 개별적인 조사가 이루어지면 그 결과는 포괄적인 사회적 참고파일에 통합된다.

미국에서는 대부분의 기업들이 자선기부를 하고 있고, 그 내용을 자랑스럽게 발표한다. 발표 자료는 다양한 제3의 기관들에 배포된다. 유럽 기업들은 대체로 미국 기업들만큼 상세하게 발표하지는

재생가능 에너지 기업들

보비 줄리안은 필리핀 마닐라에 본부를 둔 비정부기구인 프리퍼드 에너지(Preferred Energy, Inc)의 재무담당 이사다. 프리퍼드 에너지는 재생가능 에너지 분야의 기업들에 출자하고 있다. 줄리안은 재생가능 에너지 분야 외에 수자원 시설과 폐기물 처리시설 등 다른 환경적 기반시설 분야의 사업계획도 만들고 있다. 줄리안은 기초 서비스를 새롭거나 개선된 형태로 제공하는 기술에 큰 관심을 갖고 있다. 줄리안은 이런 분야에서 주목할 만한 3개 기업을 추천했다.

- **캡스톤 터빈(Capstone Turbine Corp.)**은 환경친화적인 전기와 열을 생산하는 발전 시스템인 '캡스톤 마이크로터빈'을 만든다. 이 마이크로터빈은 여러 종류의 다양한 액체연료와 가스연료로 가동된다. 이것을 사용하면 석유나 가스를 생산할 때 나오는 부산물을 활용할 수 있게 돼 자원 재활용에 도움이 된다. 이것은 한정된 장소만 따뜻하게 데우는 제한난방, 예비전력 확보, 하이브리드 차량 등에도 사용될 수 있다. 그러나 이 마이크로터빈이 지닌 가장 큰 잠재력은 에너지 기반시설이 없는 개발도상국의 벽지에 전기를 공급하는 데 활용될 수 있다는 점이다. 캡스톤 터빈은 전 세계적으로 마케팅 제휴를 넓히면서 사업 대상 지역 범위를 확대하고 있다.
- **그린마운틴닷컴(GreenMountain.com)**은 녹색전력을 온라인으로 판매하는 회사다. 이 회사는 재생가능한 방법으로 생산된 전력을 매입하고, 인터넷을 통해 소비자들에게 직접 전력을 판매한다. 현재 회사는 전력 공급을 원활히 하기 위해 자체 청정발전소를 짓고 있다. 인터넷을 사회적인 목적의 서비스에 사용하는 등 회사의 비즈니스 모델은 무척 매력적이다.
- **플러그 파워(Plug Power Inc.)**는 주거시설이나 가전제품에 사용할 수 있는 연료전지를 설계하고 개발하는 기업이다. 연료전지는 연료를 태우는 연소 방식이 아니라 전기화학적 반응을 통해 전기를 생산하는 즉석 발전장치다. 따라서 발전의 효율성도 높고 신뢰성 역시 높다. 게다가 연료전지는 오염물질을 거의 배출하지 않는다. 가스 및 전력 산업에 대한 규제가 폐지되고 기후변화에 대한 대중적 각성이 높아지면 회사가 번창할 것이다. 최근에는 지이 마이크로젠(GE Microgen)과 함께 독일의 렘샤이트에 있는 조 바일란트(Joh. Vaillant)와 제휴계약을 체결했다. 이 계약은 가정에 열과 전기를 동시에 공급할 수 있는 난로–온수기–연료전지 통합 시스템을 개발하기 위한 것이다.

않지만, 지역사회에 대한 자신들의 사회적 책임성에 관해 발표한다. 법률은 바뀔 수 있지만, 지역사회의 눈으로 기업을 바라볼 줄 아는 능력은 변하지 않는다.

대부분의 나라들에서 소비자 감시단체들은 제품의 안전성을 평가한다. 기업이 자발적으로 리콜을 할 때 발표하는 내용, 〈컨슈머 리포트(Consumer Reports)〉가 보도하는 기사, 〈파리 마치(The Paris Match)〉가 커버스토리로 내는 폭로기사 등을 활용하면, 특정 기업 제품의 안전성에 관한 자료를 쉽게 수집할 수 있다. 이런 작업을 하다보면 소비자의 눈으로 기업을 바라볼 수 있다.

질적인 조사연구의 문제로 넘어가기 전에 먼저 그 과정에 관한 기본 요점들을 검토해보고자 한다. 조사연구와 관련해 우선 염두에 둬야할 가장 중요한 점은, 적어도 이론적으로는 해당 기업의 도움 없이도 필요한 정보를 구할 수 있어야 한다는 것이다. 숫자로 환산할 수 있는 데이터를 구할 수 있다면 가장 좋다. 글로 표현된 것들은 그 글을 쓰는 사람의 영향을 받기 때문이다. 그리고 정보는 상당한 통찰력을 제공하는 것이어야 한다. 환경, 고용관행, 지역사회에 대해 이야기할 때 정보나 자료가 부족해서 곤란할 때가 많은데, 기업의 사회적 역할을 조사하는 회사들은 이런 작업을 쉽게 할 수 있게 해준다.

물론 조사과정은 몇 가지 이유들 때문에 복잡하다. 이해관계자들에 대한 기업의 영향에 관한 믿을 만한 자료는 찾기 어려울 뿐만 아니라, 그것을 숫자로 환산하기도 쉽지 않다. 또한 어떤 행위가 한 그룹의 이해관계자들에게는 긍정적으로, 다른 그룹의 이해관계자들에게는 부정적으로 작용할 수도 있다. 따라서 투자자는 이해관계자들 사이의 모순되는 이익들을 놓고, 그 상대적인 중요성을 가늠해야 하는 난처한 입장에 서게 된다.

꼭 필요한 정보이지만 구할 수 없는 것들도 있다. 예를 들어 기업들은 법으로 강제되지 않는 한 사회책임투자 산업에서 관심을 가질 만한 환경 통계나 다양성 통계를 내는 데 필요한 상세한 기록을 만들거나 발표하지 않는다. 기업들이 합법적으로 대외비 처리를 할

다양성을 지지하고 나선 자동차업계

포드자동차, 다임러크라이슬러, 제너럴 모터스 등 미국의 3대 자동차회사들은 2000년 초 종업원 가족에 대한 의료보험 혜택을 동성애 부부와 그 자녀에게도 제공하겠다고 발표했다. 제너럴모터스의 톰 위크햄 대변인은 이것이 "전미 자동차노조와의 계약에 따른 것"이라고 밝혔다. 그는 이 조처에 따른 혜택은 동성애 가정에게 적용되는 것이며, 결혼하지 않은 이성 파트너에게는 적용되지 않는다고 설명했다. 이에 따라 3대 자동차회사들은 건강, 안과, 치과질환과 관련된 의료보험 혜택을 종업원의 동성 파트너와 그 자녀들에게도 제공하기 시작했다.

미국의 '인적자원관리협회'가 2000년 초에 실시한 조사 결과에 따르면 약 3400개 기업들이 이와 유사한 가족 의료보험 혜택을 제공하고 있으며, 종업원이 5000명 이상인 기업들 가운데 21%가 이런 의료보험 정책을 실시하고 있다. 대기업들 중에는 아메리칸 익스프레스, 월트 디즈니, 유나이티드항공, 마이크로소프트, IBM, 레비 스트라우스, 타워 레코즈, 하니웰, 제록스 등이 그 명단에 포함돼 있다.

그러나 한 업계의 주요 기업들이 동시에 이런 제도를 도입한 것은 자동차 업계가 처음이다. 워싱턴에 있는 '인권운동(Human Rights Campaign)'이란 단체의 교육담당 이사인 킴 밀스는 "자동차 업계의 결정은 진정으로 획기적인 것"이라고 말했다. 자동차 3사는 게이와 레즈비언들이 회사를 떠나지 않고 계속 같이 일할 수 있도록 하는 데 새로운 제도가 도움이 되기를 바란다고 밝혔다.

수 있는 정보도 있다. 그러나 시민사회가 기업의 이해관계자별로 초점을 맞추고 정보를 찾는다면, 여기저기서 필요한 정보를 구할 수 있다. 예를 들어 불공정한 근로조건이나 직장 내 편견으로 피해를 입은 종업원들은 법률적으로 대응할 수 있다. 그런데 법률적 행동은 공개되는 것이기 때문에 법률 데이터베이스를 검색하면 관련 정보를 찾을 수 있다.

　　앞 장에서 나는 착취공장 문제를 살펴보았다. 납품업자들은 전통적으로 보호를 받는 집단이 아니었기 때문에 기업활동이 납품업체들에게 끼친 긍정적 또는 부정적 영향을 추적하는 데 도움이 될

일하는 엄마에게 좋은 기업 Best 10

잡지 〈일하는 엄마〉가 선정한 '일하는 엄마에게 좋은 기업 Best 10(1999년)'은 다음과 같다. '순위에 오른 연수'는 1999년까지 이 명단에 오른 횟수를 나타낸다.

기업	순위에 오른 연수
뱅크 오브 아메리카(Bank of America(BAC))	1
시그나보험(CIGNA)	8
도이체방크(Deutsche Bank(DTBKY))	4
연방저당권협회(Fannie Mae)	6
퍼스트 테네시(First Tennessee)	5
아이비엠(IBM)	14
엘리 릴리(Eli Lilly)	5
링컨 파이낸셜(Lincoln Financial)	13
로터스 디벨러프먼트(Lotus Development)	9
프루덴셜보험(Prudential)	10

만한 자료는 별로 없다. 그러나 제품이 대단히 비인간적인 조건에서 만들어지고 있다는 우려가 제기된다면 주주행동, 내부감사, 행동규범 제정 요구 등의 대응이 이어질 수 있다. 이런 행동들은 납품업체들에 대한 보다 일관되고 포괄적인 자료를 만들어내도록 하는 계기가 된다.

나는 일반적인 사회적 연구와 관련된 이슈 몇 가지를 다룬 데 이어, 이제 문제의 핵심을 말하고자 한다. 이 장에서 나는 직업적인 연구자들이 해야 할 일이 무엇인지에 대해 이야기하고 자료원에 대한 정보도 소개할 것이다. 그러나 대부분의 투자자들은 그처럼 상세한 방법은 원하지 않을 것이므로, 이 장의 끝부분에서는 개인들이 각자 시도해 볼 수 있는 몇 가지 방법들에 대해서도 좀더 이야기할 것이다.

'도미니400 사회지수'의 조사방법을 토대로, 질적인 쟁점에 대해 조사하는 방법을 설명해 보겠다. KLD가 지난 10년간 개발해온 조사방법은 '대중이 접근 가능'하고, '수량화가 가능'하고, '기업

히스패닉계가 일하기 좋은 기업 Best 5

〈포천〉이 선정한 '히스패닉계가 일하기 좋은 기업 Best 5'(1999년)는 다음과 같다.

- 퍼블릭 서비스 컴퍼니 오브 뉴멕시코(Public Service Co. of New Mexico)
- 셈프라 에너지(Sempra Energy)
- 다든 레스토랑(Darden Restaurants)
- 유에스 웨스트(US West, 현재는 퀘스트 커뮤니케이션스(Qwest Communications))
- 서던 캘리포니아 에디슨(Southern California Edison)

을 이해하는 데 중요'한 정보에 초점을 둔다. 조사과정은 아마 대부분의 사람들이 생각하는 것보다는 더 과학적일 것이다. 참고로 도미니400 사회지수에 포함되기를 원하는 기업이면 반드시 대답해야 할 질문들의 목록은 〈부록1〉에 실려 있고, 〈브록2〉에는 하나의 구체적인 사례로 존슨 앤드 존슨의 사회적 감사 결과가 실려 있다.

사회적 조사에 사용될 수 있는 공개 자료들은 대부분 과거의 잘못된 기업행위들로 인해 만들어지거나 공개된 것들이다. 1929년 대공황과 그에 이어진 불황기 이후 사로 도입된 법과 제도에는 대공황이 일어나는 데 기여한 폐해들로부터 소액투자자들을 보호하는 내용들이 들어있다. 1932년 이전의 기업 경영자들은 오늘날에는 횡령이나 사기로 간주될 만한 행위도 자유롭겨 할 수 있었다. 브로커와 은행 직원이 담합해 어떤 기업이 좋은 실적을 냈다는 허위보고서를 작성하거나, 마치 큰 계약을 체결한 것처럼 거짓말로 꾸민 보고서를 작성해 돌리기도 했다. 이런 폐단을 없애기 위해 기업 관련 보고서를 공정하게 작성하도록 하는 기준이 만들어졌고, 투자자를 보호하기 위해 증권거래위원회가 창설됐다.[15] 이러한 증권 법규와 제도에 힘입어 투자자들을 비롯한 대중은 미국 기업들의 자료를 쉽게 얻을 수 있게 됐지만, 외국 기업들의 경우는 반드시 그렇지 않다.

오늘날 기업은 일정한 투명성을 보장하도록 법으로 의무화돼 있다. 대중에 공개되는 기업 정보들은 대부툰 세 가지 문서의 형태로 공표된다. 세 가지 문서란 일반 대중에 공개되는 '연례보고서', 증권거래위원회에 제출되는 '텐 케이(Form 10-K)'[16], 그리고 연례 주주총회에 앞서 주주들에게 미리 배포되는 '위임장권유 설명서

(proxy statement)' 다.

주주들은 기업이 경영자에게 지급하는 보수를 매년 검토할 권리가 있다. 기업의 위임장권유 설명서는 이에 관한 정보를 주주들에게 제공한다. 위임장권유 설명서는 기업이 종업원들에게 제공하는 근로조건을 살펴보는 데도 도움이 된다. 종업원들에게 제공되는 은퇴계획, 저축계획, 보너스계획 등은 경영자들에게도 제공된다. 따라서 위임장권유 설명서를 잘 살펴보면 기업이 모든 종업원과 경영자들에게 동시에 제공하는 복지혜택의 내용을 확인할 수 있다. 예를 들어 어떤 회사가 종업원의 퇴직계획을 회사에 대한 그의 기여도와 연계시킨다면, 위임장권유 설명서에 그런 내용이 상세히 서술돼 있을 것이다. 그 기업의 사회적 연구자들은 위임장권유 설명서를 보고 그런 계획을 평가해 볼 수 있고, 다른 기업의 퇴직계획과도 비교해 볼 수 있다. 이런 자료들은 얼마든지 구해 볼 수 있고, 그 내용을 수량화할 수도 있다.

흑인이 일하기 좋은 기업 Best 5

〈포천〉이 선정한 '흑인이 일하기 좋은 기업 Best 5'(1999년)는 다음과 같다.

- 연방저당권협회(Fannie Mae)
- 어드밴티카(Advantica)
- 올스테이트(Allstate)
- 쇼니스(Shoney's)
- 셈프라 에너지(Sempra Energy)

KLD는 401(k) 계획이 어느 정도의 수준이 돼야 종업원들에게 의미가 있다고 볼 수 있는지를 검토했다. 기업들이 공개한 자료를 살펴보니, 퇴직계획으로 지급되는 금액이 종업원 임금의 6%인 기업은 KLD가 조사대상으로 삼은 모든 기업들 가운데 상위 8%에 속했다. 상위 8%에 속하는 기업이라면 종업원의 퇴직 후 보장을 위해 특별한 퇴직계획을 제공하고 있다는 뜻이다. 어떤 기업의 퇴직계획이 상위 8%에 속한다는 사실은 그 자체가 중요한 정보이고, 따라서 해당 기업의 사회적 평가 자료에서 중요한 요소로 부각시킬 만한 가치가 있다.

위임장권유 설명서에는 기업의 경영자들과 여러 종업원 집단들에 대한 현금 성과배분 지급 내용도 포함돼야 한다. 1999년에 시행된 KLD의 조사 결과에 따르면 최근 2년 사이에 적어도 50% 이상의 종업원들에게 현금으로 성과배분을 실시한 기업은 조사대상 기업들 가운데 상위 19%에 속했다. 이런 기업들은 회사 목표가 달성됐을 때 종업원들에게 폭넓게 혜택을 돌려주는 경영을 하고 있다고 할 수 있다. 이런 경영이 이뤄지는 기업의 종업원들은 자신이 회사의 이해관계자라는 의식을 더욱 강하게 갖게 될 것이고, 종업원들의 이런 의식은 기업이 목표를 달성하는 데 도움이 된다.

기업 이사들의 사진을 확보하는 것은 어렵지 않다. 이사진의 사진은 기업의 연례보고서나 위임장권유 설명서에 실린다. 만약 이사진에 여성이나 소수인종 출신이 4명 이상 포함돼 있다면 그 회사는 1999년에 KLD가 평가한 기업들 가운데 상위 13.6%에 속한다. 이런 정보들은 기업에 대한 조사를 하는 데 중요한 요소로 평가된다. 이상과 같은 정보들이 바로 '확인할 수 있고, 수량화할 수 있고, 중요해야 한다'는 조건에 부합하는 것들이다.

기업들이 의무적으로 공개하는 문서들 외에 제3의 정보원으로부터도 좋은 자료를 구할 수 있다. 〈일하는 여성〉이라는 잡지는 매년 여성 친화적인 근무환경을 갖춘 기업들을 선정해 상을 준다. 이런

여성이 일하기 좋은 기업 Best 10

〈비즈니스위크〉가 선정한 '여성이 일하기 좋은 기업 Best 10'(1999년)은 다음과 같다.

회사 이름	여성관리자수/ 전체관리자수	여성관리자 비율 (%)
유에스 웨스트(US West)	6/14	42.9
(지금은 퀘스트 커뮤니케이션스(Qwest Communications))		
퍼시픽케어 헬스 시스템스(PacifiCare Health Systems)	15/35	42.9
링컨 내셔널(Lincoln National)	6/14	42.9
에이번 프로덕츠(Avon Products)	9/21	42.9
노드스트롬(Nordstrom)	15/36	41.7
연방저당권협회(Fannie Mae)	61/158	38.6
워싱턴 뮤추얼(Washington Mutual)	3/8	37.5
타임스 미러(Times Mirror)	11/31	35.5
데이튼 허드슨(Dayton Hudson)	8/23	34.8
(지금은 타깃(Target Corp.))		
베내터(Venator)	8/23	34.8

위 10대 기업은 관리자 직위에 있는 여성의 수를 기준으로 선정한 것이다. 500대 상장기업이 연례보고서, 10-K, 위임장권유 설명서에서 밝힌 공개정보를 토대로 위의 표를 작성했다. 자료의 시점은 1999년 3월 31일 현재 또는 그 이전이다.

상은 종업원들에 대한 기업의 배려를 제3자가 확인해주는 것이다. 제조업 분야에서는 '맬컴 볼드리지 전국 우수제조업체상'이 널리 알려진 상이며, 제조업체들은 모두 이 상을 받고 싶어 한다. 이밖에도 전국적으로 인정받는 상들이 다수 있으며, KLD가 평가대상으로 삼는 기업들 가운데서는 10% 정도가 이런 상을 받는다. 이런 상을 받은 기업은 특별한 강점을 지닌 회사라고 봐도 된다.

기업의 이해관계자들에게 부정적인 지표는 어떤 것들이 있을까? 1999년도 통계를 보면 이사진에 여성이 한 명도 들어있지 않거나 라인조직상 관리자 직위에 여성이 한 명도 없는 기업은 KLD가 평가대상으로 삼은 기업들 가운데 하위 16%에 속했다. 이런 기업들은 책임 있는 자리에 여성을 앉히려는 노력을 하지 않았고, 여성이 관리자의 직위에 올라갈 수 있는 사내 환경을 조성하려는 노력도 하지 않았을 가능성이 높다. 남성들만으르 구성된 경영진이라고 해서 기업 경영을 제대로 하지 못한다는 말은 아니다. 하지만 이 세상은 하

아시아계 미국인이 일하기 좋은 기업 Best 5

〈포천〉이 선정한 '아시아계 미국인이 일하기 좋은 기업 Best 5'(1999년)는 다음과 같다.

• 어플라이드 머티리얼스(Applied Materials)
• 컴퓨터 어소시에이츠(Computer Associates)
• 텍사스 인스트루먼츠(Texas Instruments)
• 도요타 모터 세일스(Toyota Motor Sales)
• 유니언 뱅크 오브 캘리포니아(Union Bank of California)

나의 성별만으로 이루어진 곳이 아니다. 이런 사실을 경영진 구성에 반영하지 못하는 기업은 최고로 훌륭하고 명석한 사람들로 경영진을 구성하려는 노력을 적극적으로 하지 않는 회사일 가능성이 높다. 기업 경영자들이 종업원이나 고객들과 관계를 맺는 데 대해서도 같은 말을 할 수 있다.

지역사회도 기업의 이해관계자이며, 기업이 지역사회에 자선기부한 내역은 대개 공개된다. 최근 3년간 해마다 세전 이익의 1.5%를 자선단체에 기부한 기업은 KLD의 평가대상 기업들 가운데 상위 8%에 속한다. 이런 기업들은 그들이 속해 있는 지역사회의 일원으로 참여한다는 의사결정을 한 것이고, 매년 스스로 수행해야 하는 하나의 정책을 수립한 것이다. 그 내용에 관한 정보는 수집할 만한 가치가 있다.

위와 같은 산발적인 소개는 질적 평가의 방법론이 어떻게 구축되는지에 대한 이해를 가능하게 하기 위해서다. 기준이라는 것은 시간을 두고 만들어져야 한다. 새로운 정보들이 얻어지고, 정보와 자료의 출처들이 드러나고, 경험이 쌓이면서 우리는 어떤 지식이나 통찰력을 갖게 된다. 예를 들어 처음에 KLD는 '슈퍼펀드 지역 (Superfund site)'[17]을 '20개소 이상' 보유한 기업은 환경적인 측면에서 문제가 있는 기업으로 판단한다는 기준을 설정했다. 이 기준은 어느 정도 효과가 있긴 했지만, 보험회사나 은행들이 환경에 부정적인 기업으로 부각되는 결과를 가져왔다. 슈퍼펀드 지역을 스크리닝의 한 기준으로 삼은 것은 환경을 오염시키는 기업을 가려내자는 것이지, 투자나 개발을 위해 쓰레기 폐기물 매립지를 매입하는 기업을 가려내자는 것은 아니었다. 이런 이유에서 KLD는 환경에 유해한 기업을 가려내는 슈퍼펀드 지역 보유 기준을 '30개소 이상'으로 상향

지속가능한 미래에 기여하는 기업들

레슬리 크리스천과 카스턴 헤닝스턴은 지속가능한 미래에 투자하는 글로벌 뮤추얼펀드인 '포트폴리오21'을 창설했다. 두 사람은 사회책은투자자들에게 다음 세 기업을 추천했다.

• **아시도멘(AssiDoman)**은 유럽의 삼림 관련 제품을 생산하는 기업이다. 이 회사는 그동안 환경에 해로운 산업으로 알려진 삼림 관련 분야에서 커다란 진전을 이루고 있다. 이 회사는 자사가 소유하고 있는 모든 삼림들에 대해 '삼림관리위원회'의 인증을 받는다. 생산 활동에 투입되는 목재 가운데 3분의 1가량이 인증을 받은 삼림에서 나온다. 생산하는 제품은 가구용 목재, 종이, 재생펄프 등이며, 이런 제품들을 환경 친화적인 방법으로 만든다. 이 회사가 발휘하고 있는 환경보호의 리더십은 세계자연보호기금(World Wide Fund for Nature)과 공동으로 벌이고 있는 3개년 프로젝트에서 가장 잘 나타난다. 이 프로젝트는 장기적으로 지속가능한 삼림을 실현하는 것을 목표로 하고 있다.

• **아스트로파워(AstroPower)**는 대체에너지 산업에 중대한 기여를 하고 있다. 이 회사가 보유한 특허 기술은 태양에너지 전지의 생산비용을 낮추는 동시에 그 효율성을 높였다. 이 회사는 버려지는 반도체 웨이퍼를 원료로 재활용하고, 전지가 에너지를 재충전하는 데 걸리는 시간을 크게 단축시켰다.

• **인터페이스(Interface)**는 환경 보호를 위한 세계적인 조직인 '내추럴 스텝 (www.detnaturligasteget.se/com/Startsidan)'의 원칙을 미국에서 처음으로 채택한 기업 가운데 하나다. 환경에 끼치는 영향을 줄이는 노력을 모범적으로 펼쳐온 기업으로 꼽힌다. 이 회사는 로스앤젤레스의 공장을 태양에너지로 돌리기 위해 광전지를 설치했고, 재생 가능한 자연재료를 사용해 재활용이 가능한 카펫을 만드는 방법을 개발하고 있다. 또한 '제로 폐기물'과 '완전 재순환 생산'을 궁극적인 목표로 내세우고, 그 실현을 위해 애쓰고 있다.

출처: www.portfolio21.com

조정했다. 이렇게 상향조정된 기준이 스크리닝의 목적에 보다 부합하는 결과를 유도해낸다고 판단했기 때문이다.

주주들은 그들의 이익을 보호받고 싶어 한다. 따라서 그들은 자신이 투자한 기업의 최고경영자가 과도한 보수를 받는 것은 아닌가 염려도 한다. 최고경영자 보수는 얼마가 적정 수준일까? 최고경영자 보수 금액이 KLD의 평가대상 회사들 가운데 상위 10%에 속한다면 너무 많이 지급된다는 신호다. 이런 회사들은 최고경영자의 보수를 늘리기 위해 임원보수 한도를 해마다 상향조정해 왔을 것이다. 최고경영자 보수를 늘리는 것이 사회적으로 건강하다고 볼 수 있는가? KLD는 최고경영자가 중간층 관리자에 비해 20~30배 이상, 그 기업에서 임금순위가 가장 낮은 노동자에 비해 200배 이상, 그리고 임금순위가 최하위인 납품업체 노동자에 비해 2000배 이상 많은 보수를 받는다면, 그 최고경영자는 과도한 보수를 받는 것이라고 보는 기준을 정했다. KLD는 평가대상 기업들에 이 기준을 적용함으로써 최고경영자 보수의 허용한도 문제를 부각시켜 왔다.

구체적인 사례를 들어보자. 장난감회사인 토이저러스의 최고경영자였던 로버트 나카소네는 530만 달러의 스톡옵션을 더해 연간 1110만 달러의 보수를 받았다. 스톡옵션이 아닌 현금으로 지급된 보수만 해도 하루에 2만 달러나 되는 금액이었다. 그런데 토이저러스에 납품하는 하청업체 노동자들의 임금은 고작 하루 8달러였다.

이상의 논의는 기업의 사회적 책임성에 관한 전문적인 연구와 조사 활동이 어떻게 진행되는가를 보여주기 위한 것이다. 그것이 확인 가능하고, 수량화할 수 있고, 중요한 정보에 토대를 두고 이뤄짐은 물론이다. 일반적으로 기업에 대한 단편적인 정보만으로는 그 기업을 사회책임투자 포트폴리오에 편입해야 할지 배제해야 할지를 결정하기 어렵다. 각각의 단편적인 정보는 기업의 문화나 이해관계자들에 대한 기업의 배려를 보여주는 많은 지표들 가운데 하나일 뿐이다. 다양한 정보의 조각들이 체계적으로 수집돼야 한다. 그렇게 수집된 정보를 갖고 기업을 평가하고 그 기업을 다른 기업과 비교도 해본 뒤에야 그 기업이 사회책임투자의 대상이 되는지 여부를 판단

고위 임원들에게만 가는 스톡옵션 혜택

최상위 5명의 임원들에게 지급된 스톡옵션(2000년)을 기업별로 비교해보면 아래와 같다.

기업	최상위 임원 5명에 지급된 스톡옵션의 비중(%)	연5% 성장 가정시 만기 가치(달러)
애트나(Aetna)	14.90	22,864,495
아처 다니엘스 미들랜드(Archer Daniels Midland)	10.46	2,267,224
뱅크 오브 아메리카(Bank of America)	3.12	40,218,063
듀크 에너지(Duke Energy)	40.80	53,744,942
제너럴 모터스(General Motors)	4.91	24,432,556
인터내셔널 페이퍼(International Paper)	8.00	7,432,888
JC 페니(JC Penney)	11.90	8,651,874
존슨 앤드 존슨(Johnson & Johnson)	3.20	16,162,089
케이마트(Kmart)	23.69	10,962,802
록히드 마틴(Lockheed Martin)	11.50	18,967,462

출처: 금융시장센터(Financial Markets Center, www.fmcenter.org). 이 단체는 연방준비제도와 금융시장에 관심을 가진 풀뿌리 단체와 노동조합, 정책담당자, 언론인 등에게 조사자료와 교육자료를 제공하는 독립적인 비영리 조직으로, 〈공개시장위원회 소식지〉 등을 발간하고 있다.

할 수 있다.

　사회적 스크리닝 과정은 기업 경영진의 자질을 평가하는 데 사용할 수 있는 강력한 평가 방법을 창출시켰다. 이에 대해서는 8장에서 좀더 살펴볼 것이다. 여기서는 개인이 자신의 투자 포트폴리오를 간편하게 스크리닝할 수 있는 방법을 설명하겠다.

개인을 위한 좀더 쉬운 스크리닝 방법

기업과 사회의 상호작용에 대한 평가는 복잡한 일이지만, 누구든지 개인적으로 기업의 사회적 책임성에 대해 어느 정도 합리적인 분석과 평가를 시도해볼 수 있다. 나는 독자인 당신이 어떤 주식을 사야 하는지를 판단할 때 활용할 수 있는 쉬운 스크리닝 방법을 제시하고자 한다. 대부분의 사람들은 투자에 대해 어떤 생각을 갖고 있고, 그 생각을 더욱 진전시키고 싶어 한다. 그러나 어떤 주식을 사야할지도 모르는 사람들도 있다. 당신이 어느 쪽에 해당되든 훌륭한 사회책임 투자 포트폴리오를 구성할 수 있게 해주는 간단한 방법이 있다.

　만약 어떤 특정한 기업에 관심이 있고 그 기업의 사회적 책임성에 관한 과거 기록을 좀더 알고 싶다면 그 기업의 연례보고서, 10-K, 위임장권유 설명서를 찾아 읽어보는 것이 좋은 첫 걸음이다. 오늘날 대부분의 기업들은 그런 자료들을 자사 웹사이트에 올려놓는다. 따라서 누구나 자신이 관심을 갖게 된 기업의 정보가 필요하면 그 기업 웹사이트를 방문하면 된다. 웹사이트에서 원하는 자료를 찾지 못했을 때는 그 기업의 투자홍보(IR; Investors Relations) 부서에 전화를 걸어 필요한 자료의 복사본을 보내달라고 요구하면 된다.

연례보고서는 기업이 영위하는 주요 사업들을 사진과 함께 소개하는 내용을 담고 있다. 앞부분에 최고경영자의 편지, 뒷부분에는 여러 가지 숫자들이 실려 있다. 연례보고서를 자세히 살펴보면 그 기업이 하는 일에 관해 많은 것을 알 수 있다. 최고경영자의 편지를 읽으면 그 기업이 앞으로 성장해 나가기 위해 어떤 비전을 갖고 있는지를 알 수 있다. 최고경영자의 편지는 그 기업이 어떤 사명감을 갖고 있는지도 말해준다. 연례보고서의 뒤표지에 차별 없는 인사정책을 선언하는 문구가 실리기도 하고, 연례보고서의 안에는 사업장이 있는 지역사회에 그 기업이 어떻게 기여할 것인지를 설명하는 글이 실리기도 한다.

10-K는 기업이 벌이고 있는 사업들에 대한 좀더 상세한 정보를 담고 있으며, 연례보고서에 합본되는 경우도 많다. 10-K에 담긴 정보 가운데 투자자로서 특히 주목해야 할 부분은 일상적인 부채가 아닌 특별한 부채의 발생 가능성에 관한 공시다. 예를 들어 업무 중 사망한 직원의 아내가 그 기업의 불안전한 작업환경에 대해 소송을 제기한 경우 10-K에는 그런 사실이 실리지만 연례보고서에는 실리지 않을 수도 있다.

위임장권유 설명서에는 이사회가 어떤 사람들로 구성돼 있고, 최고경영자는 누구이며, 최고경영자를 비롯한 이사들에게 얼마만큼의 보수가 지급되는지에 관한 정보가 들어있다. 여기에는 또 기업의 연례 주주총회에서 표결에 붙여질 의안에 관한 정보도 들어있다. 주주총회는 주주들이 기업의 사회적 쟁점에 대해 의견을 제기할 수 있는 회의라는 사실을 잊지 말자. 어느 기업의 주주총회에서 주주가 제기한 안건이 투표에 붙여질 예정이라고 해서 그 기업의 주식을 피할 필요는 없다. 당신이 주식을 사고 싶은 기업의 주주총회에서도 당신이 피해야 할 기업의 주주총회에서만큼 많은 주주결의안들이 얼마든지 제출될 수 있다. 투자자로서 당신은 주주총회에 제출된 주주결의안의 내용을 잘 읽어보고, 그 주주결의안에 대한 경영진을 반응을 관찰해야 한다. 그러면 그 주주결의안이 어떤 이점을 지녔으며, 경영진은 얼마나 사려 깊게 행동하는지에 대해 나름대로 판단할 수 있다.

벤 앤드 제리스의 경우

벤 앤드 제리스 홈메이드(Ben & Jerry's Homemade)는 2000년 봄 3억 2600만 달러에 유니레버(Unilever)로 인수됐다. 사회책임투자자들은 역 오퍼를 내는 등 유니레버가 벤 앤드 제리스를 인수하는 것을 저지하기 위해 노력했지만 실패했다. 그러나 사회책임투자자들은 대화를 계속했다. 벤 앤드 제리스가 유니레버에 넘어간 뒤에도 사회적 책임성을 보존하도록 이 기업에 대한 영향력을 유지하기 위해서였다.

그 결과 유니레버는 호르몬 처리를 하지 않고 지역적으로 생산된 낙농 제품을 계속 구매하고, 유기농 우유의 구매를 늘리며, 벤 앤드 제리스의 세전 이익 중 7.5%를 자선단체에 기부한다는 데 동의했다. 아울러 벤 앤드 제리스의 기존 노동자들은 향후 5년간 보수 삭감 없는 고용을 보장 받았다. 무엇보다 주목할 만한 것은 유니레버가 전 세계적으로 펼치는 사업활동 전반에 대해 사회적 감사와 환경적 감사를 받기로 약속했다는 점이다.

이 같은 다윗과 골리앗의 이야기가 궁극적으로 어떻게 전개될지는 시간이 지나면 알게 될 것이다. 창업자 벤 코언은 "나는 벤 앤드 제리스가 팔린 게 아니라 그저 그 소유권만 이전된 것이기를 바란다"고 말했다.

관심이 가는 기업의 연례보고서, 10-K, 위임장권유 설명서를 살펴본 뒤 해야 할 일은 인터넷으로 그 기업에 관한 뉴스를 검색해 보는 것이다. 일간지나 경제지에 최근 게재된 뉴스를 검색해 보자. 최근에 보도된 뉴스의 제목들만 훑어봐도 그 기업의 성격을 상당히 파악할 수 있다. 부정적인 뉴스를 발견했다는 것만으로 크게 걱정할 필요는 없다. 그러나 자신이 관심을 갖고 있는 쟁점 사항과 직접 관련된 뉴스가 부정적인 방향으로 많이 쏟아져 나온다면 판단을 달리하는 게 좋을 수 있다.

누구든 이 정도까지만 해도 다른 어떤 개인투자자보다 더 많은 조사를 한 셈이다. 그러나 한 걸음 더 나아갈 수도 있다. 뮤추얼펀드들이 대개 1년에 두 번씩 공개하는 보유주식 내역을 살펴보는 것이다. 일부 뮤추얼펀드들은 투자자의 신청을 받고서야 보유주식 내역을 알려준다. 하지만 대부분의 뮤추얼펀드들은 정기적으로 내는 보고서를 통해 보유주식 내역을 공개하고 자사 웹사이트에도 올린다. 특히 조사하려는 기업이 투자자들에게 잘 알려진 회사라면 뮤추얼펀드의 보유주식 내역을 들여다보는 게 도움이 된다. 사회적으로 운영되는 뮤추얼펀드들이 그 기업의 주식을 보유하고 있는지를 확인해보면 좋은 참고가 된다.

어떤 주식을 사야 하는지 잘 모르겠다는 투자자라면 가장 먼저 사회적투자포럼(www.socialinvest.org)이나 소셜펀즈닷컴(www.socialfunds.com)과 같은 사회책임투자 전문 사이트를 방문하는 게 좋다. 이 두 사이트는 사회적 기준에 따라 운영되는 미국의 모든 뮤추얼펀드의 사이트들을 찾아갈 수 있도록 링크가 돼 있다. 두 사이트의 링크를 이용하면 많은 뮤추얼펀드들의 보유주식 내역도 쉽게 확인할 수 있다. 대부분의 뮤추얼펀드들은 보유 중인 주식들 가운데 일부나 모두에 대해 얼마간의 정보를 사이트에 올려놓고 있다. 유럽의 사회책임투자 펀드들을 찾아가려면 영국의 사회적투자포럼 (www.uksif.org) 사이트를 방문하면 된다. 이 사이트에는 유럽 펀드운영회사들의 링크가 돼 있다. 링크를 이용해 펀드운영회사의 사이트로 가면, 거기서 개별 펀드들의 구체적인 정보를 찾아볼 수 있다. 내가 이 책의 박스 글 등에서 소개하는 기업들은 사회적 뮤추얼

윤리적 투자자를 위한 웹사이트

- 영국의 윤리투자서비스(Ethical Investment Services)는 유럽의 뮤추얼펀드들 가운데 윤리적 투자자가 스스로 투자할 펀드를 고를 수 있도록 해주는 사이트를 운영하고 있다. 투자자들은 이 사이트에서 자신의 윤리적, 재정적 선호에 맞는 펀드를 찾아내고 거기에 투자할 수 있다. 이 사이트 방문자들은 윤리적 투자와 관련된 여러 쟁점들에 대한 토론에도 참여할 수 있고 온라인 투표도 할 수 있다. 웹사이트 주소는 www.ethicalservices.com 이다
- 미국에 본부를 둔 사회적투자포럼(Social Investment Forum)과 소셜펀즈닷컴 (Socialfunds.com)은 투자할 펀드를 찾는 사회적 투자자들을 위해 온라인 펀드 선택 기능을 제공한다. 두 사이트 모두 재테크, 주주행동주의, 사회책임투자 관련 연구, 지역경제 개발, 강연회 등에 관한 많은 정보를 담고 있고, 사회적 투자에 관한 최신 뉴스도 제공한다. 웹사이트 주소는 www.socialinvest.org와 www.socialfunds.com이다.
- 호주의 온라인 잡지(e-zine)인 〈윤리적 투자자(Ethical Investor)〉는 기업에 대한 사회적 조사 보고서, 상품 정보, 윤리적 펀드 운영자의 글 등을 소개하고 있다. 호주의 뮤추얼펀드들 대부분이 이 사이트에 광고를 한다. 링크를 통해 투자자들을 유인하기 위해서다. 웹사이트 주소는 www.ethicalinvestor.com이다.

펀드 운영회사들이 투자할 만한 종목이라며 추천한 것들이다.

전통적인 투자자도 자신이 잘 아는 기업의 주식에 투자할 때 실적이 가장 좋다. 투자자의 입장에서 자신이 사려는 특정 주식에 대해 판단해 보는 조사의 일환으로, 자신이 그 주식을 발행한 기업의 제품을 평소 사는지를 돌이켜 생각해보는 방법도 있다. 홀 푸즈 마켓[18]에서 쇼핑을 하는 사람은 아마도 같은 유통회사의 주식을 사고 싶은 마음이 들 것이다. 스콜라스틱에서 펴낸 아이들 책을 좋아하는 사람은 같은 출판사의 주식을 사고 싶을 것이다. 잽에서 만든 자전거를 사려고 하는 사람은 같은 자전거 회사의 주식에 투자할 생각을 할 것이다. 현명한 투자자들은 자신도 일부가 되는 어떤 트렌드를 관찰하는 것을 통해 투자에 관한 아이디어를 얻기도 한다.

사회적 스크리닝의 효과와 한계

독점행위나 공격적인 마케팅 관행과 같은 이윤추구 체제의 핵심과 직결된 쟁점들을 다루는 데는 사회적 스크리닝이 그다지 효과적이지 않다. 이런 쟁점들을 다루는 일은 정부나 지역사회에 맡기는 게 더 낫다. 마이크로소프트에 정부가 제기한 소송을 그런 사례로 들 수 있다. 마이크로소프트 사건 이전에도 독점행위를 한 기업들은 많았지만 파장이 크지 않았다. 마이크로소프트 사건은 컴퓨터와 인터넷을 독점하는 행위가 사회에 끼치는 해악이 얼마나 크고 중대한가를 부각시켰다.

마이크로소프트의 독점행위에 대한 혐의가 입증된 뒤에도 사회적 뮤추얼펀드와 그 밖의 다른 포트폴리오 운영회사들이 자사의 투자 포트폴리오에서 마이크로소프트 주식을 제외시키려고 하지 않았다. 그들의 판단은 대체로 유죄가 판명됐다는 것 자체가 긍정적이라는 생각에서였던 것으로 보인다. 다시 말해 제도화한 견제와 균형의 체제가 여전히 제 기능을 수행하고 있음이 확인됐다는 점에 시민사회가 주목했던 것 같다. 그러나 마이크로소프트의 독점행위에 대한 시정조처가 제도적인 차원에서 자연스럽게 이뤄지지 않았다면 사회적 투자자들이 항의의 표시로 그 주식을 투자 포트폴리오에서 제외시켰을 것이다.

공격적인 마케팅을 하는 유통업체들에 대한 스크리닝 기법은 아직 제대로 개발되지 못했다. 홈 데포의 등장으로 인해 골목길의 철물점들이 사라진 것을 개인적으로 아쉬워할 사람들이 많겠지만, 홈 데포는 자본주의의 성공사례다. 홈 데포는 이전에 아메스와 울워스가 시도했으나 성공하지 못했던 사업전략을 그대로 다시 시도해 성공을 거둔 경우다. 월마트와 스타벅스, 그리고 스테이플스에 대해서도 같은 이야기를 할 수 있다. 이런 성공적인 기업들에 사회책임투자자들이 할 수 있고 실제로 해온 것은 그들로 하여금 지역사회에 대한 기여, 제품 생산의 외주 하청, 노동자의 고용과 교육훈련, 소수인종 직원의 승진 인사, 지구의 자연자원 보호 등에서 보다 높은 기준을 수용하고 실천하도록 하는 일이다.

투자 포트폴리오에 대한 스크리닝은 많은 효과를 가져다준다. 그것은 기업의 책임성 관련 정보에 대한 시장의 수요를 창출해냄으로써 기업의 영향에 대한 기초적인 조사활동이 지속적으로 이뤄지도록 한다. 또한 그것은 투자자들로 하여금 자신의 개인적인 가치에 더욱 부합하는 투자를 할 수 있게 해준다. 스크리닝은 우리가 함께 대처해야 할 많은 문제들에 관해 기업과 사회가 대화를 나눌 수 있는 바탕을 마련해준다. 미국에서는 1999년 현재 1조 4900억 달러의 투자 자금이 사회적 스크리닝에 의해 운영되고 있다. 일반적으로 사회적 스크리닝은 긍정적인 사회변화를 즉각적으로 가져다주지는 않지만, 그 자체가 민감한 일인데다 전략적인 특성을 갖고 있기에 사회변화를 가져오는 매우 강력한 수단이 된다.

투자 포트폴리오 스크리닝은 더 나은 내일을 건설한다는 측면에서 매우 중요하다. 스크리닝 과정은 기업, 지역사회, 활동가, 조사연구자들 사이에 지속적인 대화를 유발한다. 그것은 또 기업의 사회적

농업기업에 대한 사회적 투자 비중이 낮은 이유

누가 세상을 먹여 살리는가? 그것은 먹을거리를 주로 공급하는 제3세계의 소규모 농민들이다. 그들의 소규모 농업은 산업적인 단작농보다 생산성이 더 높다. 그럼에도 그들의 풍부하고 지속가능한 농업체제는 생산량을 증대시켜야 한다는 이유로 파괴돼 왔다.

흔히 알려진 통계숫자만으로는 진실을 알 수 없다. 예를 들어 멕시코의 치아파스 지역에 사는 마야족 농민들은 옥수수를 에이커당 2톤밖에 생산하지 못한다는 이유로 비생산적이라는 말을 들어왔다. 그러나 콩, 호박, 과일 등을 모두 더하면 마야족 농민들의 식량 생산량은 에이커당 20톤에 이른다. 농업기업을 옹호하는 주장을 펴는 사람들은 대개 이처럼 숫자놀음을 한다.

출처: 반다나 시바, '대기업은 어떻게 가난한 사람들을 굶주리게 하는가', 〈더 데일리 텔레그라프〉 2000년 5월 11일.

책임성에 대한 전 세계적인 조사연구의 토대가 됨으로써, 남아프리카공화국 논쟁 과정에서 시민사회를 행동에 나서게 한 것과 같은 종류의 자료 수집을 가능하게 한다. 스크리닝은 우리가 정부, 사회, 기업의 역할이라는 큰 쟁점들과 씨름하게 한다. 대부분의 사회책임투자자들에게 포트폴리오 스크리닝은 그 밖의 모든 다른 행동을 하는 근본이다. 스크리닝을 통해 우리는 기업과 다양한 이해관계자들이 서로 대화를 하도록 하는 새로운 길을 만들어왔다. 이렇게 이뤄지는 대화는 좀더 살 만한 세상을 건설하기 위한 우리 노력의 핵심이다. 스크리닝은 예상치 못했던 장기적이고도 전략적인 영향을 기대 이상으로 강력하게 가져왔다. 그렇게 강력한 영향이 가능했던 것은 스크리닝이 자료와 정보를 계속 요구하고, 이는 다시 기업의 사회적 영향에 대한 조사활동으로 이어졌기 때문이다. 사회책임투자자들은 시스템 전체에 걸친 기업의 사회적 영향에 관한 자료들이 지속적으로 수집되고 평가되도록 압력을 가해 왔다.

4장

기업과 직접대화에 나서라

나치스는 처음에 공산주의자들을 덮쳤다. 나는 공산주의자가 아니었기 때문에 아무 말도 하지 않았다. 그 다음 그들은 유태인들을 덮쳤다. 이번에도 나는 유태인이 아니었기 때문에 아무 말도 하지 않았다. 다음은 노동조합이었고, 역시 나는 노조원이 아니었기 때문에 아무 말도 하지 않았다. 다음은 가톨릭이었고, 물론 나는 가톨릭이 아니었으므로 나와는 아무 상관도 없다고 생각했다. 마침내 그들은 나를 잡으러 들이닥쳤다. 그런데 그때는 이미 나를 위해 말해줄 사람이 아무도 남아있지 않았다.

—마틴 나이묄러 목사(뉘른베르크 재판에서)

당신이 어느 회사의 경영진과 조직적인 대화를 나누게 된다면, 그것은 그 회사가 하고 있는 비즈니스 방법에 직접적으로 영향을 미칠 수 있는 기회를 갖는 것이다. 그리고 그런 대화를 통해 즉각적으로, 때로는 정말 탁월한 변화를 만들 수 있다는 점을 알게 될 것이다. 정의와 인간의 존엄성이 기업의 수익과 주주이익의 극대화와 동일한 비중을 갖는 사회를 만들려는 노력은 기업 및 그 경영진과의 직접적인 대화를 통해서 가장 잘 이뤄진다.

그러면 기업과의 대화가 어떤 식으로 이뤄지는지 살펴보자. 엘살바도르에서는 전쟁기간 중 커피 불매운동이 일어났다. 이 불매운동은 거의 기아수준으로 커피 값을 억누르던 카르텔이 커피 재배 농민들을 군사적으로 잔혹하게 억압하는 데 대한 대중의 경각심을 불러일으켰다. 프록터 앤드 갬블 창업자의 후손인 한 젊은이가 이에 관심을 갖고, 1990년 프록터 앤드 갬블의 자회사인 폴저스 커피의 엘살바도르산 커피원두 구매를 중단하도록 요구하는 내용의 주주결의안을 제출했다. 그는 이 구매가 몇 년간에 걸쳐 노동자들을 살해

경영이 잘 되는 기업들

패트릭 맥베이는 트릴리엄 자산운영(Trillium Asset Management)의 수석 부사장이자 포트폴리오 매니저다. 그의 회사는 사회책임투자를 전문으로 하며, 애드버커시 펀드(Advocacy Fund)라는 이름의 뮤추얼펀드를 운용하고 있다. 맥베이는 다음 세 개의 기업에 주목하고 있다고 밝혔다.

- **그린 마운틴 커피 로스터스(Green Mountain Coffee Roasters)**는 내가 좋아하는 커피회사다. 나는 경영이 잘 되는 회사를 좋아하는데, 버몬트에 있는 이 커피회사는 기업의 사회적 책임성과 관련해 뛰어난 실적을 쌓아 왔다. 이 회사가 공정한 무역, 환경보호, 지역사회와 관련된 여러 문제들에 대해 얼마나 지도적인 역할을 하고 있는지는 웹사이트(www.greenmountaincoffee.com)에 가면 금방 알 수 있다.
- **라이프라인 시스템스(Lifeline Systems)**도 경영이 잘 되는 회사들 가운데 하나이며, 상당한 성장 잠재력을 지니고 있다. 이 회사는 노인들에게 상담용 모니터를 공급하는 시장을 주도하고 있다. 저렴한 가격의 상담용 모니터는 노인들에게 응급 구호센터와 직접 통화를 할 수 있게 해줌으로써, 노인들이 양로시설이 아닌 일반 가정에서도 안심하고 생활할 수 있게 해준다. 노령화가 진전되고 노인들에게 온라인을 통한 의학적 지원이 늘어나면서 이 회사의 성장이 더욱 가속화할 것으로 보인다.
- **메드트로닉(Medtronic)**은 내가 아는 한 가장 경영이 잘 되고 있는 회사다. 이 의료기술 기업은 심장박동기와 심실근육 작동 제어기를 비롯해 심장과 척추질환 치료기 시장을 주도하는 회사다. 그동안 20% 수준의 성장률을 꾸준히 유지해온 이 회사의 주식 가격은 내가 생각한 적정가격 기준보다 항상 높았다. 의사들로 하여금 병원 밖에서 환자의 심장 이상을 점검할 수 있게 해주는 '크로니클(Chronicle)'이라는 신제품은 앞으로 10여 년 동안 이 회사의 성장률은 더욱 높일 것이다.

출처: www.trilliuminvest.com

해온 학살자들과 관련된 그 나라 초대 농장주에게 돈을 대주는 행위라고 주장했다. 그의 결의안은 주주총회의 투표에 부칠 수 있는 최저 동의비율인 의결권 주식의 3%에 못 미치는 2.7%의 동의를 얻는 데 그쳤다. 하지만 그의 노력은 대중적 경각심을 높였고, 그 결과 캘리포니아주는 엘살바도르산 원두의 수입을 금지하는 조처를 취했다. 이 때문에 폴저스 커피는 다른 곳에서 원두를 찾아야 하게 됐다.

주주행동주의는 주식 소유자인 우리가 주식을 발행한 기업의 부분적인 주인이기에 가능하다. 기업의 주식을 소유한 사람은 특별한 권리를 갖게 되며, 논란의 소지는 있지만 일정하게 져야 할 책임도 있다. 주주들의 권리는 증권거래법을 비롯한 주주보호 장치들에 의해 부여되고 보장된다. 증권거래법은 투자자들에게 기업의 분기별 재무정보와, 회계감사를 필한 연례보고서를 받을 권리를 부여한다. 우리는 이런 정보들을 사회적 조사의 기초 자료로 활용할 수 있다.

주주들에게는 또 다른 권리들도 있다. 주주는 소유 지분에 따라 기업의 이익에 참가할 권리를 갖는다. 기업의 이익은 주주에게 배당으로 지급될 수도 있고, 주가 상승으로 이어져 주주에게 이득을 안겨줄 수도 있다. 경영진은 사업 성공에 따른 이익을 불공정하게 배분해서는 안 된다. 투자자는 자신이 갖고 있는 주식을 다른 사람에게 팔거나 양도하거나 위탁할 권리를 갖고 있다. 주식을 팔기 위해 경영진을 찾아가 허락을 받을 필요가 없다.

주주행동가들이 가장 크게 관심을 갖는 것은 기업이 어떻게 지배되는가와 관련된 권리다. 주주로서의 우리는 주인이기 때문에 기업 장부를 감사하는 사람을 선택하는 투표를 할 권리가 있고, 기업을 이끌 이사회의 구성을 승인하거나 거부할 권리가 있다. 우리는 또 회사의 최고경영자를 포함한 이사들의 보수를 매년 검토할 권리를 갖는다. 사회책임투자자에게 특별히 흥미로운 주주의 권리는 여러 가지 주주투표가 이뤄지는 연례 주주총회에 참석할 수 있다는 것이다. 만약 뮤추얼펀드가 주주라면 뮤추얼펀드도 이런 주주로서의 권리를 갖게 된다.

주주들은 대부분 주주총회에 참석하기가 어렵기 때문에 어디에 투표할 것인가를 기재한 위임장을 우편으로 보낸다. 이를 '위임투표'라고 한다. 대부분의 주주총회에서 주주의 투표권은 경영진이 내놓은 주제에 대해 주로 행사된다. 그 제안된 주제를 승인해줄 것을 요구한 감사와 이사의 명단도 제시된다. 경영진은 기업이 최고경영자에게 지급하는 보너스의 산정방식을 변경하거나, 적대적인 기업 인수 시도를 어렵게 만들기 위한 방안을 주주총회에 제시하고 승인해줄 것을 요청하기도 한다. 때로는 경영진이 아닌 주주들 스스로가 주주총회에 안건을 내고 투표에 붙이도록 할 수도 있다. 그러나 그럴 경우 경영진은 주주들에게 반대투표를 하라고 요청하는 수가 많다.

경영진이 제출한 것이든 주주가 제출한 것이든 안건은 일정한 형식으로 돼있다. 그것은 대개 '~이므로(whereas)'라는 구절이 여러 개 나열된 뒤 '따라서 ~하기로 결의함(Therefore be it resolved)'이라는 구절로 끝난다. 안건의 내용과 취지 등을 설명하는 앞부분의 구절들은 이슈를 구체화하기 위한 것이고, 주주들이 투표를 하는 대상은 끝부분이다. 바로 여기서 제출된 안건을 가리키는

'결의안(Resolution)'이라는 명칭이 나왔다. 〈부록4〉에 전형적인 주주결의안을 예시한다. 이 주주결의안은 1999년에 '공정한 경제를 위한 연대'라는 단체가 군수업체인 레이시언의 주주총회에 제출한 것이다. 1999년에는 이와 비슷한 주주결의안이 레이시언 외에도 AT&T, 플리트 파이낸셜, 허피에도 제출됐다.

주주결의안은 대체로 경영진이 주주총회에서 논의되는 것을 꺼리는 내용을 담고 있다. 이 때문에 활동가들은 주주총회에서 이슈를 제기하면서 다른 주주들을 설득하려 한다. 이런 활동을 '주주위임장운동(shareholder proxy campaign)'이라고 한다. 관심 있는 주주

주주행동의 한 성공사례

물 사용의 효율성을 높이고 수질 오염을 줄이기 위해 세탁기에 보다 엄격한 기준을 적용하는 것은 소비자들에게 크게 이롭고 환경보호에도 도움이 된다. 그러나 제너럴일렉트릭에게는 이런 조처가 높은 리엔지니어링 비용을 지출해야 함을 의미한다. 때문에 이 거대 기업은 세탁기에 엄격한 기준을 채택하라는 요구를 완강하게 거부했다.

그러나 '캘버트 그룹', '종파를 초월한 기업 책임성 센터', '기업지배구조', '지구의 친구들' 등 몇몇 활동가 단체들이 제너럴일렉트릭의 주주들을 설득하기 시작했고, 이런 노력은 성공을 거두었다. 제너럴일렉트릭은 결국 환경보호론자들의 요구를 받아들여, 모든 세탁기 제품의 물 사용 효율을 2004년까지 20%, 2007년까지는 35%만큼 개선하기로 했다.

이는 소비자들과 환경의 커다란 승리였다. 그 덕분에 앞으로 30년 동안 물 사용량이 50조 리터만큼 줄어들게 됐고, 소비자들은 300억 달러의 돈을 절약할 수 있게 됐다. 아울러 2100만 가정의 연간 에너지 사용량에 해당하는 만큼의 에너지 절약이 이뤄지게 됐고, 3억 1000만 톤의 이산화탄소 배출을 줄일 수 있게 됐다.

출처: www.foe.org

들이 연례 주주총회에서 나름대로 추가 안건을 제기하는 경우에 바로 이런 주주위임장 운동이 일어나게 된다.

제출되는 모든 안건들이 다 투표에 부쳐지는 것은 아니다. 주주총회에서 투표에 부쳐지도록 하려면, 엄격하게 정해진 형식에 따라 주주결의안을 작성해 제출해야 한다. 거기에는 규칙이 있다. 이 책의 〈부록3〉에 참고가 되는 내용이 있다. 그러나 형식과 규칙에 따라 잘 작성된 주주결의안이라 하더라도 그 내용이 중요한 이슈를 다룬 것이어야 다른 주주들도 참석하는 주주총회에서 투표에 부쳐질 수 있다.

'관심 있는 주주' 들은 흔히 두 그룹으로 나뉜다. 한 그룹은 주주로서 금전적 이득을 볼 가능성을 극대화하기 위한 주주결의안을 만들어 제출한다. 이런 주주결의안은 흔히 '기업지배구조 관련 주주결의안' 이라고 불리기도 하는데, 주주들을 제외한 기업의 다른 이해관계자들에게 희생을 요구하는 경우가 많다. 다른 기업에 의한 자사 매수가 쉽게 이뤄지도록 하는 조처를 요구하는 주주결의안을 예로 들어보자. 실제로 이런 조처가 취해지면 주주들은 이익을 얻을 수 있을지 모르지만 종업원이나 납세자, 지역사회는 그렇지 못하다. 소비자들에게도 피해가 돌아갈 수 있다. 그러나 이런 식으로 금전적 이득을 본 바로 그 주주들이 결국 나중에는 그 대가를 지불하게 되는 역설적인 상황에 부닥칠 수도 있다. 왜냐하면 그런 조처가 지역사회를 황폐하게 만들거나 실업을 증가시키게 되면 지역사회 회생과 주민 생활비 보조가 필요해질 수도 있기 때문이다.

다른 한 그룹의 관심 있는 주주들은 주주가 아닌 다른 이해관계자들에게 편익이 돌아갈 가능성을 극대화하기 위한 주주결의안을 제출한다. 이런 주주결의안은 '사회적 주주결의안'이라고 부를 수 있다. 사회적 주주결의안은 특정한 기업활동들로 인해 머지않아 크게 부각될 비용의 부담을 피할 수 있게 해준다. 기업으로 하여금 환경 행동규범에 서명하도록 하고, 그 행동규범의 이행에 대해 매년 보고하도록 하는 내용의 주주결의안은 그 기업의 주식을 소유한 주주들에게 몇 년간에 걸쳐 얼마간의 금전적 손해를 입힐 수 있다. 그러나 이러한 손해보다는 우리가 좀더 숨쉬기 좋은 대기를 가진 지구에서 살아가게 될 가능성이 높아짐으로써 얻게 될 이득이 더 클 것이다. 이는 기업의 주주들에게도 해당되는 이야기다.

주주결의안을 이처럼 두 그룹의 관점에 따라 구분하면서 그 각각을 지칭하는 용어로 사용되는 '기업지배구조'와 '사회적'이라는 말은 다소 오해의 소지를 갖고 있다. '기업지배구조 결의안'은 투자자의 관점에서 오직 금전적인 이득만 고려한 결의안이고, '사회적 결의안'은 모든 사람들의 이익을 두루 고려한 결의안이라고 일단 나눌 수 있지만, 많은 경우 주주결의안은 양쪽의 측면을 동시에 갖기 때문이다.

주주의 권리에서 행동의 기회를

제기된 이슈에 대해 행동하는 데는 여러 가지 방식이 있다. 시민으로서 편지를 쓸 수 있고, 소비자로서 불매운동에 나설 수 있으며, 노동자로서 소송을 제기할 수도 있다. 이에 비해 주주는 기업의 연례 주주총회를 통해 공식적이고 조직적인 방식으로 이슈를 제기할 수 있다는 독특한 권리를 갖고 있다. 조직화하고 조율된 형태의 주주행동주의는 남아프리카공화국 논쟁에서 시작됐다. 주주행동주의는 처음에는 종교단체들에 의해 시작됐지만, 오늘날에는 관심 있는 투자자들의 폭넓은 지원을 받고 있다.

남아프리카공화국의 인종차별 정책을 종식시키기 위한 운동이 자체적인 추진력을 갖게 되자, 종교단체들은 다른 이슈들에도 눈을 돌리기 시작했다. 우선 깨끗한 물을 구할 수 없는 여성들에게 아기 분유를 파는 것이 옳은가 하는 의문이 제기됐다. 이런 의문은 '자선 수녀회(Sisters of Mercy)' 등 가톨릭 단체들이 제3세계 빈민들을 위해 일하는 과정에서 아기들이 죽어가는 것을 보게 된 데 따른 것이

국제통화기금과 다국적기업

국제통화기금(IMF)은 금융위기에 처한 나라들에게 긴급 구제금융을 제공함으로써 은행들이 무분별한 융자로 인해 스스로 입은 손해를 벌충해준다. 예를 들어 시티그룹, 체이스 맨해튼, JP 모건은 한국의 금융위기 때 국제통화기금의 구제금융으로부터 이런 혜택을 받았다.

세계은행 산하의 국제금융공사(IFC; International Finance Corp.)는 개발도상국의 민간부문에서 추진되는 사업들에 금융지원을 한다. IFC의 금융지원을 받은 사업들은 흔히 엑손 모빌, 브리티시 퍼트롤리엄, 코카콜라, 킴벌리 클라크, 매리어트 등 민간 기업들과의 제휴관계 아래 추진된다.

국제통화기금과 세계은행이 국제 통화질서를 안정화시키고 빈곤을 퇴치하는 등의 본래 부여된 제 역할을 하지 않고, 이처럼 부유한 다국적 기업들의 배만 불려주는 이유는 뭘까?

었다. 원인은 곧 확인됐다. 분유회사들은 처음에는 산모들에게 분유를 공짜로 공급했다. 제3세계의 순진한 엄마들은 모유보다 분유를 먹이는 것이 서구적이고 건강에도 좋다고 생각했다. 그들이 아기에게 계속 모유를 먹이지 않자 젖이 말라버려, 그 다음부터는 모유를 먹이고 싶어도 먹일 수 없게 됐다. 그 결과 많은 제3세계 엄마들은 비싼 분유에 의존할 수밖에 없었다. 분유는 물과 섞어야 한다. 그런데 분유 값은 비쌌고, 제3세계 엄마들은 분유통에 쓰인 설명문을 제대로 읽을 수 없었다. 이런 이유에서 제3세계 엄마들은 분유에 물을 너무 많이 섞었고, 이는 아기들에게 영양결핍을 가져왔다. 그러나 더 큰 문제는 물 자체가 깨끗하지 않다는 것이었다. 더러운 물에 탄 분유는 제3세계 어린이들의 최대 사망원인인 콜레라를 발생시켰다. 스위스 분유회사 네슬레 제품에 대한 불매운동이 시작됐다. 주주행동주의 활동가들은 미국에 본사를 둔 다른 분유회사들에도 같은 문제를 제기했다. 마침내 세계보건기구(WHO)가 이 문제를 다루게 됐고, 분유 유통에 관한 기준을 만들었다.

이런 인간적 고통을 본 종교단체들은 가난한 사람들을 돕고 정의와 인간 존엄성이 보장되는 세상을 만든다는 자신들의 임무를 수행하기 위한 도구로 주주의 권리를 활용하기로 했다. 그들은 분유 문제를 비롯해 환경적 책임성, 공장 폐쇄, 각종 제품의 안전성 등 다양한 이슈들에 대해 문제제기를 하기 시작했다. 이들의 직접대화 노력, 특히 주주결의안 제출은 풀뿌리 조직들과 펀드매니저들, 그리고 기업의 경영진 사이에 효과적인 연관관계를 만들어냈다. 종교단체들은 그들의 주주권리를 어떻게 사용해야 하는지를 곧 알게 됐다.

연례 주주총회에 주주결의안을 제출하는 것은 그 결의안이 제기하는 이슈에 대해 경영진이 관심을 갖도록 하는 힘이 있다. 단순히 주주결의안을 제출하겠다는 위협만으로 경영진의 행동을 이끌어내기에 충분한 경우도 많다. 기업 경영자들은 '능글맞은 기자들이 취재노트를 휘갈겨 쓰는 가운데 까다로운 주주들과 찬송가를 불러대는 교인들 앞에 서는 것'을 두려워한다. 이런 종류의 주주행동주의가 강력한 힘을 발휘할 수 있는 것은 아마도 그것이 위임장권유 설명서에 들어가기 때문일 것이다. 주주결의안으로 제기된 문제는 이 사회에서도 다뤄질 것이고, 경영자들은 위와 아래 양쪽으로부터 동시에 압박을 받게 된다.

매년 광범한 문제들에 관한 수백 건의 대화들이 주주대화의 메커니즘을 통해 이루어지고 있다. 주주들은 주주대화를 통해 회사의 이사 선임안을 수정시키거나, 임원의 보수를 환경적인 성과와 연결시키거나, 정부 보조금의 내역을 보고하도록 하거나, 외주를 받아가는 하청공장에 관한 행동규범을 만들도록 할 수 있다. 때로는 타협점이 찾아져 주주결의안이 철회되기도 하고, 때로는 주주결의안이 몇 해에 걸쳐 거듭 제출되기만 하다가 사실확인이 되면서 갑자기 합의가 이뤄지는 수도 있다. 아직 해결되지 못하고 진행 중인 대화의 예를 들어보자.

1999년에 엑손이 모빌을 합병해 엑손 모빌이 되자 모빌의 평등고용 정책이 폐기되고 엑손의 평등고용 정책이 적용되기 시작했다. 그런데 엑손의 평등고용 정책의 내용은 단순히 고용에서 차별을 하지 않겠다는 선언뿐이었다. 이에 비해 모빌의 평등고용 정책은 꽤 상세한 비차별 정책들을 구체적으로 규정하고 있었다. 합병 후 회사가 엑손 쪽의 일반론으로 전환하자 모빌 출신 직원들은 고용 기준의 후퇴에 불만을 갖기 시작했다.

모빌 출신 직원들은 경영진을 찾아가 예전에 모빌이 그들에게 했던 약속들을 지켜줄 것을 요구했다. 사내외에서 이 문제에 대한 관심이 높아져 갔다. 고용조건과 관련해 어렵게 획득한 기본적인 권익이 다시 후퇴하기 시작하는 것인가? 엑손모빌의 경영진은 주주들이 직원들의 목소리에 힘을 보탤 때까지는 대화를 위해 만나자는 요청조차 거부했다. 경영진의 소극적인 태도에 더 이상 참지 못한 조직들이 움직이기 시작했다. 고용평등 프로젝트(The Equality Project), 뉴욕시의 고용과 퇴직 시스템, 트릴리엄 자산운영, 유니테리언 유니버설리스트 어소시에이션(Unitarian Universalist Association) 등이 합동으로 주주결의안을 작성해 엑손모빌의 주주총회에 제출했다. 이 주주결의안은 엑손모빌의 2000년도 주주총회에서 6%를 넘는 찬성표를 얻었다. 이는 새로 제기된 이슈가 첫 해에 얻은 득표율로는 상당히 높은 것이었고, 그 다음 해에도 같은 결의안을 제출하는 데 필요한 요건을 충족시키고도 남는 수준이었다.

〈에린 브로코비치〉라는 영화가 있다. 이 영화는 퍼시픽 가스전기를 상대로 시민운동을 이끈 한 여성 운동가의 이야기를 담고 있다. 이 운동은 1993년 퍼시픽 가스전기에 대해 집단소송을 제기하는 것으로 절정을 이루었다. 집단소송에 참여한 시민들의 주장은 퍼시픽 가스전기가 캘리포니아주에 있는 한 마을의 지하수를 오염시키는 행위를 30년간이나 계속 저질러왔다는 것이었다. 결국 3억

3300만 달러의 타협이 이루어졌다. 그 후 1999년에 주주행동주의 활동가들은 오염물질 배출기준에 대한 조사를 위해 이 기업을 찾았다. 이 기업의 뉴잉글랜드 지역 공장들은 청정공기법(Clean Air Act)의 규제가 적용되지 않았다. 그러나 지역사회 단체들은 퍼시픽 가스전기가 청정공기법에 규정된 강화된 오염물질 배출기준을 자발적으로 지킬 것을 요구했다. 지역사회 단체들이 이 문제에 대해 민감한 관심을 갖게 된 데는 한 가지 이유가 있었다. 퍼시픽 가스전기의 공장이 있는 매사추세츠주 살렘의 지역 병원들에서 천식 발작으

가연 휘발유에 들어있는 납의 역사

1986년 미국에서 가연 휘발유의 사용이 금지됐다. 가연 휘발유는 엔진의 노킹 현상을 방지하기 위해 납을 첨가해 넣은 휘발유다. 납은 어린이들에게 학습능력 저해, 활동장애 등을 초래하고 성인에게는 고혈압, 심장혈관 질환, 심장마비를 증가시키는 성분이라는 사실이 널리 알려져 있다. 그러나 1920년대에 주요 가연 휘발유 제조업자들이 시장에서 이 제품을 거둬들이는 결정을 할 당시에는 그 같은 사실을 아는 사람이 거의 없었다.

1924년 듀폰, 제너럴 모터스, 스탠더드 오일(엑손 모빌의 전신), 에틸 등 4사는 시장에서 가연 휘발유를 거둬들이면서, 이 제품이 건강에 끼치는 영향을 조사하기 위한 청문회를 열어줄 것을 공중위생국장에게 요청했다. 당시 노동자들은 납 중독의 초기 증상인 심각한 환각장애에 시달렸고, 일반 대중도 납 중독의 공포에 떨었다. 한 연구보고서는 연구 작업에 허용된 시간 안에는 가연 휘발유가 건강을 해친다는 명백한 증거를 발견하지 못했지만, 그것을 안전하게 생산하는 방법은 있는 것으로 확인됐다고 보고했다. 대중은 이런 보고에 안심하는 듯했고, 기업들은 안전한 대안을 알고 있었음에도 가연 휘발유를 계속 만들어냈다.

그렇게 40년이 흐른 뒤에 납이 자동차의 배출통제 시스템을 파괴한다는 사실이 발견됐다. 미국에서는 가연 휘발유의 역사가 이렇게 막을 내렸다. 그러나 세계의 다른 많은 나라들에서는 가연 휘발유의 역사가 계속 되풀이되고 있다. 에틸은 미국과 유럽을 제외한 전 세계에 휘발유 첨가제용 납을 팔고 있다.

로 치료를 받는 어린이 수가 비정상적으로 많다는 게 확인된 것이다. 주주행동주의 펀드회사인 월든 캐피털을 비롯한 기관 주주들이 문제점을 인식하고 대화에 나섰다.

때로는 대화가 상당히 직접적인 결과를 가져오기도 한다. 주주행동주의자들이 윈-딕시 스토어스의 경영진을 만나 평등고용 관련 정보를 공개할 것을 요구했을 때가 바로 그랬다. 주주행동주의 활동가들이 나선 것은 이 회사가 1999년에 성차별과 인종차별에 관련된 3300만 달러짜리 소송에서 타협을 했다는 사실이 알려지면서다. 회사 경영진은 이 문제에 관심이 있는 투자자들에게 정보를 공개한다는 데 동의했다. 주주들이 다양성 보장을 위한 기업의 노력에 관련된 정보를 받게 된다면, 그 회사 경영진은 좀더 열심히 다양성 보장을 위해 노력할 것이다.

1999년에 홈 데포는 오래된 자연림의 목재로 만들어지는 제품의 판매를 점차 줄여가겠다고 발표했다. 이런 발표는 3년간에 걸친 주

데니스 레스토랑의 다양성 개선

1990년 초만 해도 데니스 레스토랑(Denny's Restaurant)은 '차별'이라는 말과 거의 동의어로 통했다. 회사는 각각의 레스토랑들에서 자행된 차별행위로 인해 미디어의 공격을 받았고, 법정에서도 시달렸다. 1993년에 데니스 레스토랑의 체인점 주인들 가운데 흑인은 단 한 명뿐이었고, 이사회 구성원 가운데 소수인종도 단 한 명뿐이었다. 그러나 그로부터 5년 뒤에는 소수인종이 회사의 737개 체인점 가운데 35%와 이사회 구성원의 3분의 1을 차지하기에 이르렀다. 이는 모 회사인 어드밴티카(Advantica)가 획기적인 개혁을 해야 할 필요성을 느끼고 그에 따라 행동한 결과였다.

주대화의 결과로 나온 것이었다. 그동안 환경보호론자, 관심 있는 주주, 회사 경영진 사이에 일련의 회의가 열렸다. 소비자들은 회사의 상점들 가운데 일부를 선별해 불매운동을 벌였고, 생태가 위태로운 지역에서 목재를 베어다가 제품을 만드는 데 대한 부정적인 여론의 압력이 가해졌다. 이 문제는 대중적인 관심사로 부각됐다. 홈 데포는 환경보호론자들로부터 상당히 좋은 평가를 듣고 있었다. 이 체인스토어 회사는 같은 업종에서 환경친화적인 제품들을 공급하기 시작한 첫 번째 업체였다. 홈 데포의 경영진은 환경 분야에서 쌓아온 자사의 이 같은 선도적 위상을 그대로 유지해 나가기로 결정했던 것이다.

이런 사례는 고무적인 성공의 일화들이다. 비록 커피 생산 카르

청각장애인과 광고 자막

대부분의 사람들은 텔레비전에서 좋아하는 프로그램을 볼 때 상업광고가 나올 때만 소파에서 일어난다. 그러나 슈퍼볼이 중계될 때는 경기보다 기발한 광고가 오히려 더 중요해 보이기도 한다. 34회 슈퍼볼 때 텔레비전에 방영된 광고 69개 중 17개만이 자막을 내보냈다. 이는 청각장애자들을 위한 감시활동 사이트(www.captions.com)가 확인한 것이다. 이런 관행은 슈퍼볼 방송을 지켜 본 미국 내 2400만 명의 듣지 못하는 고객층을 무시한 행동이다. 많은 수의 청각장애인들은 광고의 자막이 어느 물건을 살 것인가를 결정하는 데 중요한 요인이 된다고 생각한다. 텔레비전 프로그램의 자막을 만드는 회사인 내셔널 캡셔닝 인스티튜트에 따르면 청각장애 시청자들 가운데 66%는 자막 있는 광고를 내보내는 상품을 구매하며, 35%는 자막을 보고 구매할 상품을 바꾼다. 이 회사의 판매 및 마케팅 담당 이사인 카렌 오코너는 "그들은 자막이 나오는 광고를 보고 필요한 제품을 사거나 구매할 상품을 바꾼다. 수천만 명의 고객을 무시하는 것은 문제"라고 말했다.

텔이 용병을 운영하고 있고, 차별은 아직 끝나지 않았고, 오래된 자연림의 벌목이 멈추지 않았지만, 관심 있는 주주들이 나서지 않았을 때보다는 모든 게 더 나아지고 있다. 직접대화는 좋은 전술이고, 즉시 결과를 얻을 수 있다. 직접대화는 새로운 이슈들을 평가하는 틀을 만들어내고, 다른 기업들이 따라 할 수 있는 모델을 제시하고, 경영자들로 하여금 주의를 기울이게 한다.

남아프리카공화국 운동이 성과를 거둔 이래 담배 문제만큼 미국 대중의 관심과 주의를 끈 이슈는 없었다. 사회적 투자자들에 대한 그 어떤 조사에서도, 그들이 가장 일반적으로 사용하는 투자기준이 담배 기피다. 담배 반대운동을 연구해보면 직접대화가 폭넓은 풀뿌리 운동을 강화시킬 수 있음을 알 수 있다.

담배 반대운동

흡연에 대한 태도의 변화는 지난 15년 동안 미국 사회에서 벌어진 가장 혁명적인 변화들 가운데 하나다. 이는 동시에 진행된 여러 가지 큰 변화들이 합쳐지면서 이루어진 결과다. 우선 미국인들이 대체로 건강을 더 많이 의식하기 시작했다. 아울러 흡연에 대한 과학적인 연구 결과가 대중에게 더 널리 알려졌고, 담배 관련 질병들이 보건체제에 끼치는 영향의 수치화가 더욱 진전됐다.

나는 매사추세츠주 케임브리지에서 증권 브로커 일을 할 때 첫 임신을 했다. 당시 회사 내 흡연은 당연한 것으로 여겨졌다. 내가 일하는 작은 사무실에는 담배 피우는 사람이 네 명이었고, 그들은 우리 세일즈 팀의 절반이었다. 그들은 나의 임신기간 내내 사무실에서 담배 연기를 뿜어냈다. 1982년 당시에는 흡연이 그들의 당연한 권리가 아니라고는 나도 생각하지 못했다. 그런데 그 후 10년 동안 용감한 사람들이 자신들 앞에서는 담배를 피우지 말 것을 요구했고, 담배연기 없는 환경을 요구했다. 10대 흡연 문제도 등장했고, 젊은 사람들 사이에 담배를 멋있는 것으로 조장하는 광고에 대해서도 문제제기가 이뤄졌다.

RJR 나비스코(지금은 RJ 레이놀즈)의 만화 캐릭터 조 카멜은 미국 문화에서 가장 잘 알려진 캐릭터 가운데 하나였다. 1991년에 미국에 사는 여섯 살짜리 어린이들 가운데 91%가 조 카멜 만화를 담배 그림과 짝짓기 할 수 있었다. 이는 미키마우스와 같은 수준이었다. 회사가 조 카멜을 내세운 광고 캠페인을 시작한 뒤 첫 2년 동안 18살 이하 청소년 시장에서 카멜 제품의 점유율은 0.5%에서 32.8%로 급속히 올라갔다. 이 같은 시장점유율 확대로 RJR 나비스코의 연간 매출액은 4억 7600만 달러나 늘어났다. 조 카멜이 등장한 뒤 카멜 담배를 피우는 청소년의 숫자는 50%나 늘어났다.

이런 증거들에도 불구하고 RJ 레이놀즈[19]는 어린이들은 그들의 광고 대상자가 아니었다고 주장했다. 부모와 주주행동 활동가들은, 네슬레 제품 불매운동 때 활동을 시작한 비영리 단체인 인팩트(INFACT)와 힘을 합쳐 조 카멜 광고를 중단할 것을 요구하고 나섰다. 광고의 의도가 어린이들을 목표로 했든 아니든 실제로 수많은 어린이들이 광고에 반응을 보였다는 이유에서였다. 이 운동은 성공적이었다. 주주행동주의 활동가들은 '멋있는 카멜' 광고를 중단할 것을 요구하는 주주결의안을 주주총회에 제출함으로써 이 운동을 뒷받침했다.

담배에 반대하는 논쟁은 RJ 레이놀즈의 주주총회에 국한하지 않았다. 자선수녀회(Sisters of Charity)나 머시 헬스케어(Mercy Healthcare)와 같은 가톨릭계 여성단체들이 운영하는 헬스케어 체인들도 목소리를 높였다. 그들은 건강 비즈니스에 종사하고 있었고, 담배회사 주식은 갖고 있지 않았다. 그들은 담배 반대운동을 더욱 발전시킬 수 있는 방법을 찾았다. 그들은 비행기와 식당에 담배연기 없는 환경을 만들어줄 것을 요구하는 주주결의안을 관련 기업들의 주주총회에 제출했다. 그들은 또 대기업들에게 담배사업 부문을 처분할 것을 요구했다. 그리고 담배를 파는 기업의 주식을 건강보험 회사나 생명보험 회사가 소유하는 것이 갖는 도덕적 의미를 고려해 보았는지를 묻는 주주결의안을 보험회사들의 주주총회에 제출했다.

곧 주 정부들이 끼어들기 시작했다. 담배로 인해 초래된 보건비용을 보상하라는 것이었다. 손해배상 청구액 규모가 수십 억 달러에 이르러 담배회사들의 잠재수익을 크게 떨어뜨리는 동시에 담배를 허용하는 데 따르는 위험도를 크게 높였다. 빠져나올 수 있는 자들은 재빨리 빠져나왔다. 항공사와 레스토랑들은 금연을 내걸었고 병원, 공공건물, 마침내는 사무실 빌딩에서도 흡연이 금지됐다. 흡연 반대 분위기를 확산시키는 데 인터넷이 주도적인 역할을 했다. 겟아우트레이지드(Get Outraged)나 더 트르스(The Truth)와 같이 젊은 사람들을 대상으로 운영되는 인터넷 사이트들이 중요한 역할을 했다. 흡연 반대 단체들은 광고업체 밀집지역이자 담배회사들의 홈 그라운드나 다름없는 뉴욕의 메디슨가에서 담배회사들을 수세에 몰아넣는 캠페인을 시작했다. 이 캠페인은 미스터리물, 영화, 만화와 같은 대중문화를 폭넓게 포용하면서 진행됐다. 게리 트루도의 만화 《둔스버리(Doonesbury)》는 이런 논쟁을 더욱 부각시키는 역할을 했다.

10~15년 정도의 비교적 짧은 기간에 미국 전체의 분위기가 완전히 바뀌었다. 이제 흡연을 하려면 일정하게 지정된 좁은 구석장소를 찾아가야 한다. 흡연 장소는 대개 건물 뒤쪽의 구석에 지정된다. 정문 앞에서 수십 명의 흡연자들이 담배를 피우고 도로 변에 꽁초를 버리는 불쾌한 모습을 지나가는 사람들에게 보이지 않기 위해서다. 그러나 다른 나라들에서는 아직 갈 길이 멀다. 1999년에도 대형 담배회사들은 310억 달러 이상의 매출 실적을 올렸다. 지금도 8초마다 한 명씩 흡연으로 인한 죽음이 계속 이어지고 있고, 담배산업은 세계에서 가장 큰 산업 중 하나로 유지되고 있다.

환경과 주주행동주의

1989년 3월 24일 미국 원유 운반선인 엑손 발데즈가 알래스카의 프린스 윌리엄 사운드에 있는 암초에 충돌했다. 그 후 이틀 동안 무려 26만 배럴의 원유가 깨끗한 바다에 쏟아져 들어갔다. 미국 역사상 최악의 원유유출 사고였다. 유출된 기름은 1100마일의 해변을 뒤덮었다. 수만 마리의 바다 포유동물과 새들이 죽었다. 엑손은 몇 년에 걸친 재판 끝에 유죄 판결을 받았고, 50억 달러의 벌금형을 선고받았다.[20] 28종의 피해 생물종들 가운데 바다수달과 대머리독수리 등 두 종만이 유출사고 이전 수준으로 회복됐다. 범고래를 비롯한 다른 생물종들은 회복될 조짐을 보이지 않고 있다.

재앙에 가까운 기름 유출에 대해 가장 직접적으로 반응한 집단은 환경보호론자, 사회책임투자자, 교회, 그리고 공적인 이익단체 등이었다. 이들은 사고선박의 이름을 따서 '발데즈 원칙'이라는 환경 행동규범을 만들었고, 이것에서 오늘날의 '세레스 원칙'으로 발전했다.[21] 트릴리엄 자산운영사를 창설한 조안 바바리아는 그녀의 폭넓은 네트워크를 활용해서 행동규범을 작성하고 그 행동규범을 기업의 주주총회에서 관철시키는 노력을 할 사람들을 한데 모았다. 트릴리엄 자산운영사과 같은 사회책임투자자들은 기업들에 대해 이 행동규범을 수용하고 지속적으로 환경적인 측면에 관한 보고를 하도록 요구하는 내용의 주주결의안을 제출했다. 그 결과 2000년 현재 제너럴 모터스와 같은 거대 기업들을 포함해 70개 이상의 상장기업들이 세레스 원칙을 실천하기에 이르렀다. 특히 제너럴 모터스는 생태적으로 건전한 회사운영과 함께 표준화된 환경관련 보고를 하겠다고 약속했다. 세레스에 참여한 멤버들은 현재 1500억 달러에 이르는 자산을 운영하고 있으며, 그 영향력이 미치는 범위는 상당히 넓다.

담배 문제에서 보듯이 사회적 투자자들은 풀뿌리 단체들의 노력을 지원했다. 처음 몇 년 동안은 사회책임투자를 하는 뮤추얼펀드와 종교적인 투자를 하는 단체들이 대화를 주도했다. 환경 관련 단체나 재단들의 역할은 크지 못했다. 이는 그들이 이 문제에 신경을 쓰지 않았기 때문이 아니라, 주주행동주의 활동을 할 배경을 갖고 있지 못했기 때문이다. 충분한 대화경험과 더불어 대화를 계속 진행시켜 나갈 의지를 가진 쪽은 교회와 사회책임투자자들이었다. 그러나 환경보호론자들이 없었더라면 세레스 원칙과 같은 행동규범이 만들어지기 어려웠을 것이다. 그리고 사회책임투자자들이 없었다면 세레스 원칙은 누군가의 서재 책장에 꽂힌 채 먼지만 뒤집어쓰고 있었을 것이다. 이 운동은 풀뿌리 활동가들과 사회책임투자 분야 사이의 밀접한 협력 관계가 진정한 진보에 어떻게 기여해왔는지를 보여준 사

주주행동주의의 국제적 작동 사례

프랑스에서는 주주행동주의라는 말을 거의 들을 수 없었다. 그러나 프랑스의 다국적기업인 이메리스(Imerys)에서 일하는 미국인 노동자들의 사례는 세계화 추세 속에서 주주행동주의가 국제적으로 어떻게 가동되는지를 보여준다.

2000년 파리에서 열린 이메리스의 주주총회에서 미국인 주주들이 이 회사의 미국 앨라배마 공장에서 일어난 노사분규에 대해 문제제기를 했다. 앨라배마 공장의 노사갈등은 1999년 6월부터 시작됐다. 회사 경영진이 '제지 및 관련산업, 화학, 에너지 노조(PACE; Paper, Allied-Industrial, Chemical & Energy Workers' Union)'를 인정했던 입장을 철회하고 단체협약을 거부했기 때문이다.

PACE는 소속 노조원들의 대표 노조로 인정받기 위한 국제적인 운동에 착수했다. 2000년 2월 미국의 전국 노사관계위원회는 노동자들의 단결권을 침해했다는 이유로 회사를 고소하겠다고 압박을 가했다. 그러던 중 연례 주주총회에서 주주들이 행동에 나섰다. 이 주주총회 이후 PACE의 조직 책임자인 조 드렉슬러는 "6개월 전에 비해 상황이 훨씬 나아졌다"고 말했다.

기업의 고객서비스 개선 사례들

KLD의 리서치 담당 이사인 스티븐 라이든버그는 기업들이 높은 품질의 제품을 공급하고 신속한 고객 서비스를 제공하기 위해 어떤 노력을 기울이고 있는지를 보여주는 6가지 사례를 소개했다.

- **아빈메리터(ArvinMeritor, Inc.)**는 자동차 산업에 고품질의 부품과 장비를 생산 공급하고 있다. 회사는 2000년 5월 제너럴 모터스로부터 '1999년도 모범 납품업자 상'을 받았고, 이에 앞서 1999년 3월에는 '고속도로 평행사변형 트레일러 에어서스펜션 시스템'이라는 제품으로 '자동차 완제품의 성능 개선에 기여한 모범 납품업자 상'을 받았다.
- **커머스 뱅코프(Commerce Bancorp, Inc)**는 뉴저지주에 소재하는 은행으로, 다른 거대 은행들과 고객 서비스 경쟁을 벌이고 있다. 이 은행은 수표 발행 수수료를 없애고, 연중무휴 서비스를 제공한다. 아울러 고객 개개인에게 특별하고 개인화된 서비스를 제공하는 '고객감탄 서비스' 교육을 실시하고 있다.
- **어스링크(Earthlink, Inc)**는 정보를 추구하는 인터넷 서비스 공급회사다. 회사의 마인드스프링 부문은 고객에 대한 서비스를 핵심 가치로 삼고 있다. 이 부문은 정기적으로 고객만족 조사를 하고, 고객들이 스스로 문제를 해결할 수 있도록 돕기 위해 충분한 인력을 갖춘 전화응답 서비스를 제공하고 있다.
- **솔렉트론(Solectron Corp.)**은 전사적 품질관리의 원칙에 충실한 가전제품 제조회사다. 회사는 '맬컴 볼드리지 품질 상'을 두 번이나 수상했으며, 주문된 제품의 공급에 99.9%의 정확성을 자랑한다.
- **사우스웨스트 항공(Southwest Airlines Co.)**은 고객에 대한 서비스를 매우 성공적으로 강화한 항공사다. 회사는 고객에게 헌신적인 직원들에게 '마음의 영웅'이라는 이름의 상을 준다.
- **테넌트(Tennant Co.)**는 오래 전부터 고객에 대한 질 높은 서비스를 강조해온 청소대행 서비스 회사다. 회사는 솔벤트를 사용하지 않는 바닥 재코팅 시스템을 공급한다. 에코라인(EcoLine)사업부는 회사 전체에서 25%의 비중을 차지한다.

출처: www.kld.com

례였다.

처음에는 벤 앤드 제리스, 보디숍, 세븐스 제너레이션과 같은 적극적인 기업들만이 환경영향에 관한 보고서를 매년 펴내기로 약속했다. 그러나 1993년에는 〈포천〉의 500대 기업들 가운데 처음이자 석유회사들 가운데서도 처음으로 소노코가 세레스 원칙에 서명했다. 오늘날에는 수십 개의 대기업들이 세레스 원칙에 서명했거나, 이 원칙이 공개를 요구하는 정보의 대부분을 담은 연례 감사 보고서를 제공하는데 동의했다. 매년 새로운 기업들과 대화가 시작되고, 그들도 세레스 원칙에 서명할 것을 요구받는다. 세레스 원칙이 만들어짐으로써 비로소 포괄적인 환경 감사가 시작됐고, 그 결과 각 지역사회는 그들의 뒷마당에서 무슨 일이 일어나고 있는지를 더 자세히 알 수 있게 됐다.

글로벌 리포팅 이니셔티브(GRI: Global Reporting Initiative)는 발데즈 기름유출 사고를 계기로 시작된 노력들 가운데 비교적 최근의 사례다. 이런 가이드라인들은 각 기업의 경제적, 환경적, 인간적 책임들을 명확하게 인식하게 한다. 세레스를 중심으로 기업의 사회적 책임에 관한 연구자들의 세계적 연대와 관심 있는 시민들, 그리고 비정부 기구들이 힘을 합친다.

GRI에 관해 기업들과 이루어지는 직접대화를 통해 착취공장의 노동조건에서부터 환경적 지속가능성에 이르기까지 폭넓은 이슈들이 하나의 개념으로 묶일 수 있게 됐다. 여기서 하나의 개념이란 '기업 수준에서의 지속가능성'이다. 환경적 재앙에서부터 포괄적인 지속가능성 이니셔티브에 이르기까지 다양한 활동들이 이 개념에 입각해 이루어진다.

좀더 쉬운 주주행동의 방법

개인투자자의 입장에서는 주주행동주의가 너무 거창하다고 여겨질 수 있다. 이렇게 생각하는 개인투자자라도 영향력을 발휘할 수 있는 매우 간단한 방법들이 있다. 우선 자기 이름으로 투자한 기업의 주주총회에 직접 참석하지는 못하더라도 위임장을 통해 투표에 참여하는 방법이 있다. 이렇게 하기 위해 먼저 경험 많은 주주행동주의 활동가들에게 그들이 나서야 한다고 생각되는 이슈를 알리거나, 그들이 하고자 하는 일을 도우려고 하니 관련 정보를 계속 알려달라고 요청할 수 있다. 또는 자신이 투자한 뮤추얼펀드를 운영하는 회사에 부탁해 자신의 위임 투표를 주주총회에 전달해 달라고 요청할 수 있

리오 틴토에 대한 국제적 압력

광업 분야의 대기업인 리오 틴토(Rio Tinto)는 2000년 5월 10일 런던에서 열린 주주총회에서 주주들로부터 거센 공격을 받았다. 주주들은 국제노동기구(ILO)의 노동헌장을 준수할 것을 요구하는 주주결의안을 제출했다. 국제적인 노조 조직이 ILO의 강화된 노동기준을 수용하지 않을 경우 대응에 나서겠다고 리오 틴토를 위협했다. 모두 650억 파운드의 자산을 운영하는 기관투자가들도 리오 틴토에 압력을 가했다. '화학, 에너지, 광업 및 일반 노조 국제연맹'의 잭 메이트랜드 위원장은 "우리 노조원들은 광업 대기업뿐 아니라 전체 다국적 기업들과 사회적 대화를 갖고 싶다"고 말했다.

다. 뿐만 아니라 뮤추얼펀드에게 특정 이슈에 대한 찬성투표를 해달라고 요구할 수도 있다. 주주권 행사에 적극적인 사회적 투자자들이 움직일 수 있는 투자자산 규모는 1999년 현재 9220억 달러에 이른다. 누구든 그들의 노력을 뒷받침해줄 수 있다.

만약 당신이 일정 기간 동안 어떤 기업의 주주였던 경험이 있다면 겉봉에 '중요한 위임장 자료가 들어있으니 즉시 개봉해 확인하시기 바랍니다'라는 문구가 적힌 커다란 봉투를 받은 적이 있을 것이다. 그리고 아마 대부분 그 봉투를 무시했을 것이다. 그러나 여기까지 읽는 동안 아무리 작은 투표라도 적극적인 의미를 담아 그것을 실천한다면 상당한 효과를 거둘 수 있음을 알게 됐을 것이다. 그러니 앞으로는 그 같은 봉투를 받으면 안에 담긴 자료들을 열심히 읽고 나서 투표에 참가하기 바란다.

주주결의안이 안건에 전혀 포함되지 않은 주주총회 자료가 행동

온라인 주주대화 창구

세계 최대의 소매업체인 월마트(Wal-Mart)는 사회책임투자자들의 표적이 되고 있다. 사회책임투자자들은 이 회사의 결점에 대해 우려의 목소리를 내고 있다. 주주들은 월마트가 자사의 경쟁력을 강화하는 데 치중하느라 인권, 노동자 다양성, 환경개선과 같은 사회적 이슈들에 대해서는 주의를 게을리 하고 있다고 느꼈다.

이런 기업에 대해서는 비영리 조직인 '씨 뿌리는 대로(As You Sow)'의 웹사이트 (www.asyousow.org)를 활용할 수 있다. '씨 뿌리는 대로'는 기업의 사회적 책임성을 증진시키기 위한 활동에 인터넷을 적극 활용하고 있다. 누구든 이 웹사이트를 통해 월마트와 같은 주요 기업의 최고경영자에게 전자 청원을 하는 방식으로, 해당 기업에 제출된 특정한 주주결의안을 지원하거나 해당 기업의 활동에 대해 특정한 기준을 요구할 수 있다.

의 기회를 줄 수도 있다. 내 경우, 여성이나 소수민족 출신이 다만 몇 명이라도 들어있지 않은 이사회 구성안에 대해서는 반대투표를 한다. 한 걸음 더 나아가 나는 내가 던진 투표를 복사한 다음 그것을 편지와 함께 우편으로 해당 기업 경영자에게 보낸다. 편지에는 이런 글을 써넣는다. "당신들이 전체 인구구성을 반영하는 이사회를 구성하는 노력에 착수하지 않는다면 나는 계속해서 당신들이 낸 이사회 구성안을 거부할 것입니다." 이런 나의 행동에 대한 기업 경영진의 반응은 무시 또는 무례함에서 적극적인 태도까지 다양하다.

주주결의안에 투표를 하면 뜻하지 않은 좋은 부수효과를 얻을 수 있다. 투표를 하기 위해 기업에서 보내온 자료를 열심히 읽는 주주는 정보에 밝은 투자자가 될 수 있다. 이런 과정에서 주주 또는 투자자로서 취하는 발걸음 하나하나는 자신의 투자대상 주식목록에서 실적이 좋지 않을 주식을 배제하고 성장성 있는 주식을 사들이는 데 도움이 될 것이다.

'종파를 초월한 기업책임성 센터(ICCR)'는 주주행동주의를 위한 정보교환 창구로서 핵심적인 역할을 하고 있다. ICCR의 구성원들은 흔히 어느 한 활동가가 자기 노력을 들여 어떤 이슈에 대해 경보를 발령하면서 관심을 가지게 된다. 어린이용 방송 프로그램의 폭력성 문제나 위험한 작업환경과 같은 이슈들이 이 네트워크를 통해 제기되어 대화로 이어졌다. ICCR은 여러 가지 이슈들이 제기될 때 각각의 구성원들이 어느 이슈에 관심을 가질 것인지를 스스로 결정할 수 있는 느슨한 연대의 틀로 운영된다. ICCR의 소식지인 〈코퍼릿 이그재미너(The Corporate Examiner)〉를 정기구독하면, 어느 시점에

서도 그때 진행되고 있는 200개 이상의 행동들에 대한 정보를 저렴한 비용으로 쉽게 얻을 수 있다.[22]

조금이라도 자신이 알 만한 이슈에 관한 대화가 진행되고 있다는 사실을 안다면 스스로 도움의 손길을 내밀 수 있을 것이다. '지구 기후연합(Global Climate Coalition)'은 지구 온난화 현상이 실제로 존재하는지를 의문시하는 에너지 회사 및 자동차 회사들의 협회다. 제너럴 모터스는 2000년 봄에 이 협회에서 탈퇴하기로 결정했다. 제너럴 모터스가 이런 결정을 한 데는 지구 기후변화에 대한 증거가 점점 더 많이 축적되고 있다는 점이 부분적인 이유로 작용했다. 제너럴 모터스에 이어 포드자동차, 다임러크라이슬러, 텍사코, 더 서던 컴퍼니도 협회 탈퇴를 결정했다. 제너럴 모터스의 탈퇴 결정은 기록적으로 따뜻했던 겨울을 지내고 나서 이뤄졌다. 도미니크 수녀회의 패트리샤 데일리 수녀와 같은 활동가들이 회사와 대화에 나선 것도 큰 영향을 끼쳤다. 이들은 화석연료가 자연에 끼치는 영향에 대해 잘 아는 '국립해양 및 대기관리'의 과학자들이 생산해낸 정보들로부터 많은 도움을 받았다. 데일리 수녀는 이렇게 지적했다. "지구 온난화의 영향이 심각해지고 있습니다. 기업들과 국가들은 이에 적극 대처해야 합니다."

1999년 4월 내가 사장으로 있는 도미니 사회주식펀드는 뮤추얼펀드로서는 처음으로 주주총회 투표 내역을 웹사이트에 공개했다. 나는 각종 주주결의안에 대해 뮤추얼펀드들이 취한 입장을 공개함으로써 펀드의 투명성을 높이는 계기로 활용하고자 했다. 미국에서 가장 오래 전부터 사회책임투자를 해온 팍스 월드 펀드도 이제는 투표정책을 공표하고 있다. 뿐만 아니라 교직원연금기금과 뱅가드도 그렇게 할 것이라고 밝혔다. 그러나 투표내역을 공개하는 펀드의 숫자는 아직 한 손에 헤아릴 정도에 그친다.

뮤추얼펀드에 투자한 돈은 투자자들의 것이다. 뮤추얼펀드에 투자한 사람은 펀드를 운영하는 회사가 환경 기준이나 착취공장에 대한 하청계약을 통제하는 기준을 수립하기 위한 주주결의안에 찬성투표를 하는지 반대투표를 하는지 알 권리를 갖고 있다. 이러한 일들이 닫힌 문 뒤에서 은밀하게 이뤄지는 것은 결코 용납될 수 없다. 주주대화에 관심을 갖고 있는 투자자들은 뮤추얼펀드 매니저들에게 전화를 걸어 어떤 이슈에 대해 어떻게 투표를 하고 있는지를 문의하는 비공식적 캠페인을 시작하고 있다. 뮤추얼펀드의 투자자들이 스스로 자신들의 의견을 알리는 것은 매우 중요하다. 투자자들은 이렇게 함으로써 미국 금융자산의 거의 절반을 보유하고 있는 뮤추얼펀드에서 이뤄지는 주주총회 투표의 책임성을 높이는 데 일역을 담당할 수 있다. 이는 시급한 일이다.

뮤추얼펀드 투자자들이 더 많은 투명성을 요구하는 것은, 펀드가 어떻게 투표를 해야 하는지를 펀드매니저에게 분명히 알리기 위한 것이다. 투자자들이 나서지 않는다면 펀드매니저들은 경영진의 지시에 따를 뿐 환경이나 인권에 대한 자신들의 책임은 도외시할 것이다. 만약 펀드의 주인인 투자자들이 환경이나 인권에 지대한 관심을 갖고 있음을 펀드매니저들이 알게 되면 그들은 적극적으로 대응해 사회적 책임성을 더욱 뒷받침할 것이다. 그럴 경우 환경이나 인권에 관한 논쟁은 커다란 힘을 얻게 된다. 뮤추얼펀드들은 미국에

본사를 둔 기업들의 주식 4조 2000억 달러어치를 보유하고 있다. 만

미국 내 노조가입률 24대 기업

기업 이름	노조 가입률(%)
세이프웨이(Safeway Inc.)	90
벌링턴 노던 산타 페(Burlington Northern Santa Fe Corp.)	88
그레이트 어틀랜틱 앤드 퍼시픽 티(Great Atlantic & Pacific Tea Co., Inc.)	88
옐로(Yelow Corp.)	86
노포크 서던(Norfolk Southern Corp.)	85
유에스항공(US Airways Group, Inc.)	84
사우스웨스트항공(Southwest Airlines Co.)	83
콘솔리데이티드화물(Consolidated Freightways Corp.)	82
유에이엘(UAL Corp.)	82
에이엠아르(AMR Corp.)	80
알래스카항공(Alaska Air Group, Inc.)	77
베들레헴 스틸(Bethlehem Steel Corp.)	77
델파이 오토모티브 시스템스(Delphi Automotive Systems Corp.)	77
로드웨이 익스프레스(Roadway Express, Inc.)	75
콘솔리데이티드제지(Consolidated Papers, Inc.)	73
노스웨스트 내추럴 가스(Northwest Natural Gas Co.)	73
유니언 퍼시픽(Union Pacific Corp.)	73
크로거(Kroger Co.)	70
에스비시 커뮤니케이션스(SBC Communications Inc.)	70
벨 애틀랜틱(Bell Atlantic Corp.)	69
내비스타 인터내셔널(Navistar International Corp.)	69
나이아가라 모호크 홀딩스(Niagara Mohawk Holdings Inc.)	69
아메렌(Ameren Corp.)	68

출처: www.kld.com

약 뮤추얼펀드들이 투자자의 지갑을 불려준 데만 집착하지 않고 모든 이들을 두루 지원하는 태도로 운영된다면 세상사의 방향을 바꿀 수 있다.

사회적인 주주결의안을 통한 직접대화는 실질적인 효과를 낳을 수 있는 흥미롭고 역동적이며 성공의 가능성이 높은 방법이다. 때로는 먼저 주식을 산 뒤 주주로서 대화를 통해 기업에 변화를 일으키는 것이 더 나을 수도 있다. 하지만 이렇게만 하는 것은 한 손을 뒤로 묶인 채 전투에 참여해 전과를 얻을 수 있다고 기대하는 것과 같다. 사회적 투자자로서 우리는 우리가 갖고 있는 모든 수단들을 다 사용해야 한다. 주주행동주의는 그 가운데 하나일 뿐이다. 사회적인 투자자로서 나는 기업의 행위를 관찰하고 그 결과를 반영해 투자를 하는 포트폴리오 스크리닝, 특정한 이슈에 대해 치료 효과를 거두기 위한 주주행동주의 활동, 곤경에 처한 지역사회를 되살리기 위한 지역사회 경제개발 등 세 가지 방법을 모두 사용한다.

5장

지역사회도 투자로 변화시킬 스 있다

자선행위 자체는 칭찬할 일이지만, 자선행위를 필요ㅎ·게 만든 경제적 부정의를 간과해서는 안 된다.

– 마틴 루터 킹

주주행동주의의 관점에서 대기업에 초점을 맞추다 보면, 썩어가는 도시에서 여러 명의 부양가족을 데리고 문명사회라면 용납되지 못할 환경 속에 살아가는 사람들을 잊기 쉽다. 이런저런 이유로 많은 사람들이 경제적 주류에서 배제됐고, 1990년대 경제호황은 소외된 사람들의 비참함만 더 키웠다. 예를 들어 캘리포니아에서 소득 하위 20%에 속하는 사람들의 구매력은 1988년부터 1998년 사이에 10.3%나 하락했다.

도움이 필요한 이들에게 도움의 손길을 내미는 것은 어려운 일이 아니다. 당신이 지역사회개발 은행이나 신용조합과 거래하면 필요한 기본적인 금융 서비스를 제공받는 동시에 지역사회의 엄청난 난제를 해결할 수 있도록 이들 기관들의 능력을 키울 수 있다. 지역사회개발 대출펀드나 은행, 신용조합에 현금을 예치하는 것은 자선행위가 아니다. 지역사회개발 금융기관(CDFI; Community Development Financial Institution)은 도움이 필요한 모든 사람들에게 자립할 수 있는 힘을 불어넣어 준다.

지역사회개발 금융기관은 투자자와 도움이 필요한 사람을 직접 연결해 준다. 그런데 지역사회개발 금융기관들은 한 가지 문제점을 공유하고 있다. 그것은 도움을 필요로 하는 사람들의 수요에 부응하기에는 자금여력이 부족하다는 점이다. 바로 이 점에서 투자자들의 참여가 필요하다. 지역사회개발 금융기관은 자신의 과업을 수행하기 위해 비영리 조직, 정부 산하기관, 각성한 시민을 비롯해 모든 가능한 재원을 찾아내 제휴한다. 시카고에 있는 쇼어뱅크의 사례로 살펴본 것처럼 지역사회개발 금융기관은 지역사회 외부에 있는 사람이나 기관으로부터 예금을 유치하는 데 적극적이어야 한다.

지역사회개발 금융기관에는 지역사회개발 대출펀드, 지역사회개발 은행, 지역사회개발 신용조합 등 3가지 종류가 있다. 이들 지역사회개발 금융기관들은 위기에 빠진 사람들에게 대출해준다. 이들의 대손비율은 다른 일반적인 금융기관들이 부끄러워해야 할 만큼 낮다. 이런 사실은 저소득층이 대기업들보다 오히려 대출금 상환율이 높다고 생각한 많은 사람들의 기대가 옳았음을 보여준다. 지역사회의 풀뿌리 대출기관들은 전 세계의 지역사회를 다시 활성화하는 중요한 역할을 담당하고 있으며, 양심적인 투자자들이 그들을 돕고 있다.

지역사회개발 대출펀드

지역사회개발 대출펀드(CDLF; Community Development Loan Fund)는 여러 자금원에서 돈을 빌려 차입자들에게 대출해주는 비영리 기관이다. 지역사회개발 대출펀드는 차입자가 시도하는 사업을 성공시키기 위해 필요한 자금과 건물을 지원하며 각종 기술적인 문제도 돕는다. 차입자들은 대개 지역사회개발 대출펀드 말고는 다른 어떤 금융기관에서도 대출을 받을 만한 신용 요건을 갖추지 못한 사람들이다. 지역사회개발 대출펀드는 가장 위기에 빠진 사람들에게 가장 혁신적인 방법으로 도움을 준다.

흥미로운 사례는 맥콜리 인스티튜트가 미시시피주 북쪽의 한 농촌 지역에서 수행한 프로젝트다. 이 지역은 급격한 변화를 겪었다. 카지노들이 들어서기 시작하면서 이전에 농지로 쓰이던 토지를 다른 용도로 전환하면 더 많은 돈을 벌 수 있는 가능성이 생겼기 때문이다. 급기야 1994년 이 지역의 윌스라는 마을에서 위기가 발생했다. 이 마을 소작농 11가구가 살던 집에서 퇴거하라는 통보를 받았다. 성심회(Sacred Heart) 신부들이 이런 상황을 알리자 맥콜리 인스티튜트는 유니언 플랜터스 뱅크, 유나이티드 웨이 등 제휴관계에 있는 기관들과 함께 신속하게 대응했다. 이들은 이 지역 소작농들을 위해 38가구의 임대주택을 지었고, 그 임대료는 가계수입의 30%로 정했다.

그 운영방식은 이렇다. 우선 도시의 빈곤지역에서 활동하는 비영리 조직이 절망에 빠져 판잣집 앞에 쭈그리고 앉아 있는 사람들을 발견한다고 하자. 그들의 판잣집은 세금을 내지 않았다는 이유로 시 당국에 의해 압류돼 있다. 이때 비영리 조직은 판잣집을 지키기 위해 시 당국과 협상한다. 협상이 성공적으로 이뤄지더라도 시 건축 규정을 충족시키는 수준으로 판잣집을 개조하는 데는 시간이 촉박하다. 게다가 자재가 필요하고 돈도 들어간다. 하지만 그들에게는 협동주택에 살아본 경험이 없고, 그들 중 개인적으로는 차입금에 대

미국의 지역사회개발 대출펀드

다음은 미국에서 지역별로 가장 대표적인 지역사회개발 대출펀드들이다.

보스턴 커뮤니티 캐피털(Boston Community Capital)	주택, 사업
캐피털 디스트릭트 지역사회개발 대출펀드	주택, 사업
(Capital District Community Loan Fund)	
캐스캐디어 리볼빙 펀드(Cascadia Revolving Fund)	사업, 지역사회시설
시카고 지역사회개발 대출펀드(Chicago Community Loan Fund)	주택, 지역사회시설
커먼 웰스 리볼빙 대출펀드(Common Wealth Revolving Loan Fund)	주택, 사업
퍼스트 커뮤니티 펀드(Community First Fund)	주택, 사업
뉴잉글랜드 쿠아퍼레이티브 펀드(Cooperative Fund of NE)	주택, 사업, 지역사회시설
퍼스트 스테이트 지역사회개발 대출펀드	주택, 지역사회시설
(First State Community Loan Fund)	
플로리다 지역사회개발 대출펀드(Florida Community Loan Fund)	사업, 지역사회시설
제너시스 펀드(Genesis Fund)	주택, 사업, 지역사회시설
그레이터 뉴헤이븐 지역사회개발 대출펀드	주택, 지역사회시설
(Greater New Haven CLF)	
하와이 지역사회개발 대출펀드(Hawaii Community Loan Fund)	사업
일리노이 퍼실러티스 펀드(Illinois Facilities Fund)	지역사회시설

해 보증을 설 능력이 있는 이는 한 사람도 없다. 이런 주택개량 사업은 보통의 은행들이 요구하는 조건을 충족시키지 못하기 때문에 은행에서 돈을 차입할 수가 없다. 그러나 운이 좋은 소수에게는 답이 주어지기도 한다. 일부 비영리 조직은 지역사회개발 대출펀드라는 파트너를 만난다. 지역사회개발 대출펀드는 필요한 자금도 융자해 주고, 집 없이 살던 사람들이 협동주택 소유자로 살아나가는 데 필요한 지식을 가르쳐 주는 등 기술적인 지원도 한다.

라코타 펀드(Lakota Fund)	사업
뉴햄프셔 지역사회개발 대출펀드(New Hampshire CLF)	주택, 사업, 지역사회시설
뉴저지 지역사회개발 대출펀드 (New Jersey Community Loan Fund)	주택, 사업
뉴멕시코 지역사회개발 대출펀드(New Mexico CDLF)	주택, 사업, 지역사회시설
버몬트 지역사회개발 대출펀드(Vermont Community Loan Fund)	주택, 사업
우스터 주택공급(Worcester Community Housing Resource)	주택, 사업

다음은 미국 전역을 대상으로 대출 프로그램을 운영하고 있는 지역사회개발 대출펀드들이다.

지역경제 대출펀드 협회 (Institute for Community Economics Revolving Loan Fund)	주택, 지역사회시설
저소득 주택펀드(Low Income Housing Fund)	주택, 지역사회시설
매콜리 협회(McAuley Institute)	주택, 지역사회시설
머시 론 펀드(Mercy Loan Fund)	주택
비영리 자금 펀드(Nonprofit Finance Fund)	지역사회시설

출처: www.communitycapital.org

지역사회개발 대출펀드는 비영리 조직과 협력하여 작업을 진행하므로 프로젝트의 성공 가능성을 높여준다. 입주자가 3~4년간 집세를 미루지 않고 잘 내면, 그 사람에게는 은행과 같은 일반적인 금융기관을 소개해서 해당 입주자의 채무가 이전되도록 도와준다. 그러면 지역사회개발 대출펀드는 자금을 회수해, 다른 곤경에 처한 사람들을 위해 그 자금을 운영할 수 있다.

　　농촌지역 저소득층의 가장 보편적인 주거 형태는 아마도 차량에 딸린 이동식 트레일러 주택일 것이다. 그런데 미국 경제가 호황기를 거치면서 농촌 지역의 부동산 가격도 상승했다. 어느 노부부가 갖고 있던 땅을 22가족분의 트레일러 자리로 세놓은 경우를 상정해 보자.

지역사회 대출이 가능하게 한 일

엘로이자 메이르는 생애 최대의 프로젝트에 착수했다. 뉴저지주의 바인랜드에 52채의 독신자 주택을 짓는 일이었다. 코스타리카 출신인 메이르는 부동산 중개인이었는데 영어를 못하는 사람들이 주된 고객이었다. 메이르는 독신자 주택을 짓는 데 필요한 후원금을 모으기 위해 이웃집에서 시청에 이르기까지 모든 사람들을 만났다. 메이르는 중저 소득층 사람들에게 저비용 주택을 제공한다는 그녀의 목표를 열심히 설명했다. 뜨거운 호응이 일었다. 이렇게 해서 그녀의 프로젝트 '이스트 앤드 오크 에스테이트'를 짓는 공사가 시작됐다.

이 프로젝트는 630만 달러가 드는 사업이었다. 이 자금은 필라델피아의 재투자펀드 (Reinvestment Fund)가 도심지 주택소유 회복사업 및 뉴저지 주택담보대출 금융국과 공동으로 지원했다. 이스트 앤드 오크 에스테이트는 바인랜드-밀빌 도심사업 구역에 인접해 있어 고용기회가 풍부한 지역이다. 이곳 주민들은 이제 침실이 세 개인 주택과 더 나은 삶을 기대할 수 있게 됐다. 이 모든 것이 메이르와 선한 목적에 돈을 대기로 결심한 투자자들이 있었기에 가능했다.

부동산 개발업자가 접근해와 그 땅을 꿈의 지역으로 탈바꿈시킬 수 있다면서 넘겨달라고 제의하고 노부부는 이에 응한다. 노부부는 그 곳에 거주하는 이들에게 개발업자의 제안 내용을 알리고, 이사를 하라고 요구한다.

트레일러 주택은 차량이라 이동이 가능하긴 하나, 어느 한 장소에 자리를 잡으면 배관을 설치하고 전기선도 연결해야 한다. 그 밑에는 기초를 다져야 하고 주변에 정원도 설치된다. 따라서 트레일러는 이동식 주택이라 하더라도 일단 어느 한 장소에 자리를 잡으면 쉽게 움직일 수 없다. 노부부가 개발업자의 제안을 받아들이면 트레일러 주택에 살던 사람들은 재무적으로 압박을 받게 된다. 그들은 삶의 터전을 잃게 될 뿐 아니라 그곳에 정착하느라 들인 돈도 잃어버리게 된다. 그들은 더 깊은 산속으로 이사해야 한다. 도시의 주인 없는 건물에 들어가 사는 집 없는 사람들과 마찬가지도 이들도 역시 협동주택에 거주했다는 기록이 없기에 대출은 받을 수 없다. 이런 이들에게는 농촌지역에서 활동하는 지역사회개발 대출펀드가 유일한 희망이다.

이상 두 가지 사례는 아주 전형적인 것이다. 미국의 지역사회개발 대출펀드의 대다수는 주택 건설에 초점을 맞추고 있긴 하지만, 상당수는 창업자금을 융자해 주기도 한다. 미국 이외 지역의 지역사회개발 대출펀드는 대개 일자리 창출에 우선적으로 집중하고 있다. 어쨌든 그들은 건강한 지역사회를 창조한다는 비전을 공유하고 있다. 지역사회개발 대출펀드는 대략 40개 정도가 가동되고 있으며, 그 대부분은 명확하게 활동목표를 설정해 놓고 있다. 예를 들어 보스턴 커뮤니티 캐피털은 보스턴 일대를 대상으로 건강한 지역사회 건설을 위한 사업을 수행하고 있다. 셰어드 인터레스트는 남아프리카공화국에서 소규모 사업자들에게 대출을 해주고 있다. 라코타 펀드는 노스다코타주의 파인리지 보호지역 거주자들에게 소규모 사업자금을 대출해준다. 저소득 주택펀드는 샌프란시스코에 본사를 두고 있지만 대출은 미국 전역을 대상으로 한다. 펀드의 대출관리자들은 주택 공급만으로는 건강한 지역사회를 건설할 수 없다는 사실을 잘 알고 있다. 무주택자와 극빈자들을 위해 활동하는 비영리 조직인 루비콘 파트너스가 샌프란시스코에서 운영하는 루비콘 베이커리는 자본금을 확충하려고 했지만 지역 은행들이 자금지원 요청을 거부했다. 그러나 저소득 주택펀드는 집 없는 사람들을 제과점에 고용해 훈련하는 것이 일으킬 수 있는 효과를 조사해 보고 루비콘 베이커리의 자본금 확충이 올바른 방향이라고 판단해 대출을 지원했다. 그 결과 루비콘 베이커리는 고용과 교육을 3배로 늘릴 수 있었다.

여기서 한 가지 유의할 점은, '대출펀드'라는 말 자체는 특정 기관들을 가리키는 정해진 용어가 아니라는 점이다. 많은 교구들은 물론 지역개발회사, 심지어는 식료품 협동조합에서도 스스로 대출펀드라고 부르는 프로그램을 운용하고 있다. 내가 말하는 '대출펀드'는 이런 것들이 아니라, 많은 사람들로부터 자금을 차입해 폭넓게 곤궁한 사람들에게 대출하는 일을 주된 사업으로 하는 소규모 비영리 조직들을 가리킨다. 이런 대출펀드들의 전국적인 협회 조직인 '전국 지역사회 자본협회(NCCA; National Community Capital Association)'는 펜실베이니아주 필라델피아에 본부를 두고 있다.

전국 지역사회 자본협회는 1986년 사회경제적 정의의 원칙과 견실한 사업관행을 결합시키는 지역사회 대출기관들의 전국 네트워크를 형성하고 지원하기 위해 창립됐다. 오늘날에는 신용조합과 은행들도 회원으로 가입하고 있다. 하지만 애초에 전국 지역사회 자본협회를 창립한 것은 지역사회개발 대출펀드들이고, 그들이 여전히 주요 구성원이다. 회원들은 기술적 교육을 받기 위해 회의에 참석하고, 새로운 자금원을 찾아내기 위해 노력하며, 사업 추진 내용과 방식을 서로 비평한다. 회원들은 미국뿐 아니라 세계 전체에서 활동하고 있다. 이들은 선량한 뜻을 가진 투자자들이 자신의 대출금 포트폴리오를 가난한 사람들에게도 분산 투자할 수 있도록 기회를 제공한다.[23]

지역사회개발 대출펀드들이 제 역할을 다하려면, 그 특성상 상당한 기간 참을성 있는 자금이 필요하다. 사회책임투자자라면 자신의 돈을 최소 2년 이상 장기로 맡길 수 있을 것이다. 하나의 프로젝트를 기안하고 추진해 완성하기까지는 대개 5년 정도 걸린다. 트레일러 주거지 이야기로 다시 돌아가 보자. 지역사회개발 대출펀드는 자금이 확보돼야 일을 시작할 수 있다. 자금이 확보되면 지역사회개발 대출펀드는 제안된 여러 가지 프로젝트들을 검토해, 그 가운데 어떤 프로젝트를 지원할 것인지를 결정한다. 계약이 체결되고 공사가 완료되기까지는 약 6개월 정도 소요될 것이다. 그런 다음 협동주택에서 집세가 회수되기 시작하지만, 가장 우호적인 지역은행조차도 최소한 3년은 경과한 다음에야 집세 채권을 인수하려고 할 것이다. 따라서 프로젝트 전체가 문제없이 진행될 경우에도 그것이 실현되려면 보통 3년 반이 지나야 한다.

이런 프로젝트에 참여하는 투자자는 연리 2%의 금리 조건으로 5년간 돈을 맡겨야 한다. 이는 보통의 투자자가 생각하는 돈 벌기와는 개념이 다르다. 그런데도 사회적 투자 포트폴리오에 지역사회개발 대출펀드가 그토록 폭넓게 이용되고 있다는 사실은 남을 배려하는 사람들이 그만큼 많이 존재하며, 사람들이 놀라운 심성을 갖고 있음을 보여주는 환상적인 증거다. 많은 사회적 투자자들은 연 2% 또는 그 이하의 금리로 돈을 맡긴다. 이들은 자신의 투자 포트폴리오 중 일정 부분을 이런 곳에 나누어 투자하는 것이다. 이들은 단지 돈 벌기에만 관심을 갖고 있는 게 아니며, 인플레이션에도 불구하고 그런 투자를 계속 유지한다. 지역사회개발 대출펀드에 투자하는 사람들 사이에서는 자신이 사망할 경우 자신의 기존 채권들을 즉시 포기한다는 내용을 유언장이나 재산상속 계획에 포함시키는 경우도 늘고 있다.

왜 지역사회개발 대출펀드를 지원해야 하는가? 이렇게 생각해보자. 아무리 능숙한 투자자라도 투자한 돈마다 모두 홈런을 기록하지는 못한다. 나의 아버지는 "혁명이 일어날 수도 있으니 대비해야 해"라고 말씀하시곤 했다. 이런 식의 이유로 자신이 갖고 있는 자금의 일부를 그저 채권, 양도성 예금증서, 단기금융 계좌에 넣어두고 있는 사람들도 있을 것이다. 자선기부금을 내는 사람들도 많다. 지역사회개발 대출펀드에 돈을 맡긴 사람은 그 금액만큼을 자신이 관심을 갖고 있는 일에 기부한 것이나 다름없지만, 맡긴 돈을 그대로 유지한다면 내년에도 똑같은 기부를 하는 셈이 된다. 다른 데 투자하면 6%의 수익률을 올릴 수 있음에도 2%의 이자율로 1만 달러를 지역사회개발 대출펀드에 빌려준 사람은 일단 400달러를 기부하는 것이고, 대출이 유지되는 기간 동안에 추가로 매년 1만 달러만큼의 기여를 하는 셈이다.

지역사회개발 은행

지미 스튜어트가 나오는 고전적인 영화 〈멋진 인생(It's a Wonderful Life)〉은 휴가시즌마다 방영된다. 이 영화에서 우리는 지역사회를 위해 운영되는 대출기관이 존재하는 세상과 존재하지 않는 세상을 볼 수 있다. 대출기관이 없는 세상은 그 미래가 음울하다. 도시는 비참하고 위험한 장소로 쇠락한다. 판자촌으로 뒤덮인 도시의 삶은 비루하다. 영화의 주인공은 자신의 인생행로를 선택하면서

선도적인 사회책임 은행

웨인라이트 뱅크 앤드 트러스트는 이런 목적을 내걸었다. "우리는 중역실에서 우편 집배실에 이르기까지 다양성과 포용성을 갖고 선도적인 사회책임 은행이 되기로 했다. 우리 은행은 종업원, 고객, 지역사회, 주주 등 모든 이해관계자들에게 동등하게 헌신한다." 이 은행의 사회책임성 의식은 회사의 목적, 문서, 제품을 하나로 연결하는 이념이며, 독특한 정체성을 만들어냈다. 이 은행은 저렴한 주거, 지역사회개발, 여성의 권리, 동성애자의 권리를 중시한다. 이런 목표와 실천으로 이 은행은 각종 상을 받았을 뿐 아니라 충성도 높은 고객들을 확보할 수 있었다.

출처: www.wainwrightbank.com

고향으로 돌아간다. 그는 지역사회 주민들의 지지를 받으며 친절하고 관대한 대출자가 되어 그들을 돕는다. 이 영화는 우리가 공유했던 대중적인 문화 가운데 잃었던 부분을 되살려준다. 우리와 은행들의 대부분은 자신의 본 모습을 잊어버렸다.

지역사회개발 은행과 그 프로그램들은 어떤 면에서는 은행의 애초 모습으로 돌아간 것이라고 볼 수 있다. 초기 은행들은 대중의 저축과 근검절약을 높이는 기관이었다. 오늘날에도 지역사회개발 은행의 프로그램들은 지역사회의 수요에 혁신적이고도 적극적으로 부응하고 있다. 시카고의 사우스 쇼어 뱅크에서 보듯 지역사회개발 은행은 지역사회 건설에 필요한 수단이다.

많은 지역사회개발 은행들과 프로그램들이 전국 지역사회 자본협회의 회원이지만, 모두가 그런 것은 아니다. 전국적인 인정을 받는 곳은 십여 군데에 지나지 않으며, 수없이 많은 노력들이 단지 '지역사회 은행'으로 지칭되는 것만으로도 흡족해 하며 수행되고 있다.

일부 지역사회개발 은행은 설립될 때부터 현재 수행하는 목적을 표방했다. 캘리포니아주 샌프란시스코의 베이 커뮤니티 은행, 뉴욕주 용커스의 캐피털 커뮤니티 은행, 오리건주의 뉴포트 은행 등이 바로 그런 은행들이다. 매사추세츠주 보스턴에 있는 웨인라이트 뱅크 앤드 트러스트를 비롯한 일부 은행들은 애초에는 전통적인 은행이었으나 업무의 모든 측면에서 지역사회를 위해 혁신적인 지원을 하는 은행으로 탈바꿈했다. 전통적인 은행의 자회사 형태로 운영되는 지역개발은행들도 있다. 퍼스트 커뮤니티 은행은 보스턴의 저소득층 거주지인 매타판, 도체스터, 록스베리 지역의 주민들을 돕고

미국 내 지역사회개발 은행들

알비나 커뮤티니 뱅코프(Albina Community Bancorp)	오리건주 포틀랜드
체로키 카운티 은행(Bank of Cherokee County)	오클라호마주 파크힐
베린 연방저축 은행(Berean Fed. Savings Bank)	펜실베이니아주 필라델피아
블랙피트 내셔널 은행(Blackfeet National Bank)	몬태나주 브라우닝
보스턴 상업은행(Boston Bank of Commerce)	매사추세츠주 보스턴
캔자스시티 센트럴 은행(Central Bank of Kansas City)	미주리주 캔자스시티
뉴저지 시티 내셔널 은행(City National Bank of NJ)	뉴저지주 뉴어크
시티퍼스트 은행(CityFirst Bank of DC	워싱턴DC
베이 커뮤니티 은행(Community Bank of the Bay)	캘리포니아주 오클랜드
론데일 커뮤니티 은행(Comm. Bank of Lawndale)	일리노이주 시카고
커뮤니티 캐피털 은행(Community Capital Bank)	뉴저지주 브루클린
커뮤니티 은행(Community Comm. Bank)	캘리포니아주 로스앤젤레스
더글러스 내셔널 은행(Douglass National Bank)	캔자스주 캔자스시티
아메리카스 퍼스트 은행(First Bank of the Americas)	일리노이주 시카고
시카고 인터내셔널 은행(Int'l Bank of Chicago)	일리노이주 시카고
레거시 은행(Legacy Bank)	위스콘신주 밀워키
루이스빌 은행(Louisville Comm. Dev. Bank)	켄터키주 루이스빌
메트로 저축은행(Metro Savings Bank F.S.B.）	플로리다주 올랜도
뮤추얼 연방 저축은행(Mutual Fed. Savings Bank)	조지아주 애틀랜타
네이버후드 내셔널 은행(Neighborhood Nat'l Bank)	캘리포니아주 샌디에이고
팬 아메리칸 은행(Pan American Bank)	일리노이주 시카고
클리블랜드 쇼어 뱅크(ShoreBank Cleveland)	오하이오주 클리블랜드
사우스 쇼어뱅크(South Shore Bank)	일리노이주 시카고
서던뱅크(Southern Bank Corp.)	아칸소주 아카델피아
필라델피아 유나이티드 은행(United Bank of Philadelphia)	펜실베이니아주 필라델피아
휴스턴 유니티 은행(Unity Nat'l Bank of Houston)	텍사스주 휴스턴

출처: www.socialfunds.com

있다. 이 은행은 자체적으로도 예금 유치를 하고 있지만 모회사인 보스턴 은행의 지원도 받는다.

소수인종 소유 은행이나 저축대부조합 가운데 다수도 인근 지역 사회의 활성화를 위한 일을 하고 있다. 그 가운데 일부는 스스로 지역사회개발 은행이라고 부르기도 한다. 블랙피트 내셔널 은행은 몬태나주에 거주하는 블랙피트 부족이 소유, 운영하고 있다. 이 은행은 인디언 보호지역에서 이뤄지는 연필 제조업에서 병원에 이르기까지 사업자금을 대출하며, 대출 지원을 받은 사업체들은 인디언 보호지역 주민들은 물론 이 은행에도 다시 경제적 기회를 제공한다. 노스캐롤라이나주의 롤리더럼에서 흑인들이 경영하는 메커닉스 앤드 파머스 뱅크는 설립 이래 쭉 이 지역 흑인들에게 소액 사업자금 대출 또는 담보대출을 제공해왔다.

사회책임투자자들은 지역사회개발 은행과 그 프로그램들에 계좌를 개설하거나 그들로부터 양도성 예금증서를 매입하는 방식으로 지원한다. 이런 은행들에 예탁한 자금은 연방예금보험공사(FDIC)가 10만 달러까지 보장하기 때문에 확실한 보호를 받는다. 이런 은행들의 예금금리는 전통적인 은행의 예금금리보다 경쟁력이 있다. 이런 은행들이 갖고 있는 가장 큰 장점은 사회적으로 대우받지 못하는 계층의 욕구를 충족시키기 위해 특별히 설계된 것이라는 점이다. 이런 점은 투자자들에게 개인적인 사회기여를 할 기회를 준다.

지역사회개발 신용조합

지역사회개발 신용조합(CDCU; Community Development Credit Union)은 그 뿌리가 교회 또는 저소득 지역의 친목단체인 경우가 많다. 지역사회개발 신용조합의 대부분은 규모가 작으며, 그 소재지의 인근 지역 밖으로는 알려지지 않은 경우가 대부분이다. 그러나 이들은 진정한 풀뿌리 조직이며, 가장 가난한 사람들이 금융 서비스를 받기 위해 문을 두드릴 수 있는 첫 번째 기회가 돼준다.

지역사회개발 신용조합은 사회적 대우를 제대로 받지 못하는 계층에게 힘을 북돋아주는 역할을 한다. 예를 들어 어떤 한 지역의 전화교환 업무 담당자들이 신용조합을 결성한다고 하자. 각자 20달러 정도씩 회비를 내고 신용조합 회원이 되면 신용조합에 계좌를 개설할 수 있다. 신용조합의 대출은 회원들로만 구성된 위원회의 승인을 거쳐 회원에게만 제공된다. 이것이 잘 알려진 보통의 신용조합 모델이다. 그러나 최근의 이민자 집단이나 도심 교구에 봉사하기 위해 설립된 신용조합이라면 그 회원들은 차입자들을 돕기 위해 스스로가 보다 혁신적이어야 한다고 느끼게 된다. 차입자에 대한 기술적 지원은 지역사회 대출의 핵심적인 특징이다. 대략 200개의 신용조합들이 연방 정부에 의해 지역사회개발 기관으로 지정됐고, 이들은 조합의 회원이 아닌 사람들의 예금을 유치할 수 있다.

다른 신용조합들과 마찬가지로 지역사회개발 신용조합은 민주적으로 운영되는 비영리 조직이다. 예금보장의 대상이고, 연방정부의 규제를 받으며, 자원자로 구성된 이사회의 감독을 받는다는 점도 다른 신용조합들과 같다. 그러나 비회원의 예금을 유치할 수 있다는 점은 다른 신용조합들에게는 인정되지 않는 지역사회개발 신용조합만의 특권이다. 다만 비회원 예금을 유치하려면 저소득층이 필요로 하는 일을 한다는 증거를 보여줘야 한다. 지역사회개발 신용조합들은 규모와 형태에서 서로 차이가 있다. 일부는 은행만큼 상당한 시설을 갖추고 있고, 영업시간도 은행과 비슷하게 운영된다. 그러나

미국의 10대 지역사회개발 신용조합

얼터너티브스 페더럴(Alternatives Federal Credit Union)	뉴욕주 이타카
아팔래치언 디벨러프먼트 페더럴 (Appalachian Development Federal Credit Union)	오하이오주 더플레인즈
치카노스 포 라 코사 페더럴 (Chicanos por la Causa Federal Credit Union)	애리조나주 피닉스
퍼스트 아메리칸(First American Credit Union)	애리조나주 윈도록
미션 에이리어 페더럴(Mission Area Federal Credit Union)	캘리포니아주 샌프란시스코
니어 이스트사이드 커뮤니티 (Near Eastside Community FCU)	인디애나주 인디애나폴리스
노스이스트 커뮤니티 페더럴 (Northeast Community Federal Credit Union)	캘리포니아주 샌프란시스코
에스시아이시에이피(SCICAP Credit Union)	아이오와주 레온
셀프 헬프(Self-Help Credit Union)	노스캐롤라이나주 롤리더럼
버몬트 디벨러프먼트(Vermont Development Credit Union)	버몬트주 벌링턴

출처: 전미 지역사회개발 신용조합 연합(National Federation of Community Development Credit Unions)의 웹사이트(www.natfed.org)에서 무작위로 선정. 이 사이트에는 200개 정도의 지역사회개발 신용조합들의 명단이 있다.

교회에서 주당 몇 시간씩만 운영되는 지역개발 신용조합도 있다. 이들 모두는 회원들에게만 소액 개인대출을 실시하지만, 일부는 큰 규모의 대출을 하기도 한다. 대출 결정은 자원자로 구성된 위원회에서 이뤄진다. 이처럼 신용조합은 대출자와 차입자 모두에게 힘을 실어주는 방식으로 운영된다.

지역사회개발 신용조합을 통하면 특정한 지역이나 이슈에 대해 대출 지원을 할 수 있다. 얼터너티브스 페더럴 신용조합은 뉴욕주의 유기농가에 대출을 한다. 퍼스트 아메리칸 신용조합은 애리조나주에 거주하는 원주민 나바호족들의 수요에 부응한다. 셀프 헬프 신용조합은 노스캐롤라이나주의 일일 아동보호소에 대출을 해준다. 이런 신용조합 활동에 참여하려면 은행에서처럼 계좌를 개설하기만 하면 된다.

지역사회개발 신용조합의 활동범위는 국제적이다. 멕시코와 콩고, 영국을 비롯한 많은 나라들에서 혁신적인 모델을 발견할 수 있다. 캐나다 최대의 신용조합인 밴시티 세이빙스 신용조합은 자산규모가 640만 캐나다 달러 이상인데 이는 신용조합이 얼마나 성장할 수 있는지 보여주는 예이다. 밴시티 신용조합은 26만 2000명이 넘는 회원들을 대상으로 적극적인 신규사업 대출을 하고 있다. 밴시티 신용조합의 성과 중 하나인 윤리적 펀드그룹(Family of Ethical Funds)은 캐나다 최대의 사회책임 뮤추얼펀드 그룹이 됐다. 최근에는 시티즌스 뱅크라는 인터넷 뱅킹 자회사를 설립했다. 밴시티 신용조합은 캐나다 금융기관들 가운데 진보세력의 상징이다.

미국에서는 약 200명의 회원들에게 지속적으로 기술적 지원을 제공하는 전국 지역사회 신용조합 연합회(Federation of Community Credit Unions)가 신용조합들을 위한 효과적인 로비조직으로 활동해왔다.[24]

연방정부는 이 조직의 활동을 인정해 지역사회개발 금융기관 역사상 가장 거액의 지원금을 주었다.

지역사회개발 금융에 대한 뒷받침

지역사회개발 금융기관은 다양한 자금원에 의존한다. 은행, 교회, 지방정부는 지역사회개발 금융기관의 자본 확충에 중요한 역할을 한다. 기존의 지역사회개발 금융기관들 대다수는 일반 지역은행들로부터 많은 지원을 받는다. 일반 지역은행들은 자신들의 지역사회 재투자금융 실적을 개선하기 위한 방법으로 지역사회개발 금융기관에 대출하거나 자금지원을 한다. 1977년 만들어진 지역사회재투자법(CRA; Community Reinvestment Act)이 그 주된 동력이다. 자역사회재투자법은 공익적인 목적에 봉사하기 위해 정부가 만든 은행은 "지역사회 밖으로 자금을 빨아내기만 할 게 아니라 자금을 다시 지역사회에 되돌려 넣어야 한다"고 규정하고 있다. 은행의 'CRA 평점'은 그 은행이 다른 은행을 인수 합병할 수 있는 능력에 영향을 미칠 수 있으므로 CRA 평점을 올리는 것이 은행으로서는 충분히 중요한 목표이다. 따라서 많은 은행들이 지역사회개발 금융기관들을 중요한 전략적 파트너로 생각한다. 그러나 지역사회개발 금융기관들은 주류 금융권의 외곽에서 운영되므로 정책적으로 이루어지는 의사결정들에 의해 타격을 받기 쉽다. 이 때문에 지역사회개발 금융기관들은 공적인 정책의 향방에 신경을 쓰고, 제반 금융규제가 불리한 방향으로 바뀌지 않도록 하는 데 귀중한 자원을 낭비해야만 하는 실정이다.

보험회사들도 지역사회개발 금융기관들을 후원한다. 예로 들어 에쿼터블, 애트나, 시그나 등은 지역사회 투자 프로그램을 오래 전부터 운영해왔다. 이는 이치에 맞는 일이다. 보험회사들이란 결국 사회적 문제들이 낳는 비용을 부담하게 되기 때문이다. 사회가 두 계급으로 양극화함에 따라 발생하는 건물 손상 및 보건비용 증가는 보험회사들에게 부담으로 돌아간다. 따라서 합리적으로 생각할 줄 아는 보험회사들은 자기 이익을 위해서라도 지역적 또는 전국적인

지역사회재투자법이 흔들린다

금융서비스 현대화법(Financial Services Modernization Act)이 1999년 11월 의회에서 통과됨에 따라 중저 소득층이 그동안 누렸던 보호장치를 빼앗겼다. 이 법에 따른 새로운 금융규제 체제 아래서 은행이나 금융서비스 대기업들은 지역사회에 대한 책임성을 훨씬 덜 갖게 됐다. 대부분의 미국 은행들에게는 4~5년간 지역사회재투자법(CRA)에 따른 조사가 면제된다. 이런 조처는 지역사회개발 금융기관에 대한 자금지원을 크게 감소시켰다. 설상가상으로 정부는 CRA 평점이 낮은 은행에 대해 아무런 제제도 가하지 않을 방침이라고 발표했다. 앞으로 지역사회재투자법이 폐기될 것이라는 우려의 목소리도 있다. 정부의 이런 정책은 과연 어떤 의미를 갖는 것일까? 지역사회개발 기관들은 점점 더 절망적인 상황에 몰리고 있다.

지역사회개발 프로그램을 지원하게 된다.

포드재단과 맥아더재단도 다른 과업들과 통합된 하나의 활동으로 지역사회개발 금융기관들에게 전략적인 지원을 지속적으로 제공한다. 하지만 다른 재단들 가운데 그렇게 하는 곳은 거의 없다. 왜 이렇게 적은 수의 재단들만 지역사회개발 프로그램을 지원하는지 안타깝다. 재단들은 보유하고 있는 포트폴리오 가치의 5% 정도를 대출펀드에 분산투자할 수 있다. 관련 법률도 이 정도 규모의 '프로그램 관련 투자'는 재단의 수탁 의무과 자선 목적에 모두 부합한다고 명시하고 있다. 재단이 보유자산 중 5%를 떼어내 투자하는 것만으로도 지역사회개발이라는 바람직한 목적을 위해 지출되는 예산을 사실상 두 배로 증가시킬 수 있다. 여기서 한 걸음 더 나아가 재단이 추가로 5%를 지역개발은행이나 신용조합의 양도성 예금증서를 매입할 수도 있다. 양도성 예금증서는 시장금리 정도는 보장한다. 따라서 재단이 매입한 양도성 예금증서는 곧바로 그 재단의 자산 포트폴리오에 확정소득 채권으로 편입된다. 이렇게 하면 지역사회개발 분야에 대한 재단의 영향력을 세배로 올릴 수 있다.

인색한 재단들

재단은 법에 의해 매년에 자산의 5% 이하를 비용으로 지출할 수 있다. 그러나 재단의 자산은 훨씬 높은 비율로 성장해 왔다. 재단들이 지난 20년 동안 S&P 500 지수에 투자했다면 연 17.6%의 수익률을 올릴 수 있었다. 재단의 수익에 대해서는 세금이 부과되지 않는다. 많은 재단들은 좋은 목적을 위해 돈을 쓰기 위해 설립된 기관이라기보다는 점점 더 투자은행처럼 변해가고 있다.

뉴욕시 직원퇴직제도나 캘리포니아주 공무원퇴직제도와 같은 몇몇 대형 연금기금은 수억 달러를 지역개발 프로젝트에 배정한다. 캘리포니아주 재무국은 2000년 4월 현재 로스앤젤레스 남부에 13억 달러를 대출하고 있는 브로드웨이 페더럴과 같은 몇몇 지역사회 대출기관에 대한 예금을 늘렸다. 재무국은 또한 지역사회 대출기관이 중저 소득층에 제공한 주택대출을 위해 10억 달러를 지원했다. 캘리포니아 주정부의 재무국장인 필립 안젤라이즈는 이렇게 말했다. "곤경에 빠진 지역사회를 위한 투자수단이 생겨났습니다. 이러한 사업의 성공은 지역사회 재투자의 수익률과 위험에 관한 오래된 편견을 깨뜨렸습니다."

좀더 쉬운 지역사회개발 투자 방법

주식을 사는 것과 비교하면 지역사회개발 금융기관에 대한 투자는 다소 수고스러운 과정을 거쳐야 한다. 먼저 해당 기관을 찾아내고 전화를 걸어 자료와 신청서류를 요청해야 하고 신청양식을 기입해야 한다. 전자거래 시대인 오늘날의 모습에 비추면 지역사회개발 금융기관 투자는 주된 흐름에서 벗어난 것처럼 보인다. 그럼에도 불구하고 1999년에 54억 달러가 미국 내 지역사회개발 금융기관에 투자됐다.

사회책임투자자들과 관계를 맺고 있는 뮤추얼펀드나 투자자들은 당신이 손쉽게 지역사회개발 프로그램들을 지원할 수 있도록 하는 방법을 성공적으로 찾아냈다.

그 첫 번째 모델은 팍스 월드 펀드, 엠엠에이/프랙시스 성장펀드, 파나서스, 캘버트 소셜 밸런스트 펀드 등과 같은 일부 펀드들에서 찾아볼 수 있다. 이런 펀드들은 포트폴리오 중 일부분을 지역사회개발 금융기관에 배정한다. 이런 투자는 현금 운용 또는 채권 포트폴리오 운영의 일환으로 이뤄진다.

두 번째 모델은 투자자들에게 지역사회개발 금융기관에 직접 투자할 길을 열어주는 것이다. 도미니 사회투자는 사우스 쇼어 뱅크에서 고객들이 도미니 머니마켓 계좌를 개설할 수 있게 했다. 이에 따라 쇼어뱅크는 시카고, 디트로이트, 클리블랜드에서 새로운 예금자들을 받아들일 수 있게 됐다. 도미니 사회투자의 고객들은 그전에는 알지 못했던 지역사회 투자에 관한 좋은 뉴스들을 접하고 관련 정보를 얻을 수 있게 됐다. 그리고 투자자들은 연방정부의 예금보장, 일반적인 금리 수준과 연동되는 시장금리, 그리고 수표를 발행할 수 있는 계좌 개설 등에 만족했다.

지역사회개발의 기회에 관한 정보를 알리기 위한 혁신적인 아이디어들이 이제 구현되기 시작했다. 예를 들어 캘버트 그룹은 지역사회개발 금융기관의 포트폴리오에 투자하는 아주 간편한 방법을 제공하고 있다. 이 뮤추얼펀드 운용회사는 투자자들이 간편하게 지역사회에 투자할 수 있게 하는 재단을 설립했다. 이에 따라 투자자들은 1년, 3년, 5년 만기의 캘버트 지역사회 투자 채권(Calvert Community Investment Note)을 살 수 있고, 자신의 자선 의도에 따라 최고 4% 이하에서 수익률을 정할 수 있다. 이 캘버트 채권에 투자한 사람들의 돈은 한데 합쳐져서 주택구입 자금융자, 빈곤층대출, 지역사회개발 사업에 대한 투자의 재원이 된다.

기독교 형제자매 투자서비스가 운용하는 '공동의 선 기금(Common Good Fund)'의 파트너들은 학교, 공동묘지, 병원, 교구 등 가톨릭 관련 기관에만 투자한다. 이 기금은 비슷한 가치를 공유하는 다른 조직과 협력하여, 여성 소유 기업이나 소수민족 소유 기업을 지원하고, 근로자 소유 기업이나 민주적으로 운영되는 기업을 장려하며, 지역사회개발을 후원하려고 투자하는 지역사회개발 투자수단들을 한데 모은 것이다.

지역사회 경제개발 기관들에 대한 지원은 사람들이 사회책임투자자가 되도록 동기를 부여하는 가장 강력한 방법 중 하나이기도 하

지역사회개발 대출펀드의 일자리 창출

보스턴 커뮤니티 캐피털의 '벤처펀드'는 매사추세츠주에 본사를 둔 톤턴(Taunton)이라는 기업에 투자를 함으로써 이 기업이 생산량을 25% 정도 늘릴 수 있게 했다. 이런 생산 증가는 중저 소득층 노동자들에게 그만큼 더 많은 일자리를 제공할 수 있게 됐음을 뜻한다. 이로써 벤처펀드의 투자자들은 자신의 돈이 고용창출에 도움이 됐다는 데서 보람을 느낄 수 있게 됐고, 그 덕분에 새로 일자리를 얻게 된 노동자들도 즐거워했다.

벤처펀드가 투자한 셀렉테크(SelecTech, Inc.)의 사업에 대해 최고 재무담당 임원인 처크 드와이어는 이렇게 요약했다. "우리는 버려지는 플라스틱 쓰레기를 수거해 제품으로 만듭니다." 이 회사는 플라스틱 쓰레기에 사출성형 기술을 적용해 폴리머 제품을 만드는 업체로, 1996년에 설립된 이래 지속적으로 성장해왔다. 회사는 특수한 제조공정을 개발해 저비용으로 고부가가치의 제품을 생산한다.

출처: 〈건강한 사회(Healthy Communities; The Newsletter of Boston Community Capital Association)〉, 2000년 봄

다. 지역사회개발 금융기관에 대한 투자는 거의 모든 사람들의 투자에 적합하다. 이자수익과 안전성이라는 측면에서도 은행예금과 다름없다. 지역사회개발 금융기관은 든든한 실적을 내온, 대안의 단기 금융투자 대상이다. 자선이란 거저 주는 것이 아니라 도와주는 것이라고 믿는 사람들에게 특히 호소력이 있다. 지역사회개발 금융기관에 대한 지원은 사회책임투자의 중요한 한 요소다. 사회적 투자자들은 글로벌 시대에 살면서 보다 나은 세상을 만들기 위한 노력에 나서고 있고, 풀뿌리 지역사회 대출기관들은 계속해서 우리에게 혁신적인 투자방법을 제공해줄 것이다.

6장

국제금융은 세계경제에 어떤 영향을 끼치나

성장이 오히려 빈곤을 증대시키고 실물 생산이 뒷걸음치는 경제에서 투기자들만이 '부를 만드는 자'로
정의된다면 부와 부를 만든다는 개념은 무언가 잘못된 것이다.

—반다나 시바

사회책임투자자들은 투자를 통해 인간의 존엄성과 환경의 지속가능
성이 기업을 인도하는 원칙이 되는 세상을 건설할 수 있다는 신념을
공유한다. 우리는 일단 국내에서 우리가 할 수 있는 노력을 시작했
지만 문제는 세계 전체에 있다. 우리는 국내 금융세력뿐만 아니라
국제적인 금융세력에 대해 보다 잘 이해하고 그것에 영향을 끼치기
위해 우리가 할 수 있는 것을 해야 한다. 우리는 세계가 급속하게 단
일 경제가 되어가고 있음을 본다. 이미 코카콜라와 질레트 면도기와
같은 간단한 소비재들을 세계 도처에서, 최소한 전 세계 도시 지역
에서 발견할 수 있다.

이윤을 추구하는 자본주의 체제는 경제 선진국들의 착취와 수탈
앞에 더 많은 나라와 문화권들을 개방시키는 최대의 세력이었다. 어
떻게 해서 이런 일이 일어났을까? 소비재는 서구문화 확산의 교두

보 역할을 하곤 했다. 서구문화의 습격에는 하나의 전통적인 패턴이 있다. 우선 탐험가나 선교사들이 원주민들이 사는 곳에 가서 그곳에 프라이팬과 같은 소비재를 남겨두고 돌아온다. 이런 간단한 선물은 원주민들에게 관대한 이방인들에 대해 좀더 많이 알고 싶어 하는 마음을 불러일으킨다. 이렇게 해서 서로 간에 신뢰가 쌓이고 관계가 깊어지면 자전거나 농기구와 같이 좀더 크고 복잡한 제품의 반입이 이어진다.

국제적인 무기제조 기업들

회사이름	국가
아마데오 로시(Amadeo Rossi SA)	브라질
콤파니아 브라질리아 데 카르초스(Companhia Brasileira de Cartochos)	브라질
포르하스 타우루스(Forjas Taurus)	브라질
데브테크(Devtek Corp.)	캐나다
에스엔시 라발린 그룹(SNC-Lavalin Group Inc.)	캐나다
케스카 즈브로호프카(Ceska Zbrojovka AS)	체코
셀리에르 앤드 벨로트(Sellier & Bellot AS)	체코
멧초 오이(Metso Oyi)	핀란드
톰슨 세에스에프(Thomson-CSF SA)	프랑스
베르니 카롱(Verney-Carron SA)	프랑스
다임러크라이슬러(Daimler-Chrysler)	독일
엠지 테크놀로지스(MG Technologies AG)	독일
르하인메톨(Rheinmetall AG)	독일
아사히 세이키(Asahi-Seiki Manufacturing Co., Ltd.)	일본
호와(Howa Machinery Ltd.)	일본

결국 원주민들은 세계경제 체제에 통합되고 만다. 이런 이야기는 희망과 동시에 공포를 암시한다. 세계경제 속에서 원주민들 모두가 굶주리지는 않는다. 그러나 모든 원주민들이 쉽게 억압당할 수 있다. 세계화는 획일성으로 이어졌다. 언어, 소유제도와 시장, 과학의 다양성이 점점 사라지는 것은 슬픈 일인 동시에 낭비이자 잘못된 일이다.

더욱 중요한 것은, 기업들이 세계를 자유로이 옮겨 다닐 수 있게

고마쓰(Komatsu Ltd.)	일본
미로쿠(Miroku Firearms Manufacturing Co.)	일본
로포스(Raufoss ASA)	노르웨이
스카나 인더스트리어(Scana Industrier)	노르웨이
리유너티(Reunert Ltd.)	남아프리카공화국
대우통신(Daewoo Telecom Co., Ltd.)	한국
사브(Saab AB)	스웨덴
스위스 인더스트리얼 홀딩스(Swiss Industrial Co. Holdings, Ltd.)	스위스
비에이이 시스템스(BAE Systems Plc)	영국
아이엠아이(IMI Plc)	영국
톰킨스(Tomkins Plc)	영국
얼라이언트 테크시스템스(Alliant Techsystems Inc.)	미국
엘리트 브라더스(Ellett Brothers, Inc.)	미국
올린(Olin Corp.)	미국
프라이멕스 테크놀로지스(Primex Technologies, Inc.)	미국
스텀 루거(Sturm Ruger & Co., Inc.)	미국
벤처리언(Venturian Corp.)	미국

출처: www.kld.com

됨으로써 기업들의 해로운 영향으로부터 시민들을 보호하고 기업에서 거둔 세금으로 시민들에게 편익을 제공하던 정부의 기능은 약해졌다는 점이다. 금융은 더욱 더 유동적이 되어 불과 1분 만에 이 대

혁신적인 아이디어를 지닌 기업들

독일 하노버에 있는 기업의 사회적 책임성 및 환경영향 평가회사 이머그(imug)의 조사담당 책임자인 악셀 빌헬름은 다음 3개의 기업을 혁신적인 아이디어를 지닌 회사로 사회적 투자자들에게 추천했다.

- **헹켈(Henkel KgaA)**은 프랑크푸르트 증권시장의 닥스30 지수에 들어가는 기업이자 독일의 응용화학제품 분야의 선도 기업이다. 회사의 제품은 재생가능원료 사용비율이 높다. 이 회사는 환경에 대한 영향 면에서 우수한 실적을 쌓아온 동시에 종업원들에 대한 사회적 책임성 측면에서도 높은 점수를 받고 있다. 환경에 대한 의무 이행을 높이 평가받아 상도 여러 번 받았고, 전 세계적으로 동종 업종에서 가장 생태효율적인 기업들 가운데 하나로 인정받고 있다.
- **티온라인(T-Online)**은 독일 안에서 인터넷 서비스를 제공하는 기업이다. 회사는 최근 독일 안에 있는 4만 4000개의 공립학교 전체에 자사의 인터넷 서비스를 무료로 제공하는 프로그램을 도입했다. 또한 공립학교들에 모두 2만 대의 개인용 컴퓨터를 기부하기로 했다. 이런 선도적 시도에 대해 게르하르트 슈뢰더 독일 총리는 "다음 세대가 인터넷에 친숙해지도록 하는 매우 중요한 기여"라고 평가했다.
- **웨데코(Wedeco)**는 물과 오폐수에서 미생물 또는 유독성 오염물질을 제거하는 자외선 살균장비 및 살균시스템을 설계, 제조하는 기업이다. 회사의 자외선 살균장비는 비용이 적게 들고 생태효율적이며 염소처리 방식의 전통적인 살균 시스템에 비해 여러 가지 장점을 갖고 있다. 이 분야의 세계 시장 2위의 기업으로 사업활동 범위를 꾸준히 확장하고 있으며, 깨끗하고 건강에 좋은 물을 찾는 수요가 계속 늘어남에 따라 이익 전망도 우수하다.

출처: www.imug.de

륙에서 저 대륙으로 이동할 수 있다. 이런 자유로움 덕분에 돈을 움직이는 자들은 그들의 돈이 운용되는 조건을 사실상 좌지우지할 수 있게 됐다.

현대 자본주의에 대한 대안은 실제로 존재한다. 제3세계 국가를 여행해본 사람은 그곳 지역시장이 지닌 활기를 느꼈을 것이다. 그런 지역시장은 파는 물건이 매우 다양하고, 상인들이 밀집돼 있으면서도 전체적으로 질서 있다. 그런 지역시장의 질서는 현대의 경제에서는 보기 힘든 것이다. 지역시장은 물건 머매 기능이 뛰어나며 사람들의 생계를 떠받치는 기능도 탁월하다. 그 구조는 서구세계에 익숙해진 시장의 구조와는 완전히 다르다. 그것은 자본주의가 아니라 집산주의가 작동하는 방식이다. 시장이 특정 기업에 의해 소유된 것도 아니고, 이윤배분을 요구하는 주주들도 없다. 재화와 서비스를 공급하고 그 대가로 생계를 얻는다는 명확한 목적을 위해서만 존재하는 시장이다.

결국 월마트가 멕시코에 상륙했다. 숲 속에 남겨진 하나의 프라이팬이 사회 전체를 뒤바꾸게 된 것이다 사람들로 하여금 더 많은 상품을 원하도록 교육시키는 데 성공하면, 점점 더 많은 사람들이 글로벌 기업에 의존하도록 만들고, 기업의 운영방식을 좌우하는 금융구조에 의존하도록 만든다.

헤지펀드 매니저인 조지 소로스는 이렇게 말했다. "우리는 재화와 서비스가 자유롭게 거래되고, 더 나아가 자본이 자유롭게 이동하는 것이 특징인 글로벌 경제 속에 살고 있다. 그 결과 모든 나라들의 금리, 환율, 주가가 서로 밀접한 연관성을 갖게 되고, 국제금융시장이 세계 도처의 경제적 조건들에 엄청난 영향을 끼치고 있다." 금융은 기업이 운영되는 방식뿐 아니라 재화 및 서비스가 유통되고 배분되는 방식을 지시하게 될 것이다. 세계의 경제 엔진인 기업들이 주주라는 단 한 부류의 이해관계자들에게만 충성을 바치고, 그 이해관계자들은 단지 다음 분기의 실적에만 관심을 갖는다면 어떻게 될까? 기업들은 합리적인 수준의 수익 기대만으로는 재화와 서비스를 공급하지 않고 그 이상의 초과수익을 내려고 할 것이다. 그러나 그렇게 높은 수익은 주주들을 제외한 다른 이해관계자들을 희생시켜서만 달성될 수 있다. 주주 이외의 이해관계자들도 주주들 못지않게 절박하게 충족돼야 할 욕구들을 갖고 있으나 주주들보다 목소리가

가난한 사람들의 것을 빼앗아 기업에게 준 민영화

1999년에 볼리비아 정부는 세계은행의 압력에 굴복하여 볼리비아 중부의 도시 코차밤바의 상수도 회사를 미국 기업인 벡텔(Bechtel)에 팔았다. 벡텔은 상수도 회사에 대한 통제권을 확보한 뒤 몇 주 안 돼 수도요금을 2배 이상으로 올렸다. 한 달 소득이 100달러도 안 되는 코차밤바의 가정들은 한 달에 20달러를 내지 않으면 수도 공급이 끊어져 버렸다.

코차밤바의 시장은 "우리에게 더 많은 물을 공급하기도 전에 우리에게 터무니없이 높은 요금을 매기는 국제적인 기업을 물리치는 것은 바로 정의를 위한 투쟁"이라고 말했다. 코차밤바의 시민들은 2000년 1~2월에 걸쳐 파업과 운송거부에 나섰다. 우고 반세르 수아레스 볼리비아 대통령은 미국 기업의 이익을 보호해 주려고 경찰력을 동원했고, 경찰은 이틀간 최루탄을 쏘아댔다. 이 때문에 175명 이상이 부상을 입고 2명의 청년이 시력을 잃었다.

4월에는 더 많은 파업이 일어났다. 볼리비아 정부는 계엄령을 선포하고 한밤중에 시위 지도자들을 체포했으며 라디오 방송국도 점거했다. 급기야 군인이 쏜 총에 17세 젊은이가 얼굴을 맞았다. 시위 지도자였던 오스카 올리베라는 이렇게 말했다. "코차밤바에서 흘린 피에는 벡텔의 지문이 묻어 있다."

약하다.

기업이 지배하는 모델은 전 세계에 확산되고 있다. 세계 각국이 짊어진 채무가 그 길을 닦아주었다. 국제통화기금과 대형 은행들은 대출을 할 때 채무자들의 부채상환 의지나 능력에 대해 주의를 기울여야 하는 것이 기본이건만 그러지 않는다. 보통의 대출기관이라면 그 결과로 타격을 입을 경우 그것으로 끝이다. 그러나 글로벌 대출기관들은 쉽게 실패하도록 방치되지 않는다. 우간다, 아르헨티나, 태국 정부들은 국민으로부터 거둔 세금 중 30% 이상을 공공서비스 제공, 학교 건립, 의료시설 확충이 아닌 채무이자 지급에 사용해야 한다. 국제금융기관들의 압력 때문에 그들 나라의 전화회사나 상수도회사와 같은 공기업들이 '민영화'라는 허울 좋은 말로 포장되어 팔려나간다.

그 결과 수익을 내줄 만한 사업들이 정부의 손에서 떠나고 있다.

스위스의 지속가능성 투자

1999년 말 현재 에토스 재단은 스위스 전역의 74개 연금기금들을 대신해 약 4600억 유로에 달하는 자금을 전 세계의 주식과 채권에 투자하고 있다. 에토스 재단에 대해 도미니크 비더만 이사는 이렇게 설명한다. "에토스 재단은 연금기금들을 위해 설립됐다. 그 목적은 그들로 하여금 지속가능한 개발이라는 기준에 따라 기업들을 분석하고 투자하는 자산운영의 수단을 구축하는 것이다. 기업분석의 기준은 고전적인 재무적 기준들과 더불어 일련의 환경적, 사회적 기준들에도 바탕을 두고 있다." 에토스 재단은 여기서 더 나아가 기업의 책임성이라는 관점에서 주주들의 투표권을 행사하는 것도 목적으로 삼고 있다. 투자 전략에는 특정 기업에 대한 기피, 적극적인 선별 투자 그리고 기업의 운영방식에 대한 참여 등이 포함된다.

인간의 기본적인 필요를 충족시키는 자원들이 약탈당하여 세계 도처의 투자자들이 주인인 민간기업에게 넘겨진다. 그들이 제공하는 재화와 서비스는 주주들에게 최대의 이윤을 가져다줘야 한다. 주권을 가진 정부가 아닌 글로벌 기업들이 점점 더 많은 지역에서 지배적인 세력이 돼 간다.

세계화가 삶의 수준과 인권을 점진적으로 향상시킨다는 주장에 반하는 현실적 증거가 엄연히 존재한다. 매년 미국은 사우디아라비아로부터 수십억 달러어치의 석유를 구매하고, 사우디아라비아는 거꾸로 미국의 무기상으로부터 수십억 달러어치의 무기를 구매한다. 인권단체인 앰네스티 인터내셔널은 사우디아라비아 전역에 만연한 고문행위와 체계적으로 자행되는 차별을 지적한다. 사우디아라비아 정부는 1999년 알코올이 들어있는 초콜릿 바를 들고 입국하다가 붙잡힌 파우스티노 살라자르라는 사람을 공개장소에 묶어놓고 채찍질을 가한 뒤 감옥에 집어넣어 세상 사람들을 경악시켰다. 그러나 이런 사건도 무기와 석유의 거래에는 아무런 영향을 끼치지 않았다. 인간의 기본적인 존엄성을 위한 세계적 투쟁의 성과는 세계경제의 역할에 달려 있다. 세계 무역과 금융 구조의 형태가 어떻게 자리잡느냐에 따라 인간으로서의 존엄성을 지키며 살아가는 세계가 가능할지가 판가름 날 것이다.

금융산업은 공정한 세계를 만드는 데 기여할 수 있는 잠재적인 힘을 아직도 스스로 깨닫지 못하고 있다. 금융산업은 지금도 세계화의 구조와 갈등을 빚고 있다. 국가마다 기업, 금융기관, 그리고 뮤추얼펀드와 같은 투자수단에 대하여 상이한 규제를 갖고 있다. 이런 장벽들 위에 부패와 정실주의, 시민사회의 전반적인 붕괴와 같은 문제가 세계 도처에 만연되고 있다. 그 와중에서 글로벌 스탠더드, 즉 세계적인 단일 기준을 향한 걸음은 빨라지고 있다. 이런 경향은 긍정적인 측면과 부정적인 측면을 동시에 갖고 있다. 뮤추얼펀드가 국제금융 무대 즉, 세계적 기업지배구조에서 주도적인 배우로 급속히 부상되고 있다는 사실이 인식되기 시작했다.

미국 투자자들은 세계적으로 투자하고 있고 발언권이 강하다는 점에서 전 세계의 기업관행에 큰 영향을 끼친다. 미국 뮤추얼펀드 업계의 이익단체인 투자회사연구소(Investment Company Institute)에 따르면 1999년 말 현재 미국인들은 뮤추얼펀드를 통해서만 1조 1200억 달러 이상의 자금을 해외에 투자해 놓고 있다. 이런 해외투자 자금을 포함해 미국인들의 뮤추얼펀드 투자액은 모두 6조 8000억 달러로 세계에서 제일 크다. 이에 비해 유럽과 아시아 등 미국 이외의 다른 모든 지역들에서 운영되는 뮤추얼펀드들의 총 자산규모는 3조 5000억 달러에 그치고 있다

일본의 녹색투자 펀드

1999년에 일본에서 4개의 녹색투자 펀드가 출범했다. 닛코증권, 야스다화재해상보험, 다이이치생명보험, 스미토모은행 등 4개 금융회사가 각각 녹색투자 펀드를 만든 것이다. 이들 녹색투자 펀드의 총 수탁액은 금세 10억 달러를 넘어섰다. 녹색투자 펀드는 환경관련 실적이 일정한 기준을 넘어선 기업의 주식들만 편입한다. 급성장하는 일본의 녹색투자 펀드는 기관투자가들보다는 개인투자자들 사이에 인기가 있으며, 투자자는 남자보다 여자가 조금 더 많다.

미국인의 해외투자가 투자를 받은 나라들에 항상 긍정적인 영향을 주는 것만은 아니다. 책임성 있는 투자자들은 금융산업에 대해 합리적인 기준 내에서 이익을 내도록 촉구하기 위해 발언권을 강화해야 한다. 이런 말은 자명하고 당연한 이야기처럼 들릴지 모르지만, 최근의 관련 사례들을 보면 반드시 그렇지만도 않다. 프랑스에서 두 번째로 큰 자동차회사인 푸조 시트로앵은 수천 명의 벨기에인 노동자들을 해고해야 했다. 이 노동자 해고는 유럽인들이 50년 이상 소중하게 간직해온 고용의 안전에 대한 기대를 무너뜨릴 정도로 그 규모가 컸고, 갑작스럽게 이뤄졌다.[25]

이제는 미국 뮤추얼펀드가 프랑스 기업의 운영방식을 좌지우지한다. 이런 식의 현실을 초래하는 구조 때문이다. 기업의 사업행위에 대한 정책적인 가이드라인 설정은 과거에는 정부의 일이었다. 하지만 이제 본거지가 미국이든 아니든 펀드매니저들이 그런 일을 한다.

이탈리아의 사회책임투자자

이탈리아의 방코 에티카(Banco Etica)에서 예금자들을 대상으로 조사한 결과, 이탈리아 윤리적 투자자의 전형적 모습은 가계소득 수준이 중간 또는 상류에 속하는 젊은 여성으로 교육수준이 높고 중간 직위의 전문직 종사자이며 정당, 자원봉사 단체, 가톨릭교회에서 활발히 활동하는 사람인 것으로 나타났다. 조사 대상자들의 28.5% 이상은 윤리적 자금운용을 하는 금융기관에 저축하는 데 긍정적인 반응을 보였다. 이는 다시 말해 1250만 명의 이탈리아인들이 윤리적 투자자가 될 잠재적인 가능성이 있다는 뜻으로 풀이된다. 이탈리아는 전 세계에서 사회책임투자의 성장률이 가장 높은 나라다.

한 세계 속에서의 사회책임투자

어떤 이들은 세계의 문화적 차이로 인해 세계적으로 단일한 가치체계가 구축되지 못하며, 따라서 세계적으로 통할 수 있는 사회책임투자의 정의도 있을 수 없다고 말한다. 그러나 포트폴리오 스크리닝, 주주행동주의, 지역사회 경제개발에 있어서 사회책임투자자들과 펀드매니저들은 세계 각지의 파트너들에게 배우며 최선의 실천방법을 발견해왔다.

　스크리닝의 기준은 국가와 문화에 따라 달라질 수 있다. 미국의 사회책임투자자들은 술, 담배, 도박, 핵, 무기를 기피하지만, 프랑스

스웨덴의 사회책임투자

스웨덴의 대형 자산운용 회사인 KPA는 윤리적 투자펀드에만 투자하기로 했다. KPA의 이사회는 1998년 2월 사람들과 환경에 더 좋은 미래를 실현하는 데 더욱 적극적인 역할을 하기로 결정했다. 이 결정은 어젠더 21에 근거를 둔 것이다. 어젠더 21이란 1992년 브라질 리우데자네이루에서 열린 유엔 환경개발회의에서 채택된 문건으로, 21세기의 지속가능한 발전을 위한 행동계획을 담고 있다.

KPA의 최고경영자인 잉게마르 알세루드는 이렇게 말했다. "윤리의 문제는 우리의 고객들에게는 물론 우리 자신에게도 중요하다. 윤리를 중시하는 기업들은 앞으로 국내와 해외에서 경쟁우위에 서게 될 것이다."

KPA는 자사에 서비스와 제품을 공급하는 납품업체들에게도 환경기준을 준수하도록 요구하며, 이런 조처를 통해 자사 혼자만 환경기준을 지킬 경우에 비해 훨씬 더 큰 파급효과를 불러일으키고 있다. KPA는 환경경영을 제도화하기 위해 환경관리시스템인 ISO 14001 인증을 도입하기로 결정했으며, 1998년에 스웨덴 금융기관들 가운데 처음으로 이 인증을 받았다.

출처: 〈우리의 책임성-인간과 환경에 더 나은 미래를 위해〉 KPA 환경보고서, 1999, www.kpa.se

---

의 투자자들은 이런 입장에 동조하지 않을 수 있다. 그러나 이해관계자 모델은 나라별 문화의 특수성을 초월한다. 내가 프랑스 투자자들에게 '가능한 한 많은 사람들에게 가능한 한 저렴한 값에 상품을 공급하는 것'이 이윤추구에는 매우 효율적이지만 술, 담배, 도박, 무기 등은 그렇게 공급돼서는 안 되는 것들이라고 말해주면, 그들은 나의 이런 이야기에 흔쾌히 동의했다. 그런 것들은 정부에서 독점적으로 공급해야 하는 것들이며, 프랑스도 아주 최근까지는 그렇게 했다.

유럽과 일본에 비해 미국의 사회적 투자자들은 기업의 행위가 환경적 지속가능성에 끼치는 영향에 대한 평가모델을 구축하는 데 상대적으로 굼뜬 모습을 보여 왔다. 제조업 기술이 장기적으로 환경에 끼치는 영향을 평가하는 모델은 대부분 유럽에서 왔다. 그 첫 번째 사례는 다우존스가 서스테이너블 애셋 매니지먼트와 제휴해 다우존스 지속가능성 그룹 지수(Dow Jones Sustainability Group Index)를 개발한 것이다. 이 지수에 들어가는 많은 기업들이 미국의 사회적 투자자들에게는 그다지 매력적이지 않을지 모른다. 그러나 이 지수가 내세운 지속가능성이라는 기준 자체는 미국의 투자자들에게도 유용하다.

이 지수는 혁신적인 기술, 기업지배구조, 주주들과의 관계, 산업 선도력, 사회적 복지 등 5개 분야에서 기업의 환경적 지속가능성을 제고하기 위한 5대 원칙을 설정하고 있다. 기업의 환경적 지속가능성 추세에는 두 개의 원동력이 있다. 그 중 하나는 환경적 지속가능성이 있는 경영을 하는 기업은 장기적으로 주주가치를 증대시키기 때문에 투자자들에게 매력적이라는 점이고, 두 번째는 다섯 개 분야의 원칙을 통합시켜 실천한 기업은 계몽되고 규율이 잡힌 경영을 하게 되므로 그렇지 못한 기업들에 비해 실적이 낫다는 점이다. 이런 접근방법을 투자 포트폴리오에 적용하기 위한 연구가 미국에서 진행되고 있다.

미국과 캐나다의 '사회책임성 경영'[26], '유럽 사회융합을 위한 기업 네트워크'[27], 중남미의 '엠프레사'[28]와 같은 새로운 조직들은 기업의 사회적 책임성을 증진시키는 데 필요한 아이디어와 모범사례 정보를 공유하는 네트워크를 제공한다. 이들 조직은 또 회원들에게 실천적인 조언과 정보도 제공한다. 이런 조직들로부터 기업의 투명성 제고와 공시의 충실화를 실현시킬 힘이 형성돼 나오고, 환경적 지속가능성과 인간의 존엄성에 기여하는 기업들의 성공적인 노력들이 공유되고 복제되는 상황이 전가되는 것이 가장 소망스러운 모습이다. 이제까지 이들 조직은 실효성 있는 정보를 서로 공유함으로써 기업들이 스스로 쟁점을 인식하고 그에 대한 긍정적인 해결책을 함께 만들어 가는 환경을 만들어왔다. 컨설턴트들도 이 분야에 속속 진출했다. 세계적인 컨설팅 회사인 아서 리틀은 영국의 케임브리지 지부를 통해 사회적 책임성의 실천과정을 관리하고 싶어 하는 기업들에게 컨설팅 서비스를 제공하고 있다. 컨설턴트인 데이비드 브라운은 이렇게 말했다. "기업의 재무적 실적은 물론 사회적, 윤리적 실적도 숨겨질 수 없다. 적어도 대기업의 경우에는 분명히 그렇다. 투명성과 책임성, 그리고 충실한 공시에 대한 요구가 점점 더 강화되고 늘어나고 있다."

투자시장이 점차 세계화하게 되자 증권분석가들은 상이한 회계 제도, 상이한 소비자 기호, 상이한 법체계 등 여러 가지 복잡한 새로운 문제들과 씨름하지 않을 수 없게 됐다. 그런 문제들에 대한 평가는 투자판단을 하기 전에 이뤄져야 한다. 기업의 사회적 책임성을 조사하는 분석가들의 경우도 마찬가지다. 투자자들이 국경을 뛰어넘어 투자활동을 함에 따라 이해관계자의 눈으로 기업을 바라보는

유럽이 앞장선 생산자책임강화

생산자책임강화(EPR; Extended Producer Responsibility)의 움직임은 1991년 독일에서 시작됐다. 그 해에 독일 기민당 정부는 쓰레기 매립지 부족에 대한 시민들의 우려에 대응해 제조업체들이 모든 포장재, 상자, 캔, 병 등을 회수하고 재활용하도록 하는 법을 제정했다. 그로부터 2년 만에 1만 2000여 기업들이 업계에서 자금을 지원하는 재활용 프로그램에 참여했다. 이 재활용 프로그램은 포장재 쓰레기를 처리하는 데 드는 비용을 그 쓰레기를 발생시킨 제조업체에게 부담시키는 것이었다. 미국에서는 이런 비용이 여전히 납세자들의 부담으로 돌아간다.

이제 독일 기업들은 환경적으로 책임성 있게 활동하는 것이 경제적 인센티브가 있다고 생각하게 됐다. 독일의 생산자책임강화 시도는 대체로 성공적이었고 네덜란드와 스웨덴, 프랑스, 오스트리아, 핀란드, 스페인, 벨기에 등도 비슷한 프로그램을 추진하도록 하는 자극제 역할을 했다. 이제 유럽연합은 포장재 쓰레기의 처리와 관련해 15개 회원국 전체에 적용할 생산자책임강화의 표준적인 규칙을 만드는 작업을 마무리하고 있다.

캐나다도 유럽의 선례를 따르고 있다. 캐나다의 10개 주 가운데 7개 주가 제조업체들에게 음료용기 쓰레기에 대해 책임을 지도록 하는 내용의 제도를 도입했다. 이들 7주의 음료용기 재활용률은 미국의 대부분 주들보다 훨씬 더 높다. 전국청량음료협회의 지포드 스택은 〈음료산업〉이라는 잡지에서 이렇게 말했다. "생산자들은 쓰레기가 덜 발생하도록 제품을 설계하는 데 재무적 유인을 느끼고 있다."

관점이 더욱 유용해졌다. 사용 가능한 구체적인 데이터는 나라마다 다를 수 있지만, 인간의 존엄성과 환경적인 지속가능성을 염두에 둔 이해관계자 분석은 모든 주식시장에 적용 가능한 보편적인 개념이다. 이런 접근방법은 법률과 문화가 다른 주식시장에도 적용할 수 있다는 장점이 있다. 예를 들어 미국의 환경보호국은 기업들로 하여금 특정한 독성 화학물질의 배출에 관한 보고서를 제출하도록 의무화하고 있다. 미국이 아닌 다른 나라들에는 이런 내용의 법률이 없다. 그러나 대부분의 나라들은 환경에 대한 기업들의 영향과 관련된 정보를 어느 정도까지는 일반 국민들도 볼 수 있도록 하고 있으며, 그런 정보들을 통해 우리는 자연환경이라는 이해관계자의 관점에서 기업을 관찰할 수 있다. 대부분의 나라에서 소비자 감시단체들이 제품의 안전성을 평가한다. 기업의 제품 안전성 관련 자료를 모으는 일은 간단하다. 기업의 자발적인 리콜, 잡지 〈컨슈머 리포트〉와 〈파리 마치〉의 기사 등이 모두 도움이 된다. 이런 것들을 통한 자료 수집은 소비자라는 이해관계자의 관점에서 기업을 바라볼 수 있도록 해준다. 어떤 하나의 이해관계자 분석이 이루어지면 그 결과는 포괄적인 사회적 기록 데이터베이스에 추가된다.

그럼에도 더 나은 데이터의 생산처가 가발될 필요는 있다. 기업들에게 환경정책에 관해 조언해주는 컨설팅 회사인 런던의 서스테이너빌러티(SustainAbility)의 선임 컨설턴트 세브 빌로는 "유럽의 윤리적 펀드들은 기업들의 환경적, 사회적 책임성 관련 실적을 평가할 때 그 기업들 스스로가 생산해낸 정보에 거의 전적으로 의존할 수밖에 없는 실정"이라고 지적했다. 그는 "우리는 더 엄격하고 검증된 정보가 필요하다"고 말한다. 포트폴리오 스크리닝에 대한 사회적 투자자들의 요구는 그런 데이터가 창출되도록 할 것이다. 포트폴리오 스크리닝은 기업으로 하여금 책임성을 갖추도록 하는 기반이 되

사회책임투자자들에게 추천하는 일본 기업

츠쿠시 미즈에는 일본 도쿄에 본부를 둔 기업 사회책임성 조사회사인 굿뱅커스(Good Bankers Co.)의 최고경영자다. 그녀는 사회적 투자자들에게 다음 3개의 일본 기업을 추천했다.

- **기분 푸드 케미파(Kibun Food Chemifa)**는 선도적인 두유 제조업체다. 콩은 오래 전부터 아시아 여성들의 건강을 증진시켜온 영양소를 함유하고 있기 때문에 세계보건기구(WHO)가 추천하고 있는 식품이다. 아시아 여성들은 콩을 많이 섭취하기 때문에 서구의 여성들에 비해 폐경기에 스트레스를 덜 받는 것으로 알려져 있다. 회사는 유전자 변형 식품이 논란거리로 떠오르기 훨씬 전부터 유전자 변형이 된 콩의 개발과 사용을 일관되게 반대해왔다.
- **닛코증권(Nikko Securities)**은 일본에서 손꼽히는 증권회사들 가운데 하나다. 이 증권회사는 일본 최초의 녹색펀드인 '닛코 에코펀드'를 출범시킴으로써, 증권업계에서 지속가능한 사회를 촉진하는 일에 앞장서 왔다. 이 회사는 유엔환경계획(UNEP)의 금융기관 이니셔티브에도 일본 기업들 가운데 최초로 참여했고, ISO 14001 인증을 받기 위한 노력도 지속적으로 기울이고 있다. 2000년 5월에는 일본 증권업계 최초의 환경보고서인 《지속가능성 보고서 2000》을 발표했다.
- **스미토모 임산(Sumitomo Forestry Co.)**은 지속가능한 산림을 육성하는 일을 사업화했다. 이 회사는 산림 관리와 관련해 일본에서는 처음으로 1999년에 ISO 14001 인증을 획득했다. 회사는 시민 자원봉사자들과 함께 황폐화된 삼림지역에 나무를 심는 활동을 통해 '지속가능한 삼림생태계'의 개념을 뒷받침하고 있다. 1997년에 회사는 건축 폐기물 가운데 목재의 80%, 콘크리트와 금속 폐기물은 90%의 재활용률을 기록했다.

출처: www.goodbankers.co.jp

며, 이런 기반은 전 세계의 소비자, 규제당국자, 투자자, 기업 경영진에게 모든 이들의 관심사를 해결하는 방향으로 서로 협력할 기회를 제공한다.

이미 미국 이외 지역의 사회책임투자자들이 기업의 사회적 보고를 요구하고 있다. 미국 이외 지역에서 스크리닝된 포트폴리오를 운영하는 산업이 예상보다 훨씬 빨리 증가하고 있다. 1999년 말 현재 국가별 사회책임투자 펀드 수를 보면 스페인에 7개, 스웨덴에 20개, 프랑스에 17개가 있다. 영국에서는 40개 이상의 사회책임투자 펀드가 모두 30억 파운드의 자금을 운영하고 있다. 일본에는 4개의 에코펀드가 있고, 말레이시아에는 여성과 아이들에 관련된 문제들에 관해 스크리닝을 하는 1개의 펀드가 있다. 모로코의 WAFA 은행은 사회개발, 환경, 문화, 보건을 지원하는 2가의 연대 펀드(Solidarity Fund)를 출범시켰다.

국가별로 고유한 스크리닝 측면들이 연구되고 그런 정보를 공유하기 위한 시스템이 개발되고 있는 것처럼, 직접대화에 나타나는 국가별 고유성에 대한 연구도 세계 여러 곳에서 진행되고 있다. 오늘날에도 지배구조의 기준은 나라마다 아주 다르다. 한 예로 이탈리아의 증권거래소는 그곳을 통해 거래되는 주식들을 국제 투자자들에게 보다 매력적으로 보이기 위한 연구용역을 외부 기관에 맡겼다. 연구결과 보고서는 여러 가지 권고안을 제시했다. 특히 기업들의 이사회가 독립성을 갖도록 할 것과, 기업들로 하여금 모든 주주들에게 개방되는 주주총회를 열고 경영진이 그 주주총회에 참석해 주주들의 질문에 응답하도록 할 것을 제안했다. 이런 기준들은 미국의 투자자들에게는 아주 기본적인 것이지만 미국이 아닌 다른 나라들에서는 아직 존재하지도 않는 경우가 많다.

이처럼 많은 나라들에서 기업지배구조의 기준이 없고 부패의 가능성마저 상존하기 때문에 투자자들은 어렵게 번 돈을 자기 나라의 주식시장에조차 투자하기를 꺼려하기도 한다. 게다가 주식소유에 따른 권리가 어떤 것들인지에 관한 보편적인 기준은 현재 존재하지도 않는다. 이런 상황에서 가장 적절한 대응은 미국식 기업지배구조를 '최선의 관행'으로 전 세계에 적용하되 그런 미국식 기준을 법률적으로 강요하지는 않는 것일지도 모른다. 그러나 이렇게 하는 것은 국가주권의 문제와도 관련되고, 기업 경영자들은 이미 기업이 짊어진 부담에 추가적인 부담이 더 얹혀지는 것을 싫어하는 성향을 갖고 있기 때문에 어느 국가든 그런 기준을 법률로 강요하려고 하지는 않을 것이다. 게다가 미국의 기관투자가와 뮤추얼펀드들은 그들의 이익이 다른 이해관계자들의 이익에 앞서 고려돼야 한다고 요구하고

유엔 여성개발기금에 기부하는 펀드

유나이티드 글로벌 은행 투자관리는 유엔 여성개발기금(UNIFEM)과 손잡고, 여성들에 대한 사회적 책임성 정책을 갖고 있는 기업들에만 투자하는 펀드를 1999년 싱가포르에서 출범시켰다. 이 펀드의 운영자들은 기업들의 고용관행, 임원진 가운데 여성의 비율, 탁아시설 보유여부 등을 조사한다. 이 펀드는 매년 펀드운영 수수료 중 3분의 1을 유엔 여성개발기금에 기부한다. 다니엘 찬 전무는 이렇게 말했다. "사회적, 윤리적 투자는 미국 및 유럽의 일부 국가에서 이루어지고 있으며 성과를 거두었다. 우리는 그것이 좋은 개념이라고 생각한다."

출처: 유엔 여성개발기금의 보도자료, 1999년 12월 13일.

있다는 점을 고려하면, 미국식 모델이 반드시 본받아야 할 모델이 아닐 수도 있다. 가장 바람직한 모델은, 기업행위가 공적인 감시를 받도록 하는 혁신적인 새 방법들을 찾아내기 위해 시민사회가 좀더 창조적이면서도 적극적으로 의사표명을 하는 것이다.

유럽연합 국가들은 적절한 기업지배구조에 대해 면밀한 연구를 벌이고 있고, 일부 국가들은 이미 이 문제와 관련된 새로운 정책을 도입하기 시작했다. 그런 정책들 가운데 영국의 정책이 가장 눈에 띈다. 영국은 2000년 7월 3일부터 모든 국내 연금기금들이 사회책임투자에 관한 정책을 갖고 있는지 여부를 밝히도록 의무화했다. 사회책임투자에 관한 정책을 갖고 있지 않다는 사실을 그대로 자유로이 밝힐 수도 있고 그렇게 한다고 해서 처벌되는 것은 아니었지만, 대부분의 연금기금들은 사회책임투자에 관한 정책을 갖고 있다고 발표하고 싶어 했다. 이런 상황은 사회책임투자와 관련된 후속 정책들이 입안되도록 자극했고, 그에 따라 변화도 일어났다. 환경자원관리(Environmental Resources Management)라는 단체는 영국에서 대형 25개의 연기금을 조사한 결과 21개 연기금에서 사회책임투자의 원칙을 도입하려는 의사를 갖고 있다는 사실을 확인했다. 노르웨이, 스웨덴, 덴마크도 영국의 모델을 도입하는 방안을 적극 검토 중이다.

최선의 상황이 전개된다면 진정한 견제와 균형 및 진실한 비용 회계처리를 포함한 투명성 있는 기업지배구조의 체제가 보편적으로 실현될 것이다. 반대로 최악의 상황이 전개된다면 기업들은 돈에 바탕을 둔 엄청난 권력을 계속 휘두르면서 기업지배구조의 기준이 낮은 나라로 이동하는 현상이 나타날 것이다.

에드워드 사이드[29]를 비롯한 문화 상대주의자들은 개발도상 지역들은 그들 자신의 독자적인 기준을 유지해야 한다고 주장해왔다. 그러나 실제로는 점점 더 많은 개발도상국들이 교토협정과 같은 국제협약에 조인했다. 그들보다 산업화가 덜 된 나라들은 이 협정에 조인함으로써 환경적 정의에 대한 보편적인 기준을 수용한다는 입장을 확인한 셈이다. 그 기준은 서구에서 유래된 것일지는 몰라도 중대성과 영향의 측면에서는 보편적인 것이다. 유엔이나 기타 자발적인 다자간 국제조직의 후원 아래 제정된 국제협약들은 보편적인 기준에 따라 세계 전체를 감시하고 그 기준을 강요할 수 있는 구조를 만들어낸다.

국제적인 주주대화도 급속히 발전하고 있다. 아직 미국만큼 소액주주의 권리를 인정하고 있는 나라는 없지만, 많은 나라들이 기업들의 연차총회에서 쟁점들을 다루도록 하는 메커니즘을 갖고 있다. 주주행동주의의 사례들 가운데 가장 흥미로운 것은 미국에서 시작된 주주대화가 영국으로까지 번졌던 사례다.

1999년에 브리티시 피트롤리엄이 아모코를 인수해 BP 아모코가 됐다. 그때 미국의 환경단체들은 알래스카의 미개발 지역에서 석유 채굴 건에 관해 아모코와 주주대화를 진행하던 중이었다. 주주대화에서 환경단체들은 태양광 발전시설 생산을 늘림으로써 실효성 있는 대안 에너지를 개발하는 일에 나서줄 것을 아모코에 요구했다. 그런데 당시 영국에서는 어떤 기업에 주주결의안을 제출하려면 그 기업에 대해 평균 1만 파운드 이상에 해당하는 지분을 소유한 100

명 이상의 주주들이 공동행동에 나서야만 했다. 마침 사회책임투자를 전문으로 하는 미국의 트릴리엄 자산운용사의 한 고객이 아모코에 주주결의안을 제출하기에 충분한 정도의 주식을 소유하고 있었다. 그리고 그린피스 회원 99명이 아모코의 주식을 각각 1주씩 사들여, 주주결의안을 제출할 수 있는 최소 주주 수 100명을 맞추었다. 이렇게 해서 제출된 주주결의안은 아모코의 주주총회에서 13%의 찬성률을 기록했다. 영국에서 대부분의 주주결의안들이 보통 1% 정도의 찬성률만 기록해온 데 비하면 대단히 높은 찬성률이었다. 아모코의 경영진이 투자자들과 대중의 정서를 잘못 읽었던 게 분명해졌다. 그것은 경종을 울리는 역할을 했고, 투표 결과에 놀란 아모코의 경영진은 자사의 명성을 재구축하는 조처를 취하기 시작했다. 그들은 태양광 발전시설 개발에 박차를 가한다는 사업계획을 발표했다.

　미국에 소재하는 기업의 주식을 갖고 있는 사회책임투자자들은 정의를 위해 투쟁하는 원주민들에게 도움의 손길을 내밀고 있다. 옥시덴틀 피트롤리엄은 원주민의 토지에서 석유 채굴을 하는 문제에 대해 머시 헬스 서비시스, 신시나와 도미니컨스, 월든 애셋 매니지먼트로부터 주주결의안을 제안받았다. 콜롬비아의 열대우림에 사는 우와족은 문제의 땅을 신성시하고 있었다. 우와족은 옥시덴틀 피트롤리엄이 그 땅에서 석유 채굴을 강행할 경우 집단 자살할 것이라고 위협했다. 이 잘못된 석유 채굴 시드는 주춤거리고 있다.

　미얀마는 억압적인 정권이 장악한 나라로 알려졌고, 몇 년간에 걸쳐 이 나라에서 사업을 벌여온 유노캘은 주주들의 질문공세를 받았다. 아직도 이 기업은 자사가 미얀마에서 긍정적인 변화에 기여하는 일을 하고 있다고 주장한다. 국제지구권리(EarthRights International)는 2000년 5월에 펴낸 보고서에서 미얀마에서 자행되고 있는 강제노동에 유노캘이 어느 정도나 관여하고 있는지를 알렸다. 이 보고서에는 미얀마 군인들이 자행한 강제노동과 고문희생자 수십 명의 목격담이 실려 있다. 국제지구권리의 공동의장이며 《완전한 부정이 계속되고 있다(Total Denial Continues)》라는 보고서의 대표 저자인 타일러 지아니니는 이렇게 말했다. "이번 보고서는 유노캘의 임원들이 알고 있는 게 무엇이며, 그것들을 언제부터 알았는지를 폭로한다. 그들은 미얀마에서 강제노동이 이용될 수도 있다는 사실을 이 나라에 파견되기 전에 이미 알고 있었다. 늦게 잡아도 1996년에는 유노캘의 사업계획이 강제노동 이용을 바탕에 깔고 있다는 사실을 분명히 알고 있었다. 그럼에도 불구하고 그들은 미얀마 군부와 사업제휴를 진행했고, 그 같은 제휴관계는 오늘날까지 계속되고 있다." 국제지구권리의 공동의장인 카 사우 와는 보고서 내용을 뒷받침할 증거를 수집하기 위해 은밀한 현장조사 작업을 진행했다. "어떤 마을에 가도 사람들은 똑같은 이야기를 되풀이했다. 파이프라인 설치공사가 벌어진 한 마을의 주민들은 그 전에는 군인을 본 적이 거의 없었다. 그러나 파이프라인 공사 이후 군인들이 들어왔고, 수천 명의 무고한 사람들은 비극에 빠졌다. 유노캘은 그렇게 직접적으로 사람들을 비참하게 만들었다." 비참한 상황에 빠진 이 마을 주민들에게는 사회책임투자자들이 그들을 구해줄 수 있는 최대의 희망일지 모른다. 우리는 주식을 소유하고 있고, 주주결의안을 어떻게 제출하는지를 알고 있다. 게다가 이제 우리는 매일같이 더욱 더 밀접하게 서로 연결되는 세계적인 네트워크 기반을 갖고 있다.

지역사회 경제개발은 미국보다는 신흥국가들에서 훨씬 더 중요한 역할을 한다. 그러나 많은 공통된 측면이 부각되고 있다. 공적, 사적 제휴가 보편적으로 요구된다. 10~12명 정도의 사람들에게 영향을 끼치는 모델은 물론 수천 명의 사람들에게 영향을 끼치는 모델에 대한 논쟁이 격렬하게 이루어지고 있다. 가난한 사람들, 특히 가난한 여성들의 부채 상환 실적은 놀라울 정도로 우수하다. 그리고 가난이 줄어들수록 지역사회 전체가 건강해지고 있다.

지역사회 경제개발에 도움이 되는 융자를 하려는데 전 세계에서 어느 지역을 선택할지를 고민하는 사회적 투자자들에게는 오이코크레디트라는 대출펀드가 아주 적절한 금융기관이다. 이 대출펀드는 전 세계 66개 나라의 소외된 단체 350개 이상을 지원하고 있으며, 개인보다는 단체에 필요한 자금을 빌려준다. 커피 볶는 시설을 자체적으로 보유하고 싶어 하는 커피재배 농가들의 협동조합을 예로 들어볼 수 있다. 커피 원두는 수확된 직후 건조시키지 않으면 곧바로 썩어버린다. 따라서 상인들은 커피 원두를 구매할 때 흥정을 질질 끄는 방법으로 커피재배 농가를 압박해서 원두 거래가격을 쉽게 낮춘다. 절박한 농민들은 생산한 커피 원두를 모두 잃기보다는 다만 얼마라도 건지는 게 낫기 때문에 불리한 가격조건을 수용하곤 한다. 오이코크레디트는 이런 커피재배 농가들의 협동조합에 돈을 빌려준다. 이는 생계유지를 지원하는 것 이상의 역할을 했다. 보다 공정한 사회를 건설하는 데 기여하는 오이코크레디트에 자금을 댄 대출자들은 미국인이나 유럽인들이고, 돈을 빌리는 단체는 대부분 남반구에 위치해 있다.

여성세계은행(WWB; Women's World Banking)은 투자자들의 대출금보다는 기부금으로 운영되고 있다. 여성세계은행은 여성들을 경제적 기회에 접근할 수 있게 해주는 것이 중요하며, 가난한 여성들에게 신용을 제공하는 것이 특히 중요하다는 신념을 바탕에 두고 설립됐다. 이는 곧 지역적인 이니셔티브를 지원한다는 것이다. 또 여성들을 위한 신용, 저축, 교육훈련, 상업적인 관계망, 그리고 최적의 유통체제를 올바로 연결시키는 일은 지역의 실무자와 기관들이 가장 잘 한다는 믿음을 바탕에 깔고 있다. 여성세계은행의 전 세계

남아프리카공화국의 지역사회 건축업자들에 대한 지원

그레그 응타티시는 남아프리카공화국의 '신생 하도급 건축업자' 가운데 한 사람이었다. 그는 숙련된 건축 기술자였지만 남아프리카공화국 정부의 아파르트헤이트 정책으로 인해 자신의 회사를 차리지 못했고, 때문에 금융기관에서 돈을 빌릴 수 있을 만큼 충분한 신용을 쌓지 못했다.

200만 명 이상이 열악한 주거환경 속에서 사는 이 나라에서는 살 만한 집을 마련하는 것이 가장 절박한 수요 가운데 하나다. 셰어드 인터레스트(Shared Interest)를 포함한 컨소시엄은 공동 보증으로 그레그 응타티시가 저비용 주택 5207채를 완공하는 데 필요한 자금을 대출받을 수 있도록 도왔다.

이렇게 대출된 자금 덕분에 남아프리카공화국 내 34개 지역사회에서 30개 지역 건축업자들이 주택을 지을 수 있었다. 셰어드 인터레스트에 융자한 외국인 투자자들의 도움으로 응타티시와 같은 남아프리카공화국의 지역 건축업자들은 신흥 건축업자의 지위에서 벗어나 자리를 잡은 건축업자로서 인정받게 됐다. 이로써 그들은 남아프리카공화국이 경제적으로 생존능력이 있는 나라가 되기 위해 절박하게 필요로 하는 주택과 일자리를 공급하는 역할을 할 수 있었다.

제휴기관들은 1979~1994년에 모드 20만 건 이상의 대출을 직접 하거나 중개하거나 보증했다. 한 건당 대출금액은 평균 350달러였다. 대출금의 상환율은 가중평균 방식으로 계산할 때 95%를 넘고, 채무 불이행률은 1%도 안 된다.

개발도상국에서는 350달러만 지원받아도 자신의 자손을 빈곤의 수렁에서 건져낼 수 있는 사람들이 많다. 신흥경제 국가에 사는 가

국제적인 지역사회개발 대출펀드들

- **액시언 인터내셔널(ACCION International, www.accion.org)**은 중남미 전역에 걸쳐 소액융자와 기술적인 지원을 한다.
- **니카라과 대안 신용기금(Nicaraguan Credit Alternatives Fund)**은 니카라과에서 소액융자를 한다.
- **셰어드 인터레스트(Shared Interest)**는 남아프리카공화국에서 소규모 사업체나 주택 마련을 위한 소액융자를 한다.
- **시드 아이티 지역사회개발 대출펀드(SEED Haiti Community Development Loan Fund)**는 아이티 농촌지역의 농민 협동조합에 대해 사업자금 융자를 한다.
- **폰코즈(Fonkoze)**는 아이티에서 사업자금 융자를 한다.
- **니트래펀(Nitlapan)**은 니카라과 농촌지역의 중소 규도의 융자를 한다.
- **오이코크레디트(Oikocredit, www.oikocredit.org)**는 전 세계의 소외된 지역들에서 활동하는 생산적인 기업들에게 신용을 제공한다.

아울러 다음 조직도 주목할 만하다.
- **국제사회경제투자자협회(INAISE; International Association of Investors in the Social Economy, www.inaise.org)**는 사회적 금융조직들의 네트워크다. 이 협회에 참여하고 있는 은행, 대출펀드, 신용조합 등은 웹사이트에서 찾아볼 수 있다.

출처: www.communitycapital.org

난한 행상이나 수공업자들 대부분은 아침마다 고리대금업자를 찾아가는 것으로 하루를 시작해야 한다. 그들은 건조된 콩 한 통을 살 수 있을 정도의 돈을 고리대금업자로부터 빌린다. 그런 다음 그들은 콩을 시장으로 갖고 가서 판다. 고리대금업자에게는 심지어 단 하루만 빌린 돈에 대해서도 원금의 두 배나 되는 이자를 줘야 하는 수도 있다. 도둑을 맞거나 사고라도 당한다면 그야말로 재앙이다. 그들이 고리대금업자에게 가지 않고도 장사할 물건을 살 수 있게 된다면 빈곤의 악순환을 영구히 중단시킬 수도 있다.

미국에 본부를 둔 지역사회개발 금융기관들은 미국 이외의 다른 나라들에서 새로이 출범하는 지역사회개발 금융기관들에게 기술적인 지원을 해주기도 한다. 이런 지원에는 특히 미국 시카고의 쇼어뱅크가 적극적으로 나서고 있다. 쇼어뱅크는 루마니아, 그루지야, 아제르바이잔의 지역사회개발 금융기관들과 힘을 합쳐 옛 소련지역 전체와 동유럽 등지에서 빈곤층에 대출을 제공하고 있다. 쇼어뱅크는 최근에 네덜란드의 트리오도스 뱅크 등과 손을 잡고 케냐의 나이로비에 크렙 뱅크를 설립했다.

미국에서처럼 해외에서도 지역사회개발 금융기관들은 은행, 신용조합, 대출펀드의 형태를 취하고 있다. 그 가운데 다수가 차입금이나 예탁금보다는 기부금으로 운용된다. 그렇지 않은 지역사회개발 금융기관들은 자급자족적인 토착조직의 형태를 띠고 있다. 거의 모든 문화권들이 각자 나름대로 대부계의 역사를 갖고 있다. 대부계는 구성원들이 조금씩 돈을 내어 목돈을 만들고, 구성원들이 하려는 사업들 가운데 어떤 사업에 먼저 자금을 대부할 것인지를 구성원들끼리 결정하는 조직을 말한다. 처음에 대출을 받은 사업이 잘 되어 그 대출금을 갚게 되면 그 다음 차례로 대출을 받을 사업이 선정된다. 미국 이외의 지역에서는 이런 대부계가 지역사회개발 금융기관과 앞으로 계속 좋은 제휴관계를 맺을 수 있을 것이다. 미국의 몇몇 신용조합들은 전 세계를 대상으로 자금 융자를 한다. 그러나 이보다 더 많은 일들이 가능하다. 사회책임투자자들은 지역사회개발 금융기관들에 더 많은 자금이 모이도록 하고, 그렇게 모인 자금이 세계 곳곳에 더 많이 흘러가도록 하는, 좀더 혁신적이고 효과적인 방법을 창출해낼 것이다. 이와 관련해 우리는 각지의 토착 모델들을 연구하고, 자금 기부나 사업 협력 등을 통해 그런 모델들을 지원해야 한다.

문화권별로 최선의 길 찾기

경제체제나 금융체제는 이제 더 이상 국가라는 단순한 틀에 끼워 맞출 수 없다. 지구촌 전체가 월스트리트와 연결돼 있으며, 이런 상황은 정의와 환경적 지속가능성이라는 두 가지 목표를 다 달성하도록 해줄 수 있는 엄청난 기회를 던져주고 있다. 이렇게 생각하는 한 가지 근거는 인터넷이다. 원 월드 커뮤니케이션 사이트(www.1world-communication.org)에 가면 동티모르의 상황에 대한 현지 활동가들의 글, 콜롬비아에서 올린 글 등을 볼 수 있다. 내가 좋아하는 해외의 통신원들이 브라질의 정글 속에서 전개되는 사건들에 대해 어떤 생각을 갖고 있는지를 알기 위해서 근이 〈뉴욕 타임스〉를 들춰볼 필요가 없다. 나는 원 월드 커뮤니케이션 사이트에 가서 그곳의 부족 지도자들이 써 올린 15통의 편지들을 읽고 내 생각을 정리할 수 있다. 미얀마에서 일어난 사건이 어떻게 전개되고 있는지를 알아보기 위해서는 이러워디 사이트(www.irrawaddy.org)를 방문하면 된다. 이런 사이트들은 매일같이 더 많이 늘어나면서 미래의 세계를 위해 건강한 영향력을 발휘하고 있다.

뉴스에 접할 수 있게 해주는 이런 대안의 정보원들은 사회책임투자자들에게 힘이 된다. 그런 것들은 사회책임투자자들로 하여금 세계화가 주는 영향을 더 잘 평가할 수 있게 해주고, 지역 조직들과 함께 세계화가 낳는 최악의 결과를 방지하기 위한 노력을 기울일 수 있게 해준다. 정보와 지식으로 무장한 사회적 투자자들은 착취공장에 하청을 주는 기업들에게 납품업체 공장들에 대해 사회적 감사를 실시하도록 요구해왔다. 이런 감사를 해주는 단체들 가운데 가장 높게 평가되는 단체는 베리테다. 이 감시단체는 세계적으로 조립라인의 작동구조에 관한 보고서를 발간하는 비영리 단체다. 베리테 지수(Verité Index)는 착취공장 노동자들의 90%가 15~22세의 여성 노동자임을 보여준다. 이 단체가 방글라데시에 있는 공장들을 조사한 결과 그곳 노동자들의 일주일 평균 노동시간은 100시간이었다. 디즈니의 101마리 달마시안 강아지가 그려진 잠옷은 개당 20달러에 팔리지만, 그것이 아이티에서 제조되는 데 드는 비용은 6센트에 불과하다. 사회책임투자자들은 착취공장과 관련된 기업의 사회적 책임성에 대한 조사를 스크리닝으로 뒷받침해주고, 착취공장에 하청을 주는 기업에 주주결의안을 제출하고, 해외의 현장에서 활동하는 지역사회개발 투자기관들을 지원할 수 있다. 사회책임투자자들은 이런 행동을 하는 과정에서 풀뿌리 단체들이 제공해준 정보와 지식 기반을 활용하면서 건설적인 해결책을 찾을 수 있다.

나는 세계의 각 지역은 강력한 사회적 투자 공동체를 구축하는 데 기여할 수 있는 나름대로의 장점을 다 지니고 있다고 생각한다. 사회적 투자자들은 각 지역의 강점들을 활용함으로써 모든 지역들이 뒷받침하는 하나의 세계가 구축되도톤 하는 데 도움을 줄 수 있다. 좋은 스포츠 팀에는 적어도 1명 이상의 스타가 있기 마련이다. 각각의 스타는 팀의 다른 구성원들에게는 없는 특별한 재능을 갖고 있다. 각기 다른 특징을 가진 사람들도 서로 힘을 합치면 경기에 나가 이길 수 있는 좋은 팀을 만들 수 있다.

신흥경제 지역에서 활기에 넘치는 대안의 사업모델도 제시되고 있다. 그 가운데 가장 혁신적이고 흥미로운 지역사회개발 사업으로 파나마의 미방코와 방글라데시의 그라민 뱅크를 들 수 있다. 이런 대안의 사업모델은 사고방식을 바꿔 새토운 생각을 할 줄 아는 사람들에 의해 추진돼왔다. 게다가 신흥경제 지역의 시민들은 선진국 사람들은 생각하지도 못할 개인적인 변화를 추구해 성공할 수 있는 능력을 갖고 있다. 세계에서 가장 큰 금 가공업체를 설립한 프리다 티아수완은 태국에서 살고 있다. 그가 12살이었을 때 그의 아버지는 가족을 이끌고 가난한 태국 남부를 떠나 몇 달에 걸쳐 강을 따라 북쪽으로 갔다. 현재 그의 딸은 영국에서 대학에 다니고 있고, 그가 만든 금 제품은 월마트와 홈쇼핑 네트워크에서 팔린다. 이런 엄청난 개인적인 변화와 성공에도 불구하고 그는 여전히 빈곤과 공포의 현실을 기억하고 있다.

파나마에서 가장 잘 나가는 여행업자인 지미는 22살에 도시로 나왔고, 현재 휴양시설을 운영하고 있다. 그는 세계적 대기업의 경영

사회적 책임성이 있는 기업

토머스 티즈센스는 네덜란드의 대표적인 사회책임 투자펀드 운영사인 트리오도스 은행 (Triodos Bank NV)에서 기업 조사를 한다. 다음은 그가 좋아하는 사회적 책임성이 있는 두 기업이다.

- **반멜레(Van Melle NV)**는 제과회사로 멘토스, 프루트텔라, 에어헤즈 등의 브랜드를 갖고 있다. 이 회사는 유전자 조작된 식품은 정책적으로 피하고 있다. 자체적으로 제품에 관한 사회적 보고서를 발행하고 있으며, 네덜란드에서 최초로 환경보고서를 발행하기 시작한 회사들 가운데 하나다. 대체에너지 사용에도 적극적이어서 태양광 발전과 풍력 발전으로 전기를 만들어 쓸 수 있는 곳에서는 그렇게 하고 있다. 사무실 활동의 환경적 영향을 최소화하기 위한 '그린오피스 프로그램'을 실시해 무염소 재활용 종이의 활용과 이면지 이용 등에 앞장서고 있다. 이 회사는 제품수송 과정이 환경에 끼치는 영향을 줄이기 위해 공장을 해당 소비지역들에 나누어 건설할 계획이다. 이 회사는 이익의 1%를 환경운동에 기부하며, 나무 심기 환경교육 프로그램을 실시하고 있다. 이 회사의 기업이념은 "우리는 환경의 일부다. 우리가 환경에 주는 영향을 지속가능한 수준으로 줄이는 데 전력을 기울인다"이다.
- **볼터스 클루베르(Wolters Kluwer NV)**는 법률, 금융, 비즈니스, 의학, 교육, 언론, 교육 관련 매뉴얼을 발행하는 회사이다. 회사의 조직문화에는 사회적 책임의식이 확실히 정착되어 있다. 회사는 종업원의 훈련과 교육에 많은 노력을 하고 있으며, 종업원의 선택으로 무급휴가를 가질 수 있으며, 그 반대로 휴가 대신 근무할 수도 있다. 30%의 종업원은 신축적 근무시간제를 활용하거나 재택근무를 한다. 이 회사는 노사관계가 좋은 것으로 유명하다. 매년 자세하고 광범위한 사회적 보고서를 발간한다.

출처: www.triodos.nl

자들과 파나마의 정글로 날아가서 팀워크 훈련을 위한 생존게임을 한다. 그는 유럽에서 온 고객들과 최고급 프랑스 식당에서 식사를 하는 것만큼 정글에서 아무런 보급이 없이 맨발로 6일간을 보내는 것에 익숙해 있다. 그의 아들은 미국에서 대학을 졸업하고 이제 그와 함께 일하고 있다. 그는 후진국 사람인 동시에 선진국 사람이다.

대안적 경제모델에 대한 놀라운 적응력으로 신흥경제 국가 사람들은 지금의 세계경제가 만들어놓은 역경을 넘어 해결책을 만들어내는 비전과 능력을 가지고 있다. 그러나 우리 사회적 투자자들도 역할을 해야 한다. 그래서 이들 국가들이 부채와 군산복합체의 억압, 자연자원에 대한 범죄적인 파괴에서 벗어나도록 도와야 한다.

나는 일본에 금융위기가 닥쳐 금융 시스템이 붕괴하는 것을 보고 일본 사람들이 개인적인 수치감을 느꼈다는 기사에 놀라지 않을 수 없었다. 미국도 금융위기를 겪었지만 그때 나는 전혀 부끄러움을 느끼지 않았다. 나와는 전혀 상관이 없는 일이라고 생각했기 때문이다. 사람들이 자기가 속해있는 사회의 평판이나 현실에 개인적 책임감을 느낀다는 것은 세계경제에 좋은 습속이 될 수 있다. 게다가 불교와 힌두교 문화는 서구 문화 속에서 우리가 진리라고 생각해온 것들을 완전히 뒤집기도 한다. 태국의 프란다(Pranda) 보석회사의 공장은 불교철학의 기반 위에서 운영된다. 이 회사 공장에는 작업실마다 노동자들을 위한 참선 공간이 마련되 있고, 아름답게 꾸며진 공간에서 노동자들은 명상의 시간을 가질 수 있다.

유럽인들은 문명의 의미와 환경 보존과 같은 주제에 대해 공개적으로 이야기하는 계몽된 리더십을 선호한다. 그들은 지위와 권력은 책임과 함께 해야 한다고 생각하며, 그것을 겸허히 받아들인다. 유럽 사람들은 대체로 삶의 질을 저녁 산책의 질로 평가하지 텔레비전을 얼마나 많이 갖고 있느냐에 좌우된다고 보지 않는다. 그들은 저녁 산책을 하면서 분수대와 광장, 아름다운 건축물을 지나치고, 꽃과 나무를 보면서 사람들을 만난다. 가장 불우한 시민들의 지위가 나빠지면 국가의 지위가 나빠지는 것이라는 상식이 통한다. 그들은 의사결정이 이루어지는 철학적 토대에 대해 성찰하면서 지적인 즐거움을 느낀다.

미국인은 시스템형 인간들이다. 미국인들은 스스로 무엇을 원하

환경보호에 기여하는 헝가리 기업

아담 드 솔라 풀은 벤처캐피털인 환경투자 파트너스(Environmental Investment Partners)의 수석 투자담당 간부다. 그는 중부 유럽의 환경관련 기업들에 투자한다. 그는 다음 회사를 추천했다.

• **오르가니카(Organica)**는 헝가리의 폐수처리 회사다. 이 회사는 석탄이나 모래를 실어 나르던 오래된 바지선들을 개조해 수상 폐수처리 시설로 만들어 이용함으로써, 땅 위에 시설을 설치하는 데 따르는 여러 가지 문제들을 해결했다. 육상에 설치하는 경우 수개월이 걸리는 데 비해 이런 수상 폐수처리 시설은 계약 후 48시간 이내에 설치가 가능하다. 또 다른 장점은 즉시 철수가 가능하다는 점이다. 이런 식의 유동적인 시설에 대해서는 필요한 금융을 쉽게 제공받을 수 있기 때문에 금융상의 이점도 있다. 폐수처리 시설에는 나무, 어류, 달팽이 등 2000여 종의 동식물이 사용되고 있다. 회사는 이런 방법으로 폐수의 3단계 처리에 필요한 생화학 첨가물의 사용을 크게 줄이고 있다.

출처: www.eip.com.pl

고, 그것을 어떻게 실현해야 하는지를 알고 있다. 미국인들은 뮤추얼펀드를 통해 금융자산을 배분하는 방법을 실험해 보았고, 그 효율적인 방법을 찾아냈다. 미국인들은 여러 가지 제도들을 통해 은퇴에 대비하고 있다. 그런 방법들은 비록 아주 안전한 것은 아니라 하더라도 사람들에게 힘이 되고 있다. 미국인들은 개인의 권리에 대해 뿌리 깊은 신념을 가지고 있으며, 다른 어느 나라들보다 다양한 목소리들에 대해 관대하다. 미국의 회사는 국적, 성별, 성적 취향, 종교, 신체장애, 군복무, 사는 곳에 관계없이 최선의 인재를 채용한다. 미국의 회사는 누구든 필요한 재능만 갖고 있으면 그를 채용하는 데

세계가 100명이 사는 마을이라면

우리가 사는 세계를 모든 인구구성의 비율을 유지하면서 단지 100명이 사는 마을로 압축시켜 보면 다음과 같을 것이다.

- 57명은 아시아인, 21명은 유럽인, 14명은 아메리카인, 8명은 아프리카인
- 51명은 여자, 49명은 남자
- 70명은 유색인종, 30명은 백인
- 70명은 비기독교인, 30명은 기독교인
- 80명은 기준 이하의 집에서 거주함
- 70명은 글을 읽지 못함
- 50명은 영양실조에 걸림
- 1명은 죽음에 임박하고, 1명은 태어나고 있음
- 1명은 대학 이상의 학력임
- 컴퓨터를 가진 사람은 아무도 없음
- 6명이 전체 부의 50%를 소유함

어떤 제약도 가하지 않는다.

　이런 속성들은 서로 상승작용을 하면서 평화, 정의, 지속가능한 환경정책이라는 대의를 발전시키는 놀라운 공식이 될 수 있다. 사회책임투자 공동체는 아직 작다. 우리는 세계적으로 서로 긴밀하게 의사소통을 하여 전 세계 금융산업이 그들이 지배하는 기업들을 통해 사람들의 삶에 영향을 주는 방식을 바람직한 방향으로 유도할 기회를 가질 수 있다. 사회책임투자자들은 전 세계 수많은 지역에 존재하는 고난의 근본 이유에 관심을 기울임으로써 지구상의 모든 시민들이 세계적인 번영의 열매를 누릴 수 있도록 하는 역할을 할 수 있다.

7장

개인적 투자 결정에 사회적 기준을 적용하자

어떤 이상을 위해 떨쳐 일어서는 것, 사람들의 운명을 개선하기 위한 행동에 나서는 것, 불의에 저항하는 일에 앞장서는 것은 하나의 작은 희망의 물결을 일으킵니다. 이런 열정과 용기의 중심 백만 개가 만나고 서로 영향을 주고받게 되면, 그러한 작은 희망의 물결들은 하나로 합쳐져서 가장 강력한 압제와 수구의 벽도 휩쓸어 무너뜨리는 거대한 격류가 됩니다.

―로버트 케네디, 1966년 남아프리카공화국에서의 연설

우리는 사회적, 윤리적 기준을 어떻게 투자 포트폴리오 운영에 통합하는지를 보았다. 이번 장과 다음 장에서는 왜 그렇게 해야 하는지를 살펴보고자 한다. 이번 장에서는 여러 가지 투자 사례를 알아보고, 다음 장에서는 그러한 투자들이 세계에 끼치는 영향에 대해 살펴보기로 하자. 사회책임투자는 투자자도 하여금 기업에 대한 복합적인 분석의 참여자로 만들 뿐 아니라 보다 살기 좋은 세계를 만드는 데 실질적인 성과를 거두어 왔다.

투자의사 결정 과정에 사회적 기준을 적용하는 것은 어떻게 해서 가치를 만들어내는가? 사회적 투자의 기본 원칙들이 실현되면 투자자들이 부담하는 다른 비용들이 절감되기 때문에 투자자들이 더 많은 투자를 할 수 있게 된다는 사실에서 그 해답을 찾을 수 있다. 부가 보다 폭 넓게 분배된다면 사람들이 자기 자신과 가족을 스

환경 친화적인 기업들

KLD의 조사담당 이사인 스티븐 라이든버그는 에너지 효율성, 재활용, 대체연료, 환경오염 예방을 촉진하는 기업의 사례들을 아래와 같이 소개했다.

- **애스트로파워(AstroPower Inc.)**는 태양광 발전 관련 제품의 개발 및 판매 회사다. 이 회사는 컴퓨터 칩 제조산업에서 버려지는 실리콘 웨이퍼를 재활용해 태양광 발전 관련 제품을 생산하고 있다.
- **발도 일렉트릭(Baldor Electric Co.)**은 '슈퍼-E'와 '고효율'이라는 이름의 생산라인에서 에너지 효율성이 높은 발동기를 만든다. 이 회사는 〈플랜트 엔지니어링(Plant Engineering)〉이라는 잡지에 의해 '전동기, 구동 및 제어장치' 부문 1등 상을 받았다.
- **인터페이스(Interface Inc.)**는 카펫 제조업체로서 재활용과 환경적으로 지속가능한 제조 공정을 운영하는 것으로 유명하다. 이 회사의 테라텍스 제품 라인에서 사용되는 폴리에스테르 섬유는 100% 재활용품이다. 이 회사는 지속가능성에 관한 보고서를 발행하며, 세레스 원칙에도 서명했다.
- **플러그 파워(Plug Power Inc.)**는 연료전지를 이용한 가정용 및 상업용 발전기를 만든다. 이 회사의 발전기는 연료를 태우는 방식이 아닌 화학반응을 통해 전기를 만들어내기 때문에 물과 약간의 이산화탄소를 제외하고는 다른 배출물이 전혀 없다.
- **리얼 굿스 트레이딩(Real Goods Trading Corp.)**은 에너지 효율성이 높은 온수기, 건조기, 난방기를 만든다. 또한 환경 관련 서적, 비디오, CD도 제작하며 물과 공기 정화기, 원예용품과 건강용품 등도 만든다. 이 회사는 대규모 발전 및 송전 체제에서 벗어나 대체에너지원을 이용하는 삶을 촉진하고 있다.
- **슈니처 스틸 인더스트리스(Schnitzer Steel Industries)**는 금속을 가공하거나 재활용하기 위한 시설과 소형 제철소를 운영하고 있다. 이 회사의 금속 재활용 시설은 기존 자원의 사용 효율성을 높여주는 동시에 자체 소형 제철소에 꾸준한 원재료 공급이 가능하도록 해준다. 이런 공정은 폐기물을 줄이는 데 기여한다. 이 회사의 소형 제철소는 폐기물을 재활용해 유용한 제품을 생산한다.

출처: www.kld.com

스로 보호하기 위해 지출해야 하는 비용이 줄어든다. 보다 깨끗한 환경은 사람들이 건강유지에 들여야 하는 비용을 줄여준다. 기업들이 무기산업에서 손을 떼게 하면 광신자들의 손에 들어가는 무기의 양을 줄일 수 있다. 무엇보다 투자자들에게 가장 중요한 사실은, 사회적 투자가 비교적 짧은 시간 안에 투자자들의 참여도를 높이고 그에 따른 성과도 거둘 수 있다는 것이다.

오늘날과 같은 데이트레이더- 닷컴 붐의 시대를 사는 사람들은 거북이와 토끼의 경주에서 거북이가 이겼다는 옛 이야기를 잊기 쉽다. 그러나 금융시장이 생긴 이래 훌륭한 포트폴리오 매니저들은 기업의 실적전망과 사업관행에 대해 주의 깊게 관찰해왔다. 기업의 사회적 책임에 관한 조사 과정을 통해 기업이 다양한 이해관계자들에게 끼치는 영향이 평가된다. 그리고 이런 조사 과정은 전통적인 증권분석가나 종목 선정자들로 하여금 자칫하면 기업의 위기로 번질 수 있는 문제들에 경영자들이 얼마나 잘 대응하는지도 평가할 수 있게 한다. 분석가들은 기업의 사회적 영향에 관한 실적 자료들을 통해, 전통적인 분석과 평가과정에서 놓치기 쉬운 기업의 측면들을 볼 수 있다. 어느 기업의 사회적 영향에 관한 실적 자료들은 그 기업이 일류 경영진에 의해 운영되는지, 그 회사에 발전적이고 열정적인 기업문화가 존재하는지를 보여준다. 사회책임투자자는 장기적인 것에 관심이 있다. 오직 전문적이고 유능한 경영자들만이 장기적으로 생각하고 계획한다.

도미니 400 사회지수는 투자의사 결정 과정에 사회적 기준을 적용한다고 해서 투자성과가 나빠지는 게 아님을 보여주었다. 이 지수의 처음 10년간의 실적을 보면, 오히려 사회적 기준을 적용했을 때 더 나은 투자성과를 거둘 수 있음을 알 수 있다. 1990년 5월 1일 ~2000년 4월 30일까지 연평균 상승률이 도미니 사회지수는 20.83%였던 데 비해 S&P 500 지수는 18.7%에 그쳤다.

사회적 스크리닝이 투자성과에 부정적이지 않다는 증거가 점점

거북이가 이긴다.

1990년 5월 처음 시작된 도미니 사회지수(Domini Social Index, DS 400)의 누적 수익률과 S&P 500의 누적 수익률 비교

출처: www.kld.com

더 많아지고 있다. 뮤추얼펀드 평가회사인 모닝스타는 사회책임투자 펀드의 1999년도 성과를 분석했다. 그 결과 평가 대상 사회책임투자 펀드의 21%가 대망의 별 다섯 개 또는 별 네 개의 등급을 받았다. 모닝스타의 평가 대상 뮤추얼펀드를 통틀어 별 다섯 개 또는 네 개의 등급을 받은 펀드의 비중이 12%에 불과했던 데 비하면 무려 2배에 가까운 수준이었다.

전 세계의 포트폴리오 매니저들은 사회책임투자가 건실한 투자 방식이라는 믿음을 공유하고 있다. 460억 달러가 넘는 자산을 운영

성장형 펀드와 가치형 펀드

1999년에 KLD는 모닝스타와 함께 미국 내 대형 주식투자 뮤추얼펀드를 골라서 도미니 400 사회지수의 스크리닝 방법을 적용해 보았다. 분석 대상 펀드들을 성격에 따라 구분해 성장형 5개와 가치형 5개로 나누었다.

성장형 펀드는 비교적 결과가 좋았다. AXP 뉴 디멘션스(AXP New Dimensions), 아메리칸 센추리 울트라(American Century Ultra), 야누스(Janus) 등 3대 성장형 펀드는 편입주식 중 5~14%만이 스크리닝에 걸렸다. 이들 3대 성장형 펀드가 주로 편입한 주식들은 서비스, 건강, 하이테크 업종의 주식들이었다. 이런 업종은 환경 관련 쟁점을 별로 갖고 있지 않으며, 고용 관행도 상대적으로 진전된 내용으로 돼있다.

이와 달리 MSDW 디비덴드 그로스 시큐리티스(MSDW Dividend Growth Securities)나 DIVAX 같은 대형 가치형 펀드는 유틸리티, 에너지, 제조업 등의 주식을 많이 편입하고 있었고, 사회적 스크리닝을 통과하는 데 어려움을 겪었다. 5개 대형 가치형 펀드들 가운데 스크리닝을 통과하지 못한 비중은 29~45%에 이르렀다.

모닝스타는 그렇다고 해서 성장형 펀드가 본래부터 사회적 책임성이 있다는 말은 아니며, 단지 시장 상황상 성장형 펀드들이 하이테크, 서비스, 건강산업에 투자하게 되어 상대적으로 깨끗한 포트폴리오를 갖게 된 것이라고 밝혔다.

하는 네덜란드의 연금기금 운영사 피지지엠의 간부인 알프레드 쿨은 사회책임투자 원칙에 따라 연금기금을 운영하기 시작했다고 발표하면서 "우리는 사회책임투자가 수익률을 높여준다고 믿는다"고 말했다. 다른 유럽계 포트폴리오 매니저들도 똑같은 의견을 갖고 있다. 아콘 윤리펀드(Acorn Ethical Fund)를 운영하는 데릭 바틀릿은

환경 측면에서 추천된 두 기업

레슬리 크리스천과 카스턴 헤닝스톤은 지속가능한 내일에 투자하는 글로벌 뮤추얼펀드인 포트폴리오21의 공동 설립자다. 두 사람은 사회적 투자자들이 특히 관심을 기울일 만한 기업으로 다음 두 회사를 꼽았다.

- **ST마이크로일렉트로닉스(STMicroelectronics)**는 에너지와 자원을 많이 소비하는 반도체 산업에 속하는 기업이다. 그럼에도 이 회사는 환경의 지속가능성을 중시하는 모습을 보이고 있어 돋보인다. 이 회사는 지구는 무한한 가치를 지니며 생태계는 누구의 것도 아니라는 신념에서 환경에 대한 중립성을 지키기 위해 노력하고 있다. 이 회사의 최고경영자인 파스쿠알 피스토리오는 이러한 노력이 결국은 진정한 경쟁력을 가져다 줄 것이라고 확신하고 있다. 회사의 궁극적인 목표는 이러한 노력의 성공을 널리 알려서 다른 회사들의 동참을 이끌어내는 것이다. 이 회사의 노력으로 반도체 업계 전체가 환경에 대한 영향을 줄일 수 있게 될 것으로 기대된다.
- **스위스재보험(Swiss Reinsurance)**은 환경문제 인식에서 선도적인 회사이며, 기후변화에 대처하는 공공정책이 강력하게 실시되도록 압력을 가하는 일에도 앞장서고 있는 스위스계 보험회사다. 이 회사는 환경오염을 감소시키고자 노력하는 고객들에게 인센티브를 제공한다. 즉, 고객이 환경오염을 일으키는 정도와, 그런 오염행위가 낳을 수 있는 영향에 따라 보험료가 부분적으로 조정된다. 세계적인 보험회사로서 전 세계 기업들이 환경적으로 지속가능성이 있는 사업 운영을 하고 환경에 대한 영향을 줄임으로써 결과적으로 비용을 줄이도록 유도하는 보험 상품을 제공하고 있다.

출처: www.portfolio21.com

"우리는 환경에 피해를 주는 기업에는 투자하지 않는다. 우리의 투자대상은 환경을 개선하는 노력을 기울이는 기업들"이라고 말했다. 이 펀드의 수익률은 2000년 6월 12일까지 12개월 동안 19.3%를 기록했다.

사회적 투자의 세 가지 영역은 포트폴리오의 성과에 어떻게 영향을 줄까? 스크리닝은 기업 경영진의 질과 기업문화를 드러낸다. 주주행동주의는 기업이 미래의 문제를 피할 수 있도록 해준다. 지역사회 개발은 현금자산의 합리적인 투자 대안이다.

사회적 스크리닝으로 더 나은 결정을

사회적 스크리닝을 거친 포트폴리오의 뛰어난 성과는 기업을 이해관계자 모델의 관점에서 바라본 결과이기도 하다. 이를 증명하기 위해 나는 도미니 400 사회지수에 포함된 한 기업과, 이 지수에 포함되지 않은 한 기업을 예로 들어 비교해 보겠다. 어떤 회사를 사회지수에 포함시킬지를 결정하는 과정을 찬찬히 살펴보면 기업에 대한 사회적 분석 과정이 전통적 자산 운영자들도 놀랄 만큼 기업에 관해 깊은 지식을 더해 준다는 사실을 알 수 있다.

유사한 기업들에 관한 사회적 감사 자료에서 존슨 앤드 존슨[30]과 아메리칸 홈 프로덕츠라는 두 회사를 들어 본다. 둘 다 소비재와 의약품을 만드는 대기업이다. 존슨 앤드 존슨에 대한 감사보고서는 KLD가 작성한 것이며, 기업에 대한 사회적 평가 데이터베이스인 소크라테스에서 가져온 것이다. 그것을 잘 살펴보면 사회책임투자 포트폴리오에 편입될 기업을 선택하는 데 어떤 점들을 고려하는지 알 수 있다. 아메리칸 홈 프로덕츠에 대한 감사보고서도 소크라테스에서 꺼내보았다. 이 두 회사를 비교해 보면 사회적 평가 자료를 검토해볼 가치가 충분하다는 점을 알 수 있다.

존슨 앤드 존슨의 감사보고서에 따르면 이 회사는 종업원들에게 52주의 출산휴가를 준다. 가정 관련 혜택으로는 출산 후 복직 프로그램, 입양 보조금 3000달러 지급, 각종 정보 제공 서비스, 수유 프로그램 등이 있다. 또한 6개 작업장의 직장탁아소 운영비 중 50% 이상을 보조하여 부모들의 보육료 부담을 덜어주고 있다. 이에 비해 아메리칸 홈 프로덕츠는 24주의 출산휴가를 주며 2곳의 유치원에 33% 보조금을 지원하고 있다.

기부 프로그램에서도 두 회사는 차이가 난다. 존슨 앤드 존슨은 매년 약 100만 달러를 빈민층 취학 전 아동의 조기교육을 주 목적으로 하는 헤드 스타트 프로그램(Head Start Program)에 기부하고 있다. 유치원 운영 및 유치원 교육 과정의 개발을 위한 연구 프로그램도 지원하고 있다. 그리고 소수인종 젊은이들을 대상으로 하여 전국적으로 운영되는 여름 인턴십 프로그램인 인로즈(INROADS)도 후원한다. 존슨 앤드 존슨은 세전 이익의 1.5% 정도를 현금으로 기부하는 외에 현물 기부에도 적극적이다. 기부행위는 전략적으로 이루어지며 핵심 사업과 관련을 맺고 있다. 또한 매우 창의적이고 투명하게 이루어진다. 특히 공립학교와 같은 지역사회 기반의 기관들을 집중적으로 후원한다.

아메리칸 홈 프로덕츠는 회사의 구체적인 기부금액은 공개하지 않는다. 다만 이 회사가 1996년 KLD에 알려준 자료에 의하면 골다공증, 심장병 등을 예방하는 데 대한 에스트로겐의 유효성을 연구하는 전 세계적인 10개년 프로그램에 약 5000만 달러에 상당하는 1억 1400만 개의 알약을 기증했다. 그러나 이것은 반드시 자선행위라기보다는 오히려 연구 목적이었다는 비판이 가능하다.

두 회사의 기부 프로그램을 비교해 보면, 존슨 앤드 존슨이 곤경에 빠진 사람들에게 도움을 줄 목적으로 투명하고 전략적으로 이루어진 데 반해, 아메리칸 홈 프로덕츠의 자선행위는 대부분 알려지지 않았으며 연구개발을 위한 현물 기증행의를 자선행위라고 보고 있음을 알 수 있다.

두 회사가 자신이 속한 지역사회에 미친 영향을 비교해 보자. 존슨 앤드 존슨은 1970년대 말 이래 본사가 소재하고 있는 뉴저지주 뉴브런즈윅의 지역 재활성화에 상당한 역할을 해왔다. 반면 1996년 12월 아메리칸 홈 프로덕츠는 비상시 긴급대응 계획의 준비를 소홀히 했다는 혐의와 관련해 12만 9000달러의 벌금을 지불하기로 합의하고, 이 소송을 제기한 지역사회에 비상시 긴급대응 장비를 기증하기로 했다.

여기서 대답이 나온다. 어떤 회사는 문제를 미리 앞서 대비하고 어떤 회사는 그렇지 못하다. 존슨 앤드 존슨은 도미니 400 지수의 편입종목이고 아메리칸 홈 프로덕츠는 아니다. 사회적 분석을 통해 미래지향적 시각, 다중작업 능력, 빈틈없는 경영진을 가진 기업들 쪽으로 투자 포트폴리오의 구성이 변화하는 것은 당연하다. 우수한 경영진과 튼튼한 기업문화는 기업의 성과와 우리의 투자를 돕는다. 최근 2년 동안 두 회사가 투자자에게 준 수익률은 달랐다. 존슨 앤 드 존슨은 21%의 수익률을 안겨주었던 데 비해 아메리칸 홈 프로덕 츠의 수익률은 14%에 그쳤다.

투자의 세계에서는 문제를 단지 피할 수만 있어도 보다 나은 성 과를 거둘 수 있다. 그런데 가장 좋은 회사를 고르는 데 많은 노력을 기울이는 분석가들이 경영진의 자질을 평가하는 도구를 찾는 노력 은 왜 기울이지 않는 것일까? 이해관계자 스크리닝 과정은 증권가 에서는 거의 무시되고 있다. 공적 자산을 운영하는 사람들을 제외하

기업의 성과와 윤리적 노력의 관련성

미국의 드폴대학 커티스 버스쿠어 교수가 1999년 미국 내 500대 기업을 대상으로 실시한 연구에 따르면 경영철학에서 윤리의 중요성을 명시적으로 선언한 기업은 그렇지 못한 기업 에 비하여 재무적, 비재무적으로 더 나은 성과를 보였다고 한다. 버스쿠어 교수는 "이러한 우수한 성과의 원인은 윤리적인 문화가 점차 조직에 스며들었기 때문이며, 윤리적 행동규범 은 그러한 가치를 반영해 그 결과로 만들어진 것"이라고 지적한다. 이 같은 연구결과는 회 계법인 아더앤더슨이 최근 행한 연구에서 발견한 것과 일치한다. 즉, 행동을 지도하고 기업 가치를 공고히 하는 윤리적 프로그램은 종업원들에게 엄격한 복종을 강요할 목적으로 만들 어진 프로그램에 비해 훨씬 성공적이다.

버스쿠어 교수는 "적절한 가치를 강조함으로써 모범사례가 만들어지고, 도덕 원리에 대한 해석과 적절한 보상체계가 만들어진다. 윤리적 문화는 최고경영자의 분명하고 솔직한 목표 설정에서 시작되어 조직 전체로 퍼져나간다. 반면 복종은 규칙, 위계질서, 제재와 함께 얻어 진다. 이해갈등과 불량한 경영행위로부터 조직을 보호하기 위해 고안된 형식적 행동규범들 은 종업원들의 충성심을 불러일으키지 못하며 원재료 납품업자, 고객, 기타 이해관계자와의 장기적 우호관계에도 도움이 되지 못한다"고 결론내리고 있다.

고는 이해관계자 스크리닝에 대해 아는 사람도 별로 없다. 나의 페미니즘적 관점에서 보면, 사회책임투자라는 용어를 사용하는 것은 유약한 태도라고 간주하는 증권가의 구닥다리 남성주의가 그 이유가 아닐까 한다. 그러나 결과가 보여 주듯 도미니 400 사회지수의 성과는 부정될 수 없다.

도미니 사회지수를 처음 만들 때 나는 단순히 분란을 피하는 것만으로 시장지수보다 나은 성과가 있을 것으로 기대했다. 지금은 스크리닝을 통해 긍정적인 면을 강조하는 것과 부정적인 면을 피하는 것 양 측면으로부터 모두 보다 나은 투자성과가 가능하다고 믿고 있다. 여하튼 사회적 스크리닝은 문제가 있는 기업을 확인하는 데 확실히 도움이 된다. 〈부록 1〉은 기업의 강점과 취약점에 관한 지표들을 모은 것으로, KLD에서 사회적 평가의 기준으로 만든 것이다. 그

우수한 기업지배구조는 보상 받는다

맥킨지와 세계은행이 공동으로 행한 조사에 의하면 라틴아메리카 기업에 투자하는 투자자들은 지배구조가 우수한 기업의 주식에 24%의 프리미엄을 얹어 가치평가를 하고 있다는 획기적인 사실이 밝혀졌다. 이는 맥킨지의 1996년 조사에서 미국 투자자들의 경우 미국 기업 중 지배구조가 우수한 기업의 주식에 대해 인정한 프리미엄인 11%의 두 배 이상이다. 이런 발견은 이론적으로만 주장되던 우수한 기업지배구조의 가치가 실제로 돈으로 환산됨을 보여준 것이다. 이 조사는 라틴아메리카를 비롯한 세계 각지에서 울려 퍼지는 기업지배구조 개혁의 주장을 뒷받침한다. 기업의 정보공개 여부는 라틴아메리카에 투자하는 투자자들이 가장 우선시하는 기업지배구조 평가항목인 것으로 드러났다. 이 조사는 1조 6000억 달러를 운영하는 90개 기관투자가를 대상으로 이루어졌으며, 세계은행은 동유럽 지역에 대한 투자에 대해서도 같은 조사를 실시할 계획이다.

내용을 요약하면 이렇다. "30개 이상의 슈퍼펀드 폐기물 매립지 보유, 단체소송, 제조물 안전책임 관련 벌금, 임원들에 대한 지나친 보수, 최고 경영진 구성의 다양성 부족, 유독성 화학물의 과다배출, 연금계획에 대한 지원 부족, 미얀마와 같은 독재국가에서의 공장 운영과 같은 사항들은 회사에 문제의 싹이 트고 있음을 알려준다."

증권시장에는 "가장 쉽게 돈을 버는 방법은 돈을 잃지 않는 것"이라는 말이 있다. 문제가 있는 기업에는 투자하지 않는 것이 바로 위험을 줄이는 한 가지 방법이다. 위에서 말한 사항들을 피하는 데 문제가 있는 경영진에게는 누구도 돈을 걸려고 하지 않는다. 그런 경영진은 이미 무능력을 드러낸 것이며, 세상에는 그들 외에도 돈을 걸 만한 가치가 있는 경영진이 너무나 많다. 사실 기업의 사회책임성 조사는 믿을 만한 훌륭한 조사다. 이 조사는 기업 자체와 경영진에 대한 유용한 통찰력을 제공해 준다. 투자자들은 이런 정보를 적극적, 소극적으로 고려하여 자신의 포트폴리오를 스크리닝함으로써 투자위험을 줄이고 경영진의 자질과 기업문화에 더욱 관심을 집중할 수 있다. 투자 포트폴리오를 스크리닝하는 것을 통해 돈을 버는 게 얼마든지 가능하다.

주주대화로 기업을 구제하기

주주대화의 진정한 재무적 이점은 여러 가지 일들을 동시에 이룰 수 있다는 것이다. 먼저 기업들은 잠재적인 책임이 너무 커지기 전에 문제점을 미리 알아챌 수 있다. 펀드매니저들은 투자를 고려 중인 회사에 대해 더 많은 정보를 얻게 된다. 주주결의안의 대부분은 문제가 될 수 있는 사항의 처리 과정에 대한 보고서를 요구한다. 모든 투자 수탁기관들도 일단 그런 문제가 있다는 사실을 알게 되면 같은 요구를 할 것이다. 어쨌든 위험요인의 제거가 얼마나 진전되고 있는지에 관해 경영진에게 보고하도록 하는 것은 현명한 일이다.

주주결의안 제출과 그에 대한 투표를 통한 주주로서의 책임성 있는 행동이 투자자들에게 비용을 초래한다고 주장하기는 어려울 것이다. 그리고 그러한 행동이 실제로 위험을 줄이는 데 기여하는지를 확인하기도 쉽다. 아울러 기업의 소유자로서 주주들은 더 많은 정보공개 요구를 지지하는 게 바람직하다. 미국, 캐나다, 영국에서 이루어지는 활동적인 주주대화는 기업과 그 기업의 다양한 이해관계자들 모두를 지원해 긍정적인 결과를 얻는 데 도움이 되는 유용한 수단이다. 위험을 줄이는 것은 투자자들이 수익률을 높이는 기본적인 방법 중 하나다. 주주행동은 트자자들을 위해 바로 이런 위험을 축소하는 기능을 한다. 이런 방법으로 브담할 수도 있었던 비용을 줄인 사례를 살펴보자.

폴리비닐 클로라이드(PVC)는 정맥주사용 약을 담는 용기를 만드는 데 들어간다. 1999년 초에 그린피스와 몇몇 건강단체들은 PVC를 만드는 과정에서 사용되는 화학물질인 디에틸헥틸프탈레이트(DEHP)가 병원에서 사용하는 정맥주사 약 용기에 녹아들어갈 수 있음을 발견하고 이에 관한 보고서를 작성해 발표했다. DEHP에 대한 노출로 일어날 수 있는 소송의 부담에 직면한 가톨릭계 의료기관은

약 용기 생산업체인 애버트 래버러토리스 쪽과 만나 즉시 PVC를 대

에너지 분야의 추천 기업

보비 줄리안은 필리핀 마닐라에 있는 민간단체인 프리퍼드 에너지(Preferred Energy)의 재무담당 이사다. 이 회사는 재생가능 에너지 기업에 직접 투자하고 있다. 보비 줄리안은 물과 쓰레기와 같은 환경 인프라 영역에서도 프로젝트를 추진하고 있다. 그의 주된 관심사는 많은 사람을 위한 새롭고 개선된 기본 서비스를 제공하는 기술이다. 아래는 그가 추천하는 회사들이다.

- **이센셜닷컴(Essential.com)**은 온라인 통신 및 에너지 매매 사이트다. 이 회사는 이센셜 서비시스(Essential Services)라는 이름으로 개인과 소기업 고객들을 위해 폭넓은 서비스를 제공한다. 그 내용은 환경 친화적인 서비스에 국한되지 않고 에너지에서 전화, 케이블 방송 등에도 걸쳐 있다. 이 회사의 사업모델은 기초 서비스를 제공하는 새로운 유통경로를 모색하고 있다.
- **오션파워(Ocean Power Corp.)**는 규격화된 대규모 해수 담수화 시설과 재생가능 에너지 분야에서 혁신을 선도하는 세계적인 기업이 되고자 한다. 이 회사의 성패는 바닷물을 가격경쟁력이 있게 담수화할 수 있느냐에 달려있다. 이를 위하여 회사는 재생가능 에너지를 이용하는 규격화된 시스템을 대량 생산한다. 최근 윈드 하비스트(Wind Harvest)의 터빈을 회사의 H20kW 해수 담수화 시설에 독점적으로 사용한다는 의향서를 맺는 등 지속적인 발전을 이룩하고 있다. 세계적인 물부족 문제에 즈음하여 회사는 역동적인 시장 확대를 기대하고 있다.
- **스타테크 환경(Startech Environmental Corp.)**은 유독성, 무독성 폐기물을 분해하여 재활용 재료를 만드는 폐기물 처리장치 제조회사이다. 이 회사의 가장 유망한 기술은 도시의 폐기물을 하루 500톤까지 처리하는 재활용 센터용 플라즈마 쓰레기 전환장치다. 이 회사는 스키드모어, 오윙스 앤드 메릴(Skidmore, Owings & Merrill LLP)과 전략적 제휴를 맺고 세계적으로 이 시스템을 공급하려고 노력하고 있다. 스키드모어는 플라즈마 쓰레기 전환장치 및 기술을 판매하는 데 전력하고 있다. 만약 재활용센터가 비교적 적은 장소에서 건설 가능하고 전환장치가 환경에 영향이 없음이 밝혀지면 매립식 쓰레기 처리방법에 혁신이 있을 것이다.

신할 재료를 찾기로 신속히 합의했다. 이로써 주주들은 자기도 모르는 사이에 부딪힐 뻔한 위험을 피할 수 있기 됐다.

환경단체 및 종교단체들과 수년에 걸친 싸움을 벌인 끝에 1999년에 제너럴일렉트릭은 매사추세츠주의 휴서토닉 강을 정화하는 데 2억 5000만 달러를 부담하기로 합의했다. 발암물질로 의심되는 화학물질을 수년에 걸쳐 강에 투기했기 때문이다. 행동가들은 엄청난 잠재적 손실로부터 투자자들을 보호한 셈이다.

RJR 나비스코는 식료사업과 담배사업을 분리한다고 발표할 때 "이것은 순전히 경제적인 결정이며, 주주들의 요구 때문은 아니다"고 밝혔다. 어쨌든 활동가들은 경영진이 회사에 최선의 이익이 된다고 보는 것을 실천하라고 요구했다.

활동가들의 요구에 기업 경영진의 대응이 즉각적으로 이뤄진다는 것은 그 경영진의 의사결정 과정이 나아지고 있다는 표시일 수 있다. 1999년 코카콜라는 벨기에와 프랑스에서의 오염위협 사건 이후 1억 300만 달러의 비용을 감수했다. 이런 손해 금액은 당시 최고책임자였던 더글러스 이베스터의 늑장 대응으로 인해 유럽에서 이 회사가 명성에 입은 손해의 금액을 제외한 것이다. 이베스터는 사건 발행 후 10일이나 지난 뒤에야 브뤼셀에서 사건의 개요와 사과문을 발표했다. 그로부터 일년 후 나는 한 이칼리아 소년을 만났는데 그는 그 사건 이후로 코카콜라를 마시지 않는다고 했다.

주주결의안의 대부분은 제조물책임 소송이나 인간의 건강 문제 등 기업에게 잠재적으로 큰 비용이 되는 문제들에 역점을 둔다. 캐나다의 플레이서 돔은 2000년에 환경사고로부터의 위험과 책임에 관한 독립적인 정보를 주주들에게 제공하라는 주주제안을 회람하기로 결정을 내렸다. 캐나다 법은 단순한 사회적 문제에 관한 주주결의안은 기업이 주주총회 안건에서 제외할 수 있도록 하고 있지만, 이 회사는 그런 문제를 주주투표에 붙이기로 한 것이다.

이런 예들은 기업의 위험을 줄이는 데 주주행동이 얼마나 중요한 역할을 하는지를 보여준다. 기업의 주주로서 투표에 임할 때 고려해야 할 역할이 또 있다. 자신의 돈을 투자한 사람이든 도서관의

자사 종업원에 대한 기업의 책임

기업은 주주뿐 아니라 다양한 이해관계자에 대해 책임을 져야 한다. 기업은 종업원의 고용가능성(employabilty)을 유지하는 책임도 져야 한다. 개인의 고용가능성이란 노동시장에서 빈 구석을 찾아 취업할 수 있는 능력을 가리킨다. 고용가능성이란 개념은 단지 교육훈련에 한정되는 것이 아니다. 그것은 각 개인으로 하여금 변화에 대한 이해, 전직의 능력을 갖춰야 할 필요성에 대한 인식, 자신의 기술을 향상시키는 방법에 대한 지식을 갖게 하는 것을 모두 포괄하는 개념이다. 간단히 말하면 고용가능성은 개인이 변화에 적응하는 자신의 능력에 대해 자신감을 갖는다는 것을 의미한다.

노동자들이 고용가능하게 되도록 하고 그런 고용가능성이 유지되게 할 책임은 모두가 공유해야 한다. 관계 당사자들 모두가 각각 해야 할 역할이 있다. 기업은 자사 종업원들의 고용가능성을 유지시켜야 할 책임을 져야 하고, 종업원은 자신의 고용가능성을 유지하기 위한 교육훈련에 충실히 참가할 책임이 있다. 실업 상태인 사람들에 대해서는 국가와 지방정부가 공동으로 책임을 져야 한다.

실적이 좋은 회사들은 자사 종업원들과 사회적 대화를 충분히 나눈다. 사람에게 동기를 부여하는 것이 상업적인 성공에도 핵심적 요소이기 때문이다. 정기적이고 투명하고 폭넓은 대화가 신뢰를 만든다.

출처: '변화 관리하기: 산업 변화의 경제적, 사회적 함의에 대한 고위그룹의 최종 보고서' 〈고용 및 사회 문제에 관한 유럽연합 위원회(EC Commission on Employment & Social Affairs)〉 1998년 7~9월호.

이사회 구성원으로서 투자 매니저로부터 보고를 받는 입장이든, 당신은 경영진이 사회적 책임성을 갖추도록 요구할 권리와 의무가 있다. 이렇게 하는 것은 전혀 비용이 들지 않으며, 회사가 손해 보는 것을 미리 방지하도록 할 수 있다. 신중한 수탁자라면 회사나 신탁자의 복리를 위험에 처하게 할 만한 문제에 대해 보고를 요구해야 한다. 투자에서 돈을 벌면서 주주행동주의를 지지하는 것은 가능하며, 그렇게 하는 것이 분별 있는 행동이다.

지역사회 경제개발에 기여

지역사회개발 투자기관들은 대출의 대부분이 시장이자율 이하에서 운영되기 때문에 낮은 수익률로 고전할 수밖에 없다. 지역사회개발 은행과 신용조합도 장기적으로는 주식이나 채권보다 높은 수익률을 제공하지 못한다. 그러나 이런 식의 비교만으로는 공정하지 못하다. 지역사회개발 금융기관들은 은행의 저축예금만큼의 수익을 준다. 간혹 더 높을 때도 있다. 그리고 원리금 상환이 보장된다. 그러나 무엇보다도 이러한 투자를 이용함으로써 강신은 자선기부의 효과를 몇 배로 늘릴 수 있다. 지역사회개발 금융기관은 여러 가지 이유에서 좋은 투자방식이다. 그것은 올바른 일이며 안전한 투자이다. 이를 통하여 당신은 보다 더 참여적인 투자자가 될 수 있다. 또한 다른 사회적 비용은 줄이는 동시에, 자선기부 계산을 늘릴 수 있다.

우선 지역사회개발 금융기관에 대한 투자는 옳은 일이다. 옳은 일이기 때문에 투자하는 것이라고 생각할 수도 있다. 지역밀착 금융기관들이 해야 할 일을 할 수 있도록 도움을 줄 정도로 부유하고 자비로운 사람들은 많다. 세계 각지의 구호기관들은 빈손이 되어가고 있다. 전통적으로 미국 내 최대의 구호조직 재원이었던 연방정부는 지난 20여 년간 전개된 세금부담 경감 캠페인의 성공으로 인해 크게 위축된 상태다. 이 캠페인은 환경이나 방위 관련 입법조처를 다양하게 요구했으나, 기업들에 대한 정부 보조금의 증가는 방치했다. 대신 캠페인을 조직하고 지원한 자들이 주장했던 것들을 실현시켰다. 그것은 바로 부자를 더욱 부자가 되게 하고, 가난한 사람들이 그 대가를 지급하도록 하는 것이었다. 지역사회개발 금융기관들은 이러한 상황 전개 때문에 파멸하는 사람들에게 생명줄을 제공한다. 만약 우리가 미래에 대해 개인적으로 책임을 느낀다면 우리가 마땅히 해야 할 일은 우리가 가진 돈, 투표권, 시간, 그리고 자선기부를 통해 지역사회개발 금융기관을 지지하는 것임을 알 것이다.

지역사회개발 금융기관에 투자해야 하는 두 번째 이유는 투자의 관점에서다. 지역사회개발 신용조합이나 은행에 예치한 돈은 전적인 보장을 받으며 은행에 버금가는 이자를 받는다. 예를 들어 셀프헬프 신용조합의 양도성 예금증서는 다른 일반적인 신용조합의 양도성 예금증서와 이자가 같다. 지역사회개발 금융기관은 당신이 비상시를 위해 보유하거나 여유자금으로 보유하는 현금자산을 운용하기에 좋다. 지역사회개발 금융기관은 다른 투자방법과 같은 수익률을 제공해주면서도 다른 보통의 방법들보다 더 많은 것을 얻을 수 있게 해준다.

지역사회개발 금융기관에 투자해야 하는 세 번째 이유는 당신이 사회적 관심이 있는 투자자이기 때문이다. 당신은 그 기관이 보내는 뉴스레터를 볼 것이고, 투자대상 기업의 재무상황을 알게 될 것이고, 보다 참여적인 투자자가 된다. 더 많은 지식을 가지고 더 참여적인 투자자야말로 더 좋은 투자자다. 참여하는 행동은 당신이 더욱 신중한 결정을 할 수 있도록 한다. 당신은 예금증서를 2년짜리로 살 것인지 6개월짜리로 살 것인지를 보다 신중하게 생각하게 될 것이다. 신용조합에서 부정적인 소식이 나오면 당신은 그것을 곧바로 알게 될 것이다. 당신은 투자자금을 보다 신중하게 관리할 것이며, 동시에 더 많은 돈을 벌 것이다.

그리고 지역사회개발 금융기관에 투자해야 할 또 한 가지의 이유도 재무적으로 아주 일리가 있다. 당신은 어디든 은행을 반드시 이용할 것이다. 만약 다행스럽게 지역사회개발 금융기관 근처에 살고 있다면 선택은 명확하다. 그것은 지역사회개발 금융기관에 예금을 하든지 자금을 대여함으로써 지역사회의 가치가 증가하는 것을 보는 것이다. 대부자의 기반이 확고할수록 그 지역사회는 건강해진다. 그렇게 되면 여러 측면에서 당신의 돈지갑에도 도움이 된다. 주위의 범죄율이 떨어지고, 사회적 안전망이 나아지고, 주택사정이 나아지고, 일자리 구하기가 나아지고, 지역사회를 위한 기간시설이 늘어난다. 지역사회 대부자가 없으면 당신은 이러한 것들을 누리기 위해서 더 많은 세금을 내야하고, 생활양식이 나빠지고, 다니기에 더 위험해지고, 더 많은 시간을 일해야 한다. 또한 아이들의 학교 환경이 나빠지고, 지역사회의 활력이 떨어진다. 아무리 고루한 투자자라

할지라도 지역사회개발 금융기관을 지지하지 않는 데서 초래되는 비용을 쉽게 상상해볼 수 있을 것이다.

신중한 투자자로서 지역사회개발 금융기관을 이용해야 하는 마

개량형 경수로 사업과 기업복지

랄프 드제나로는 '상식을 추구하는 납세자모임'의 공동 설립자이자 대표이다. 드제나로와 그의 동료들을 정말 화나게 하는 것은 기업복지를 위한 지출을 포함해서 정부의 지출과 보조금이 낭비되고 있다는 것이다. 다음은 드제나로가 미국 하원의 과학위원회와 에너지 소위원회 청문회에서 1998년 회계연도의 조사예산에 대해 한 증언에서 뽑은 것이다.

"에너지부와 같은 정부 부처가 '기업복지부'처럼 되어가고 있다고 의심하는 사람들은 개량형 경수로 사업 이야기를 알아둘 필요가 있다. 개량형 경수로 사업은 제너럴 일렉트릭, 웨스팅하우스, ABB그룹과 같은 회사들이 새로운 원자로를 설계하고, 원자력규제위원회의 각종 승인을 받도록 도와주고 있다. 그러나 핵분열 분야는 1948~1995년에 연방정부의 에너지 관련 연구개발 지원의 절반 이상의 금액(1995년 472억 달러)을 지원받아온 성숙산업이다. 그러한 보조금에도 불구하고 1973년 이후 신규로 설치된 원자로는 없었고 89%의 전력회사 최고경영자들은 앞으로도 원자로를 새로 설치할 계획이 없다고 한다.
개량형 경수로 사업은 5개년 계획으로 1996년에 완결될 예정이었다. 그러나 1997년에도 마지막이라는 전제 하에 의회는 6차년도 예산으로 3800만 달러의 예산 배정을 승인했고, 에너지부는 그 이듬해인 1998년 마무리 과정 및 연구목적 예산으로 다시 550만 달러를 요청했다. 그러나 이 프로그램은 오랜 기간동안 종결을 예정해 왔으며 마무리를 위하여 어떠한 추가 예산도 필요로 하지 않아야 한다.
제너럴일렉트릭은 1995년 매출이 700억 달러에 달하며, 웨스팅하우스는 63억 달러, ABB 그룹은 337억 달러이다. 1992~1997년에 이들 회사에는 3억 1000만 달러의 납세자의 돈이 이미 지급됐다. 그들이 힘들게 일하는 미국 국민들에게 계속해서 돈을 더 달라고 하는 것은 뻔뻔스러운 짓이다."

출처: www.taxpayer.net

지막 이유는 당신의 돈이 당신을 위해서 일석이조의 일을 해주기 때문이다. 즉 보통의 금융기관과 마찬가지로 이자를 벌게 해줌과 동시에 자선기부의 역할도 해준다. 당신은 교회가 후원하는 무료 급식소에 기부를 하거나 지역 자선단체에 기부를 할 것이다. 또는 지역 축구 팀의 코치나 학교 일일교사로 봉사를 한다. 이런 모든 것이 당신의 돈을 필요로 한다. 지역사회개발 금융기관은 이런 일들에 대한 후원자다.

지역사회개발 금융기관은 비상자금이나 여유자금으로 보유하는 현금자산에 대한 좋은 자산 배분처다. 수익 또한 다른 투자수단에 비하여 나쁘지 않다. 보통의 투자대상보다 더 나은 수익을 안겨주기도 한다. 지역사회개발 금융기관은 안전하고 원금보장까지 된다. 아주 좋은 저축수단이며 모든 포트폴리오에 다 어울린다.

포트폴리오 스크리닝, 경영진들과 대화하는 데 활발하게 참여하기, 지역사회개발 금융기관에 돈 맡기기. 이 모든 것이 돈을 버는 일인 동시에 건전한 투자의 원칙과 잘 들어맞는다. 이런 일을 하는 사회책임투자자들은 미래학자인 헤이즐 헨더슨이 말한 '윈윈 세계(win-win world)'를 만드는 데 기여한다.[31] 사회적 투자는 투자결과에 나쁜 영향을 미치지 않으면서 기업과 사람이 공존하고 함께 번영할 수 있는 환경을 만들어준다.

8장

더 나은 투자가 더 나은 내일을 만든다

소수의 사려 깊고 헌신적인 시민들이 세계를 변화시킬 수 있다는 데 대해 결코 의문을 갖지 말라. 세계를 변화시켜온 유일한 힘이 바로 그것이었다.

– 마거릿 미드

투자자는 금융의 세계와 기업의 세계라는 두 세계에 걸친 지렛대의 받침점에 서있다. 이러한 긴요한 교차점에 의미 있는 존재로 위치함으로써 사회책임투자자는 오늘날 사람이 만든 가장 강력한 힘으로 작동되는 금융산업을 단순한 재무적 목표뿐 아니라 인간적 가치까지 아우르는 미래를 구축하는 도구로 사용할 수 있다.

카우보이 쇼는 내가 자랄 때 여전히 인기 있었다. 거의 모든 편마다 하나의 장면이 반복됐다. 변화는 있었지만 본질적인 요소들은 항상 그대로였다. 대개 할머니, 어머니, 어린 3명의 자녀 등 가족들 가운데 연약한 사람들이 마차에 타고 있다. 그런데 어떤 이유에서든 말들이 갑자기 날뛰면서 질주하게 되고, 불쌍한 가족들은 공포에 떨면서 서로 부둥켜안는다. 그때 카우보이가 나타나서 질주하는 말 옆으로 따라붙고는 영웅적인 육체적 능력을 과시하며 말들의 달리는 속도를 늦추거나 말 위에 올라타서 말을 제압하고 마차를 안전하게 멈추게 한다.

오늘날 세계의 금융엔진은 맹목적인 질주를 계속하고 있고, 전 세계 사람들은 허술한 마차에 탄 채 무기력하게 끌려가고 있다. 이 질주가 언제 끝날지 모른다. 그러나 이 질주의 맹목성을 그대로 방치하면 인류에게 재앙이 초래될 것이라는 점은 우리 모두가 알고 있다. 우리를 구해줄 카우보이는 어디에 있을까? 정부가 카우보이일까? 아니다. 이미 정부는 금융산업에 무릎을 꿇었다. 정부가 운영하던 상수도, 도로, 기본적인 사회간접자본 시설은 사기업의 수중에 떨어졌다. 소비자의 힘이 카우보이일까? 이 역시 아니다. 소비자들은 깜빡 속아서 담배, 화석연료, 사육된 육류 등 금융보다 더 위험할 수도 있는 제품들을 사서 사용한다. 그렇다면 다국적기업의 선량한 경영자가 카우보이일까? 아니다. 기업 경영자들은 주주이익을 높이라는 금융산업의 끊임없는 압력을 받고 있다. 이런 상황에서 카우보이가 될 수 있는 유일한 사람들은 바로 투자자들이다. 질주하는 힘센 말의 고삐를 잡고 목적과 방향을 제시해줄 유일한 집단이 바로 그들이다. 투자자 집단이 금융, 나아가 기업의 날뛰는 힘에 재갈을 물리거나 최소한 고삐를 잡지 않는다면 재앙이 초래될 것이 뻔하다.

금융에 사회적 목적성을 다시 도입하는 능력이야말로 사회적 투자자들이 발휘할 수 있는 영향력의 근거가 된다. 사회적 투자자들은 금융산업의 세계 안에서부터 행동하는 것을 통해 금융산업이 나아가는 방향을 바꿀 수 있다. 또한 사회적 투자는 개인의 책임을 다시 도입하고 강화한다. 이런 행동은 이 세계를 보다 살기 좋은 곳으로 만드는 하나의 실천이다. 개인이 세계에 대해 직접 책임을 지는 행동은 새로운 시민윤리가 형성되는 방향으로 대세를 기울게 만든다.

사회책임투자는 그 자체가 '투자'이기 때문에 우리가 원하는 영향력을 발휘할 수 있다. 투자자들은 어떠한 협상에서도 가장 강력한 목소리를 낼 수 있다. 돈을 움직이는 사람들의 빌딩은 이미 교회, 정부, 산업자본의 빌딩을 능가했다. 돈을 움직이는 사람들의 요구는 이제 기업의 경영자들이 가장 앞서 반응허야 할 목소리가 됐다. 돈

세계 14대 담배회사

기업	국가	매출 중 담배 비중(%)
파파스트라토스 시가레트(Papastratos Cigarette SA)	그리스	100
마살린 파티큘라레스(Massalin Particulares SA)	아르헨티나	99.9
노블레자 피카르도(Nobleza–Piccardo SA)	아르헨티나	99.9
아우스트리아 타바크베르케(Austria Tabakwerke)	오스트리아	99.9
타바크(Tabak AS)	체코	99.9
VST 인더스트리스(VST Industries Ltd.)	인도	99.9
JT 인터내셔널(JT International)	말레이시아	99.9
웨스트인디언 타바코(West Indian Tobacco Co., Ltd.)	트리니다드 토바고	99.9
브리티시 아메리칸 타바코(British American Tobacco, Plc)	영국	99.9
갤러허 그룹(Gallaher Group Plc)	영국	99.9
임피리얼 타바코 그룹(Imperial Tobacco Group Plc)	영국	99.9
홀츠 시거 홀딩스(Holts Cigar Holdings,Inc)	미국	99.9
R.J 레이놀즈 타바코 홀딩스(R.J. Reynolds Tobacco)	미국	99.9
파키스탄 타바코(Pakistan Tobacco Co., Ltd.)	파키스탄	99.0

출처: www.kld.com

을 움직이는 사람들은 이제 너무나 강력해졌기 때문에 그들에게 올바른 목표를 부여하지 않는다면 세상은 더 이상 안전하게 돌아가지 못한다. 투자자들은 금융과 기업이 만나는 긴요한 접점에서 활동하기 때문에 투자에 사회적 책임을 통합하는 것만으로도 커다란 영향력을 갖는다.

금융산업에도 인간다운 목소리를

뮤추얼펀드는 오늘날 금융산업에서 가장 빠르게 성장하는 분야다. 현재 미국 내 뮤추얼펀드 자산액은 7조 달러에 달하고, 이는 미국의 상장주식 시가총액의 거의 절반에 이른다. 뮤추얼펀드의 득세는 어느 누구도 단독으로 세계의 경제 엔진을 소유하지 못한다는 점에서 중요한 의미를 가진다. 뮤추얼펀드의 주식보유 평균기간은 지수펀드의 경우 약간 길기는 하지만 평균 열두 달 이내다. 분명 뮤추얼펀드 매니저의 시각은 매우 단기적이다. 이런 경향은 수익률이 높을수록 펀드매니저의 보수를 더 많이 주는 뮤추얼펀드 내부의 운영구조에 의해 더욱 강화되고 있다. 뮤추얼펀드의 이런 운영방식은 투자자들의 주머니를 불리는 데도 기여한다.

그러나 투자자에게 중요한 것은 돈주머니를 두둑하게 불리는 것만이 아니다. 투자자들은 생명을 갖고 살아가는 존재이기도 하다. 우리는 투자에서 대박을 터뜨리는 것 외에 숨쉴 공기를 필요로 하고, 쾌적한 환경 속에서 살 수 있기를 희망한다. 그러나 기업이 환경

에 대해 책임성 있는 행위를 하더라도 그 행위가 실적 평가에 산입

다양성의 모범 기업들

KLD의 연구담당 이사인 스티브 라이든버그는 다음 회사들을 추천했다. 이들 회사들은 사내에서는 물론 지역사회에서도 기회의 평등을 측진함으로써 종업원들에게 가시적인 혜택을 제공하고 있다.

- **에이번 프로덕츠(Avon Products)**는 화장품 회사로서 값은 수의 여성들이 최고 경영진에 포함되어 있다. 아시아계 미국인 여성인 안드리아 정이 회사의 최고경영자다. 이 회사는 미국 내 경영자와 종업원의 85% 이상이 여성으로 구성돼 있다.
- **컴플리트 비즈니스 솔루션스(Complete Business Solutions)**는 정보서비스 회사다. 최고경영자인 라즈 바티쿠티는 아시아계이며, 부사장 카렌 패스트는 여성이다. 회사는 디트로이트의 도심 빈민가 고등학생들을 위한 혁신적인 직업훈련 과정인 포커스 호프(Focus HOPE)의 졸업생들을 우선적으로 고용한다.
- **퍼스트 테네시 내셔널(First Tennessee National Corp.)**은 종업원의 일과 가족 문제를 돌봐주는 시스템이 잘 갖춰진 것으로 유명한 지역은행이다. 회사는 근처의 탁아소를 지원하며, 육아를 위한 근무시간 조정을 해주고 출산휴가 이후 복귀 프로그램에도 적극적이다.
- **이메이션(Imation Corp.)**은 저장매체 제조사다. 회사가 제공하는 직장, 가족 보조제도는 아주 강력하다. 바버라 세더버그는 회사의 중역회의 구성원이다. 그녀는 부사장으로 보수 순위 5위 이내다.
- **맥도널드(McDonald's Corp.)**는 세계적인 패스트푸드 회사다. 회사는 빈곤지역 내의 흑인 자영업자들을 많이 돕고 있다. 회사는 소수민족이나 여성이 소유, 경영하는 회사로부터 매년 6억 달러가량의 물품을 우선적으로 구매한다.
- **시버트 파이낸셜(Siebert Financial Corp.)**은 투자은행 겸 증권회사다. 회사의 사장 뮤리에 시버트는 여러 해 동안 금융산업 내에서 여성 권익의 철저한 옹호자였다. 시버트는 뉴욕증권거래소 이사회에 선임된 최초의 여성이다. 회사 이사회 5명 중 3명이 여성이다.

출처: www.kld.com

되지 않기 때문에 그런 행위가 펀드 매니저들에 의해 중요하게 취급되지 않는 것이다. 기업에게 무조건 수익을 늘리라고 끊임없이 요구하는 것은 기업의 경영자들로 하여금 우리의 건강, 안전, 자유를 해치더라도 우리의 지갑 불리기에만 좋다면 그런 결정을 내리도록 만든다. 이것은 사람의 좋고 나쁨에 관련된 문제가 아니라 구조의 선악에 관련된 문제다.

뮤추얼펀드는 소액투자자들에게 전문적인 자산운영 서비스를 제공한다. 그러나 서비스의 내용이 너무 금전적인 것에만 한정돼 있다. 이 세계에 돈의 힘을 제약할 수 있는 견제와 균형의 장치가 존재한다면 상관없다. 그러나 그런 것은 존재하지 않는다. 인간의 본성을 보호하는 어떤 단체나 조직도 돈을 움직이는 사람들에게서 나오는 힘만큼 강하지 못하다. 이런 점에서 미국 내 금융자산의 절반을 통제하는 뮤추얼펀드 산업의 목표를 단지 '내년에 부자 되게 해주기'로 편협하게 정의하는 것은 끔찍한 실수다.

뮤추얼펀드의 관리자들이 받는 메시지는 획일적이다. 그리고 미국 내 금융자산의 나머지 반을 관리하는 연금기금이나 자선단체 등의 자금운영자들 역시 '부자 되세요'의 흐름에만 편승할 뿐이다. 그렇다면 우리가 살고 싶은 세계를 만드는 데 기업이 실천하도록 뒷받침해줄 자는 누구인가? 질주하는 말의 고삐를 잡아줄 카우보이는 어디에 있는가?

현재의 구조 속에서는 사회책임투자자만이 보다 나은 내일을 위한 목소리를 낼 수 있다. "우리에게 돈을 벌어 달라. 그러나 돈을 훔치는 것과 버는 것은 다르다. 가난한 사람들, 자연환경, 시민사회로부터 돈을 훔치는 것은 돈을 버는 것이 아니다"라는 우리의 메시지는 긴급한 것이다. 금융산업의 내부에서 활동함으로써 우리는 보다 살 만한 내일을 만들기 위해서 세계 경제언진의 엄청난 힘에 재갈을 물릴 수 있다.

투자 포트폴리오를 스크리닝하는 것은 감시와 대화를 위한 새로운 구조 전체를 만드는 기초가 된다. 기업에 대한 사회적 조사를 요구하는 것만으로도 긍정적인 사회변화를 가능하게 하는 틀이 창출된다. 이것이 바로 우리가 설리번 원칙에서 배운 교훈이다. 체계적인 정보 수집은 지식을 만들어내고, 그렇게 만들어진 지식은 다시 시민들의 행동으로 이어진다. 기업이 독극물을 배출하는지, 지역사회에 기여하는지, 임원들에 대한 브수를 적정한 수준으로 지급하는지에 대한 정보를 얻어낼 수 있는 구조를 만들어내는 것도 바로 스크리닝에서부터 출발한다.

스크리닝이 긍정적인 결과를 만들어내도록 하는 또 다른 방법들이 있다. 그것은 스크리닝을 거친 사회적 감사 보고서를 기업에 전달함으로써 그 기업으로 하여금 적절한 개선조처를 취하도록 하는 것이다. 사회활동가나 대중에게 스크리닝의 결과를 담은, 기업에 대한 사회적 평가 기록을 공개하면, 그들이 행동을 취하는 데 필요한 정보로 그것을 활용할 수 있다. 이런 행동들에서 기업에 대한 평가와 대화, 그리고 기업을 운영하는 새로운 방법에 대한 아이디어가 나온다.

자료에 대한 수요가 긍정적인 사회변화를 만들어내는 방식에는 어떤 것이 있을까? 자료를 수집하기 위해서는 먼저 정보를 사용할 수 있어야 한다. 그래서 기업에 대한 사회적 평가자들은 신뢰할 만한 새로운 자료원을 만드는 노력을 적극적으로 지지한다. 이에 따른 효과가 어떻게 나타나는지를 살펴보자. 오늘날 사회책임투자자들은 기업이 제품을 만들 때 어떻게 아웃소싱하는지에 관한 정보를 요구

사회책임성 실적이 좋은 두 기업

파올로 이보는 기업의 근로조건, 행동규범, 국제기준에 대하여 평가와 인증을 해주는 독립기관인 BVQI(Bureau Veritas Quality International)에서 기업평가 일을 맡고 있다. 세계 120개국 이상에서 활동하고 있는 이 기관의 목적은 고객의 자산, 프로젝트, 제품, 시스템의 질, 건강, 안전, 환경관리를 통해 경제적 가치를 제공하는 것이다. 이보는 사회적 책임성에 관한 실적이 좋은 다음 두 회사를 추천했다.

- 셀티팜(Celtipharm)은 식물을 주 재료로 약품을 만드는 프랑스계 제약회사로, 약사와 수의사들을 위한 전자게시판인 '이허브(e-hub)'를 운영하고 있다. 이 회사는 대부분의 제품을 자체 생산하지만 약간의 제품은 해외에서 수입한다. 회사는 개발도상국의 노동법 개선에 기여하고자 노력하고 있다. 프랑스 회사로는 최초로 외부조달에서 사회적 책임성을 갖추었음을 보증하는 SA 8000 인증을 받았다. 아동 노동력이나 강요된 노동력을 사용하지 않는지 확인하기 위한 내부감사도 실시하고 있으며 성, 인종, 종교, 사상에 따른 차별을 하지 않는다는 확고한 정책을 채택하고 있다. 이 회사는 원료공급 업체나 하청업체도 같은 규정을 지킬 것을 요구한다.
- 케스코 오이(Kesko Oy)는 핀란드에서 가장 큰 소매업체이며 최대의 기업이기도 하다. 이 회사는 납품업체들에게도 사회적 책임성의 원칙을 준수한다는 보증을 요구한다. 공식 기업이념은 가장 우수하고 존경받는 무역회사가 된다는 것이다. 다우존스 지속가능그룹지수에 편입된 8개 핀란드 회사 중 하나다. 이 회사는 핀란드 밖에서 생산되는 5000개 이상의 납품업체들 가운데서 회사가 설정한 기준을 충족시키기 위해서 도움을 필요로 하는 30개국 700개 납품업체들에 대해 집중 지원하기로 결정했다.

출처: www.bvqi.com

한다. 제품이 혹시 착취적인 노동환경 속에서 만들어졌거나, 아동이나 죄수의 노동력을 이용해 만들어진 것이 아닌지를 확인하려는 것이다. 이런 정보에 대한 수요는 새로이 부상한 것이기 때문에 그동안에는 이런 정보를 수집하는 체계적인 방법이 존재하지 않았다. 따라서 그동안 조사자가 취할 수 있는 최선의 방법은 베트남에서 옷을 사오는 기업이 그 옷이 어떤 환경에서 만들어지는지에 대해서 전혀 관심이 없다고 가정하는 것이었다. 그러나 이런 가정은 공정하지도 않고 신뢰성도 없다.

그래서 조사자는 자료원을 찾는다. 인권단체들은 소비재를 만드는 기업의 작업환경이나 특정 기업의 관행에 대한 좋은 정보원이 될 수 있다. 그러나 그들의 정보는 너무 특이하기 때문에 사회적 평가과정에서 유용하지 않을 수 있다. 더욱이 외부조달 행위 자체가 매우 복잡하다면 더욱 그러하다. 예를 들어 디즈니는 전 세계의 수천 개 회사들로부터 물품을 구입하는데, 자선활동이 주된 목적인 인권단체로부터 이렇게 복잡다단한 구매활동의 전반적인 영향에 대해 적절한 평가를 기대한다는 것은 합리적인 태도가 아니다.

주주행동가들은 착취노동 문제를 조사하는 틀을 만들기 위해 인권단체와 협력했고, 이를 통해 스크리닝을 하는 사람들에게 부분적인 도움을 주어왔다. 예를 들어 생계비 수준의 임금이라는 개념은 수량화가 가능하고, 어느 정도는 확인도 가능해야 한다. 어떤 지역의 기업들로 하여금 생계비 수준의 임금이 얼마인지에 대해 조사하고 그 결과에 따라 임금을 지급하도록 할 수 있다면 수량화된 자료를 생성시킬 수 있다. '멕시코 접경지역 공장들에 정의를 실현하기 위한 연대'와 같은 활동가 단체들이 데이터 수집처를 만들어내기도 한다. 주주대화도 공장에 대한 제3자의 조사가 필요하다는 점에 주의를 환기시켰다. 제3자의 조사가 실행되게 되면 그것은 또 하나의 확인 가능한 데이터 수집처가 된다. 제3의 평가자는 오랫동안 일을 해 왔기 때문에 제조공장에서 무엇이 즉시 변화될 수 있고 무엇이 그렇지 않은지를 배우는 과정에서 그들 스스로가 중요한 자료원이 됐다. 시장이 착취공장에 대한 데이터를 요구하기 때문에 지금까지 수량화될 수 없었던 것을 수량화하는 과정, 즉 사람의 고통을 덜어주는 발걸음은 이미 시작됐다.

기업 책임성 조사기관들의 국제연대

지속가능한 투자 조사를 위한 국제그룹(SIRI; Sustainable Investment Research International)은 전 세계적인 사회적 투자 진전에 기여하고자 하는 9개 조사연구 조직들의 국제연대 단체다. 본부는 네덜란드에 있고, 웹사이트 주소는 www.sirigroup.org다. 이 연대조직의 회원 단체는 다음과 같다.

- **아레세(AReSe SA)**는 프랑스 최초의 환경적, 사회적 평가기관으로 1997년에 설립됐다. 활동 지역은 프랑스와 포르투갈. www.AReSE-sa.com
- **아반지(Avanzi,s.r.I)**는 지속가능 개발전략을 기획하고 실행시키는 일을 하는 독립적인 조사연구 기관으로 1997년 설립됐다. 활동 지역은 이탈리아. www.avanzi.org
- **케어링컴퍼니(CaringCompany AB)**는 사회적 투자 분야에서 적극적인 단체로 1992년에 설립됐다. 활동 지역은 스웨덴, 덴마크, 핀란드, 노르웨이, 폴란드 및 발트해 연안국. www.caringcompany.se
- **센터 인포(Centre Info SA)**는 기업의 사회적 책임성 문제에 관심을 가진 고객들을 위해 기업에 대한 조사와 국가 단위의 환경적 지속가능성을 조사해주는 기관으로 1990년에 설립됐다. 활동 지역은 스위스. www.sirigroup.org

사회책임투자가 장기적이면서도 전략적인 영향력을 발휘할 수 있도록 하는 핵심은 스크리닝에 있다. 스크리닝은 원동력이며 규칙을 변화시킨다. 환경보로혼자들에게 환경에 관한 기업의 행동규범을 만들 필요성을 일깨워준 사람들은 다름 아닌 환경 기준에 의한 스크리닝 방법을 찾던 사회투자 포트폴리오 매니저들이었다. 그 결과로 만들어진 것이 바로 세레스 원칙이다. 트릴리엄 자산운용사의 설립자인 조안 바바리아는 환경적 스크리닝의 기준을 만들어야 할 필요성을 제기하고 그것을 만드는 대화를 주도함으로써 기업의 환경영향 보고의 지평을 완전히 바꾸었다. 그 결과 오늘날 환경영향

- **푼다시온 에콜로지아 이 데사로요(Fundacion Ecologia y Desarrollo)**는 기업의 사회적, 환경적 측면에 대한 조사연구 서비스를 제공하는 기관으로, 기업의 지속가능성을 증진하는 것을 목적으로 삼고 있다. 활동 지역은 스페인. 스페인에서는 처음으로 기업의 사회적 책임성 문제를 다루는 온라인 뉴스레터를 발행하기 시작했다. www.ecodes.org
- **KLD**는 주식시장에서 공개적으로 주식이 거래되는 기업들의 사회적 실적을 조사하는 기관으로 1990년에 설립됐다. 활동 지역은 미국. www.kd.com
- **마이클 잔치 리서치 어소시에이츠(Michael Jantzi Research Associates)**는 사회적 투자에 관한 조사 서비스를 제공하는 기관으로, 기관투자가와 금융전문가들에게도 정보를 제공한다. 활동 지역은 캐나다. www.mjra-jsi.com
- **펜션스 앤드 인베스트먼트 리서치 컨설턴츠(Pensions & Investment Research Consultants Ltd.)**는 1986년 이래 사회책임투자에 관한 조사연구 결과를 기관투자가들에게 제공해오고 있다. 활동 지역은 영국과 다일랜드. www.pirc.co.uk
- **트리오도스 리서치(Triodos Research BV)**는 트리오도스 은행의 자회사로, 1996년부터 기업에 대한 스크리닝을 시작하고 기관투자가들에게 사회적 투자에 관한 자문 서비스를 제공해오고 있다. 활동 지역은 네덜란드, 벨기에, 룩셈부르크. www.sirigroup.org

출처: www.kld.com

보고서는 20년 전과는 비교가 되지 않을 정도로 자세해졌고, 정기적으로 발표된다. 투자에 대한 사회적 스크리닝 덕분에 기업에 대한 자료와 기업의 이해관계자들에게 미치는 영향에 관한 데이터가 체계적으로 수집되기에 이르렀다. 이것이 변화의 씨앗이 된다. 남아프리카공화국 논쟁에서 보았듯이 데이터의 존재 자체가 계속적인 평가와 보고를 촉진하며, 그것은 다시 시민사회가 행동에 나설 수 있도록 한다.

스크리닝의 또 하나 중요한 결과는 기업에 대한 사회적 평가의 실적자료를 해당 기업의 경영진과 공유하는 데서 나온다. 이런 정보를 매년 정기적으로 제공함으로써 미국의 KLD나 네덜란드의 트리오도스 리서치, 일본의 굿뱅커스와 같은 사회적 조사기관들은 기업의 문화에 대한 더 깊은 이해를 하게 되고, 기업들은 그들이 이미 성취한 것들에 대해 설명할 기회를 가질 수 있게 된다. 평가 보고에 대한 기업들의 반응은 적극적인 협조에서 적대적인 태도까지 다양하다. 어떤 기업들은 회사안내 책자에서부터 홍보자료에 이르기까지 한 묶음의 자료를 즉시 보내줌으로써 자사에 대한 평가기관들의 보고서 내용을 개선시켜 보려고 노력한다. 반면 어떤 기업들은 성난 어조로 그런 평가자료를 보낸 자들이 누구인지, 그런 정보를 갖고 무엇을 하려고 하는지를 꼬치꼬치 캐묻는다. 그러나 그러한 과정에서 기업들은 모두 다양한 이해관계자들에게 그들이 어떻게 영향을 주는지에 대해 무언가를 배우게 된다.

어떤 기업이 자사의 사회적 평가점수를 높일 수 있는 방법이 무엇인지에 대해 사회적 조사연구 기관에 문의하게 되면, 조사연구 기관은 교육절차로 좀더 들어간다. 예를 들어 다양성 분야에 대한 질문에서 대다수 기업들의 전형적인 반응은 고위직 간부 중 몇 명이 여성이라는 식으로 답변한다. 그러면 사회적 조사연구 기관은 그 정도는 여성 문제에 있어서 오직 상위 50%에 속할 뿐이며, 의미가 있다고 생각되는 상위 10%에는 속하지 못한다는 사실을 지적하기도 한다.

사회적 평가에 관심을 갖는 기업은 규모가 작거나 소심한 회사들만이 아니다. 1990년 도미니 400 사회지수가 출범될 무렵 IBM은 자사가 이 지수에 포함되려면 어떻게 해야 하는지를 물어왔다. 당시 IBM은 남아프리카공화국에 공장을 두고 있었고 군수산업 부문도 거느리고 있었으므로, 우리는 IBM이 그런 각 부분에서 하고 있는 역할에 대해 논의를 시작했다. 이후 남아프리카공화국의 문제가 해결되어 이 나라에 대한 투자 재개를 요구하는 목소리가 높아졌고, IBM은 스스로 군수산업 부문의 대부분을 매각하고 난 뒤에 도미니

월풀의 다양성 혁신

최근 5년간 테네시주의 내슈빌이 아프리카 소말리아와 쿠르드인 이민자들의 새로운 고향이 됨에 따라, 이 지역의 이슬람교도 수가 거의 0에서 2만 명 정도로 급증했다. 그러자 근처의 월풀 공장에도 이슬람교도가 전체 노동자의 10%를 차지하게 됐다.

이에 따라 회사는 이슬람교 노동자들에게 기도시간을 주기 위해 생산 스케줄을 변경했다. 하루에 5번 손과 발을 씻고 기도를 하는 이슬람교도들의 관습을 존중해서였다. 이슬람교 노동자의 종교적 요구에 맞춰주는 과정에서 비이슬람교 노동자들과 약간의 마찰이 있었다고 한다. 그러나 경영진은 기존 관행에 대한 혼란을 최소한으로 줄이면서 그들의 종교적 요구에 부응하려고 지속적으로 노력했다.

지수에 추가로 편입됐다. 그러나 나중에 다시 군수산업 부문을 증가시켰고, 도미니 지수에서도 제외됐다.

우리는 홈 데포와도 수년간에 걸친 주주대화를 가진 바 있다. 이 회사가 직면한 여러 건의 단체소송들, 그리고 사회적 스크리닝 과정을 통해 자료를 수집하면서 우리는 이 회사에 대한 관심을 갖게 됐다. 우리의 사회적 평가 실적자료에 따르면 회사는 여성과 소수인종에 대한 채용 및 승진에서 구조적 문제를 갖고 있었다. 그러나 그 밖의 다른 분야들에서는 많은 혁신적 조치를 취했고 우리의 기본적 기준에 부합했기 때문에 도미니 지수에 포함시켰다. 도미니 400 사회지수에 포함된 기업이 반드시 '사회적 시민'으로 인증된 것은 아니다. 단지 우리가 사회적으로 평가하는 회사들 가운데 상대적으로 나은 회사이며, 사회책임투자자라면 매수해도 좋은 회사라는 것을 의미할 뿐이다. 어쨌든 홈 데포를 포함한 여러 회사들은 주주들에게 배포한 연례보고서에서 자사가 도미니 400 사회지수에 편입됐다는 사실을 밝혀왔다.

기업에 대한 사회적 스크리닝은 사회운동가들에게 도움이 되는 방식으로 이 회사와 저 회사를 비교하는 구조를 만들어낸다. 예를 들어 도미니 사회주식펀드는 사회운동가들과 협력해서 디즈니가 아이티에서 물품을 구매하는 문제에 관해 대화한 적이 있다. 우리는 이 문제를 갭이라는 기업이 물품을 구매하던 엘살바도르의 공장에서 노조설립 운동이 벌어질 때 발생한 노동자 탄압사건이 폭로된 뒤에 취한 일련의 개혁조치와 비교했다. 사회적 스크리닝 과정이 사회운동의 성과와 결합되면 다른 기업들의 경우도 문제점을 창조적으로 볼 수 있도록 도와주어서 결국 우리의 영향력을 배가시켜 준다.

사회운동가들은 특정 주제에 더하여 어떤 회사와 대화에 들어갈지를 판단하기 위해, 원래는 투자 포트폴리오를 스크리닝하는 데 도움을 받기 위해 만들어진 조사자료를 사용하기도 한다. 몇 년 전 성공회의 요청으로, 여자들은 전통적으로 여자의 일로 간주돼온 업무에 배속되고 그런 업무는 급여에서 남자와 차별을 받는다는 문제에 대해 자료를 검토한 적이 있다. 데이터베이스를 검토한 결과 우리는 금융산업에서 특히 그런 경향이 많다는 사실을 알아냈다. 이어 성공회는 이 문제에 대해 애트나 보험회사와 성공적으로 대화했다. 오늘날 애트나는 남녀 동일임금 원칙을 확고하게 지키고 있고, 그 밖의

애트나의 유연한 근무제도

유연한 근무제도는 기업의 수익을 개선시킬 뿐 아니라 능력 있는 종업원의 이직을 막는 데도 도움이 된다. 코네티컷주 하트퍼드에 본사가 있는 어트나 보험회사는 직원 중 4분의 3이 여성인력인 데 착안해 유연한 근무시간 제도를 도입하고 이를 경쟁력 강화의 수단으로 이용하고 있다. 이 회사는 탄력근무시간제, 파트타임제, 직무공유제, 주당 근무일수 단축을 위한 압축근무제, 유동근무시간제, 자택근무제 등을 도입해 운영하고 있다.

이를 위해 애트나는 고객센터에 특별히 설계된 소프트웨어를 설치해 회사가 시간대별로 필요한 고객상담원 수를 정확하게 계산하고 있다. 고객센터의 시간표는 피크타임과 비 피크타임별로 필요한 인원수를 예측한 결과에 근거해 운영된다. 이 프로그램을 콜센터에 도입하고 난 뒤 이직률이 낮아졌다.

애트나는 10년간 계속해서 〈일하는 엄마(Working Mother)〉에 의해 '일하는 엄마를 위한 좋은 기업 100'에 선정됐다. 회사의 인사정책 컨설턴트인 크리스틴 커틴은 "우리는 직장일과 가정생활의 균형을 잡기 위해 노력했고, 성공했다. 이것은 엄청난 경쟁력이다"라고 말한다.

다른 다양성 관련 항목에서도 타의 모범이 된다.

기업의 사회적 책임에 관한 정보가 전혀 없던 세상이 있었다. 사회책임투자의 등장과 함께 그런 정보가 생겨나기 시작했다. 20년 전에는 기업의 사회적 책임성에 대한 지속적이고 포괄적인 조사가 존재하지 않았다. 당시에는 단지 포트폴리오에 대한 사회적 스크리닝의 범위 안에서만 사회적 조사가 이루어지는 구조였다. 국가, 각종 재단, 학계, 사업자 협회도 이에 무관심했다. 그런데 사회책임투자자들이 자신들의 돈이 보다 사회적 책임성을 갖춘 기업들에게만 투자될 것을 요구함에 따라 조용한 혁명이 일어났다.

이 혁명은 학술논문을 통해 더욱 진전되고 있다. 광범위한 쟁점들을 연구하기를 원하는 학계에 사회적 조사 데이터베이스가 제공됐다. 학자들은 브랜드 관리와 기업 정체성 연구와 같은 전통적 주제뿐 아니라 환경 친화적 기업의 수익성, 다양성과 기업문화의 관계와 같은 주제를 연구하기 위해서도 조사자료 데이터베이스를 이용했다. 학계와 기업 경영진과의 상호관계는 긴밀해졌다. 기업윤리, 기업문화 구축, 브랜드 관리와 같은 주제뿐 아니라 경영의 질에 대한 평가, 제품 품질의 개선에서 원칙 준수의 견실한 태도가 갖는 중요성, 다양성의 의미 등에 관한 연구가 모두 기업 경영관행 개선의 문제와 직접적으로 연관된다. 이해관계자들에 대한 관심의 정도를 살피면 어느 경영자가 더 나은 경영자인지를 알 수 있다는 주장을 뒷받침해주는 지식들이 사회조사 자료의 제공에 의해 만들어져 쌓이고 있다.[32]

우리 대부분은 남아프리카공화국 논쟁에서 주주행동주의 활동가들이 중추적인 역할을 했다는 사실을 알고 있지만, 주주행동주의가 멕시코 접경지역의 열악한 근로조건, 제3세계 부채 문제 등 수많은 다른 쟁점들에 대해서도 일정한 정보의 흐름을 만들어냄으로써 그런 문제들을 개선시키는 데 커다란 영향을 끼쳤다는 사실은 잘 알지 못하고 있다. 인간의 존엄성과 관련된 문제를 다루는 주주대화가 매년 300건 이상 진행되고 있고, 이런 주주대화는 절망적이거나 도움을 필요로 하는 세계 각지의 사람들에게 보다 나는 생활을 보장하기 위한 변화를 이끌어가고 있다.

주주행동주의 활동가들은 오랜 경험에서 얻은 지식으로 기업 경영진을 가르치기도 하며, 그들을 적극적인 사회적 책임성 옹호자로 변모시키기도 한다. 수년전 제너럴 모터스는 환경 행동규범인 세레스 원칙에 서명했다. 이는 제너럴 모터스가 전 세계 각지의 공장에서 지구 생태계에 미치는 영향을 지속적으로 평가하기로 결정했음을 의미한다. 그 과정에서 회사의 법률, 안전과 보건, 해상운송, 외부구매, 인적자원 등 각 부서의 관리자들이 교육에 참가했다. 제너럴 모터스의 자체 연금기금은 다른 회사에서 세레스 원칙과 관련된 주주결의안이 제출되면 그것을 적극적으로 지지하는 투표를 한다. 포드자동차가 밴의 연비를 크게 개선한다는 계획을 발표했을 때 제너럴 모터스가 즉각 동일한 노력에 나서는 동시에 더 나은 결과를 목표로 하는 계획까지 발표한 것도 이런 맥락에서 보면 그다지 놀라운 일이 아니다.

지역사회 경제개발은 사람들에게 즉각적인 삶의 개선을 가져다준다. 방글라데시에서는 빈곤층 소액대출 전문기관인 그라민 뱅크의 대출과 기술지원 덕택에 수만 명의 여성들이 정치적, 경제적으로 더 많은 자유를 갖게 됐다. 그리고 그라민 뱅크는 다른 지역사회개발 금융기관 설립계획에도 모델이 됐다. 그 결과 파나마의 미방코나 남아프리카공화국의 셰어드 인터레스트와 같은 은행들이 잇달아 설립될 수 있었다.

미방코의 성장과정을 살펴보자. 미방코는 구조상 주식납입금,

미방코가 일으킨 변화

미방코(MiBanco)의 설립자이며 최고경영자인 로베르토 아이젠만은 파나마의 독재자 노리에가에 항거한 국민적 영웅이다. 그는 지역사회개발 금융기관 설립을 위한 각고의 노력을 기울여 미방코를 설립하는 결실을 보았다. 그는 미방코의 설립 과정에 대해 다음과 같이 기억하고 있다.

"1996년 말경 파나마의 지역사회 지도자들은 국제적인 지역사회개발 대출펀드인 액시언 인터내셔널의 사장 마이클 추와 만나 빈곤층 소액대출에 대한 의견을 나누었다. 이 회담은 나에게 큰 충격을 주었다. 파나마에는 가난한 사람들이 아주 많으며, 그들은 대출을 원한다는 사실을 알게 됐다. 나는 조급해졌고, 곧바로 파나마의 110개 은행들과 함께 미방코를 만드는 작업을 시작했다.

여러 가지 모델들을 검토한 결과 우리는 파나마 고유의 독자적인 모델을 만들기로 결정했다. 가난한 사람들을 돕고자 한다면 신속한 대출이 가능한 방식을 찾아야 한다. '작은 은행'으로 불리는 대부계가 그것을 가능하게 한다. 우리는 미방코가 은행과 같은 대출능력을 가지면서도 협동조직의 정신도 아울러 갖게 되기를 원했다.

일자리를 찾는 가난한 사람들이 안정된 소득을 얻는 취업자들보다 수적으로 훨씬 많다. 이런 상황을 개선하기 위해서는 자금 대출이 필요하다. 가난한 사람들은 시장에서 물건을 팔거나 다른 집에서 유모로 일한다. 그런 일들은 바로 그들의 직업이다. 그럼에도 불구하고 기존의 전통적인 금융기관들은 그들처럼 정직하게 열심히 일하는 사람들을 무시하고, 그들에게는 대출을 해주지 않으려 한다. 우리는 가난한 사람들이 대출금을 상환하지 않는 경우가 드물다는 사실을 안다. 미방코의 대출금 회수율은 98%에 달한다."

즉 자본금을 가져야 하는 전형적인 은행의 형태로 설립됐다. 파나마의 자본요건을 충족하기 위해 미방코 설립자들은 주위의 지인들뿐 아니라 파나마의 모든 국민들에게 출자를 호소했다. 오늘날 미방코는 파나마 주식시장에 상장돼 있으며, 그 주식은 많은 주주들에게 폭넓게 소유돼 있다. 미방코에서 특이한 점은 차입자가 이자를 납부할 때마다 그 이자 중 일부가 자동적으로 주식으로 전환되어 차입자에게 주어진다는 점이다. 미방코는 빈민층 서민들에게 자금을 대출할 뿐만 아니라, 이런 이자의 주식전환 제도를 통해 차입자들에게 주식이 무엇인지를 가르쳐주고 그들의 재산형성을 돕기도 한다. 아울러 그 과정에서 차입자가 아닌 주주들은 미방코에 대한 그들 나름의 사회책임투자를 통해 소액대출이 건강한 지역사회를 만드는 데 어떤 역할을 하는지를 배우게 된다.

미국에서도 대출기금이나 비영리단체와 더불어 지역사회개발 은행이나 신용조합이 '한 번에 한 이웃, 한 번에 하나의 발전, 한 번에 하나의 비즈니스'를 만들어가고 있다. 부자와 빈자로 이루어진 두 개의 미국은 더욱 더 분리되고 있다. 부자들은 가난한 사람들의 고통스러운 삶을 보지 않으려 하지만, 가난은 현실에 엄존한다. 뉴저지주 캠던의 경우 2000년 현재 12%의 건물이 비어있고, 40%의 어른이 고등학교를 마치지 못했으며, 35%의 가계가 빈곤선 이하에서 살고 있다. 미국에는 캠던과 같은 도시가 수백 개나 된다. 문명사회에서 사람들이 어떻게 이런 불균형을 방치할 수 있을까? 인디언 보호구역이나 도시의 중심가, 미시시피 델타지역, 수도 워싱턴 등 여기저기에서 가난의 고통을 겪는 사람들이 존재한다. 그들에게 경제적 주류사회로 올라갈 수 있는 최고의 희망 또는 유일한 희망을 제공해주는 것은 다름 아닌 지역사회개발 금융기관이다.

사회책임투자는 제너럴 모터스로 하여금 환경을 중요하게 여기는 기업문화를 일구는 첫 걸음을 떼게 했다. 그러한 기업문화는 이 회사의 경영진으로 하여금 환경에 대한 영향과 그에 대한 책임성을 보다 깊이 인식하게 하는 변환적 경험을 하게 했다. 파나마에서는 수백 명의 가난한 사람들이 대출을 받을 수 있게 되고, 그 이자를 스스로 갚을 수 있게 된 데서 자신감을 얻고, 은행 주식과 같은 중요한 재산을 갖게 됐다는 자부심을 갖게 됨으로써 새로운 국가의 기반이 됐다. 세계 각지에서 이렇게 성공을 경험한 사람들은 금융산업과 기업이 인간과의 관계에서 균형을 찾도록 정의의 저울추를 기울게 할

신용대출이 한 개인에게 일으킨 변화

펠리샤 디아즈는 9년간의 이별 후에 다시 가족과 합쳤다. 디아즈는 도미니카공화국에 남편과 함께 남겨둔 자식들을 위해 돈을 벌려고 뉴욕에 왔다. 그녀는 공장에서 일을 하다가 보석장사를 하는 동료를 만나 많은 돈을 벌 수 있는 기회를 가졌다.

그녀는 보석장사 일을 배우고 고객 수도 늘렸지만, 장사를 본격적으로 시작할 밑천을 마련하지는 못했다. 그녀는 신용기록이 전혀 없었지만, 지역사회개발 대출기관인 액시언 뉴욕(ACCION New York)에서 1500달러의 신용대출을 받을 수 있었다.

이 돈을 이용해 그녀는 본격적으로 보석사업을 키웠고, 이제는 가족들을 미국으로 데려올 수 있게 됐다. 그녀는 액시언 뉴욕에서 두 번째 대출을 받아 거리에 판매점을 열었고, 세 번째로 받은 2만 달러의 대출금으로 식당을 열었다. 액시언 뉴욕 덕분에 그녀는 힘들었던 노동의 보람을 가족과 함께 누리고 있다.

출처: '펠리샤 디아즈에게 간 신용', 〈벤처〉 1999년 겨울호.

것이다.

변환적 경험으로서의 사회책임투자

사회변화를 실현하는 방법을 찾는 사람들이 참고할 만한 소비이론이 있다. 흔히 이탈구매(departure purchase)[33]로 불리는 이 소비이론의 핵심 내용은, 어떤 특정한 구매행위는 구매자에게 스스로를 재정의하도록 하거나 그를 변환시킨다는 것이다. 예를 들어 여성이 머리 스타일을 바꾸는 것은, 그녀에게 새 옷을 사 입게 하고 〈비즈니스 위크〉를 정기구독하게 하는 계기가 되거나, 학생에서 전문직 여성으로 자신을 재정의하도록 하는 첫 걸음이 될 수 있다는 것이다. 그럴 경우 구매행위 자체가 그러한 변환의 이유가 된다. 뉴욕 브루클린에 심은 나무 한 그루가 하나의 이웃을 변화시키고 그의 행동을 달라지게 하고, 더 나아가 주위의 많은 사람들을 변화시키는 연쇄반응을 일으킬 수 있다.

사회책임투자자가 되려고 결심한 사람은 자신의 생애에서 전환기적 또는 변환기적 시점에 있는 수가 많다. 부모님이 돌아가셨거나 스톡옵션으로 엄청난 돈을 벌었거나 어떤 이유에서든 자신에게 변화가 일어나면 사람들은 이제 자신이 일년 전의 자신이 아니라고 느낀다. 사회책임투자자가 되어 투자에 보다 사려 깊고 신중한 사람이 된다면, 그것도 곧 변환이다. 사회책임투자자로 변환된 사람은 어떤 모습이 될까? 책임성 있는 기업행위의 옹호자? 기업 감시자? 아니면 보다 참여적인 시민? 아마 셋 다일 것이다.

현명하게 투자를 하려면 어떻게 해야 하는가를 판단하기란 매우 어려운 일이다. 그런데 돈에는 감정적 또는 정서적인 부담이 따른다. 똑똑하고 잘 교육받아 어휘 구사력이 뛰어난 전문가라도 주식, 채권, 포트폴리오에 대해 정의를 해 보라고 하면 더듬거린다. 분명히 무언가 무의식적으로 또는 심리적으로 회피하는 것이 있는 게 분명하다. 우리는 매일 텔레비전 저녁뉴스에서 주식, 채권, 포트폴리오와 같은 말을 듣는다. 그런데 왜 그렇게 많은 사람들이 그 의미를 제대로 말하지 못할까? 대부분의 사람들이 무의식적으로 회피하고 싶어 하는 것이 있기 때문이 아닐까? 주식, 채권, 포트폴리오는 절망적인 빈곤과 쉽게 버는 타락한 돈이라는 두 개의 세계를 만들어낸 단어들이라는 생각 때문은 아닐까?

사회책임투자자를 위한 뮤추얼펀드에 돈을 맡기기로 결심한 사람은 이런 회피의 심리를 극복할 수 있게 되고, 자기 자신을 스스로 통제하고 있다는 느낌을 갖게 된다. 그런 이들은 자신을 재정의하는 항해를 시작한 것이다. 그들은 마침내 무언가를 하게 된다. 머나먼 중앙아메리카의 오지라도 그곳에 외국인이 존재한다면 열대우림이 파괴되는 것을 늦출 수 있을 것이라는 신념에서 직접 그곳에 가 살거나 심지어는 나무에 자기 몸을 매다는 등 자신의 희망을 행동으로 실천하는 행동가들도 있다. 우리는 그런 행동가를 존경하지만, 스스로 우리 내부에 들어있는 용기를 겉으로 끄집어내기란 쉽지 않다. 그러나 사회적 투자를 하는 사람들은 투자금액이 많든 적든 앉은 자리에서 털고 일어나 자기 의견을 표현할 수 있고, 그렇게 함으로써 어떤 의사결정에 자기 의견을 반영시킬 수 있다. 이렇게 하는 것은 지속적이고 긍정적인 사회변화를 뒷받침하는 사람들의 명부에 자신의 이름을 등록하는 것과 같다.

　사회적 투자에 첫발을 내디딜 때는 위와 같은 의미까지는 생각하지 못할 수도 있다. 그러나 그들은 사회적 투자를 통해 스스로 배워 나간다. 제너럴 모터스도 환경 행동규범에 동참하는 첫 걸음을 떼고 난 뒤에 스스로 배워 나갔다. 사회책임투자 뮤추얼펀드는 긍정적인 사회변화의 수단으로서 엄청난 잠재력을 갖고 있다. 사회책임투자 뮤추얼펀드는 주주로서 직접대화를 하는 것을 통해 이 세상의 의사결정자들과 직접 접촉한다. 이런 주주대화를 통해 무추얼펀드 운영자들은 다양한 수천 명의 개인들로부터 배운다. 그리고 그 과정을 통해 투자자들은 스스로의 힘을 인식하게 된다. 처음 사회책임투자 펀드에 돈을 맡길 때는 기업과의 직접대화가 무엇인지 모르던 투자자들도 펀드에서 보내온 보고서를 보면서 자신의 역할이 무엇인지를 깨닫게 된다. 그들은 자신이 특별한 발걸음을 내디딘 사람이라고 스스로를 인식하게 되는 것이다.

　기관투자가도 사회책임투자로 자금을 운영하는 것이 자신의 역할을 더욱 확장시킨다는 점을 깨닫게 되면 역시 변환을 경험하게 된다. 이런 측면에서 가장 널리 알려진 사례는 제시 스미스 노이에스 재단(Jesse Smith Noyes Foundation)이다. 뉴욕에 본부를 둔 이 가족재단의 핵심 프로그램은 환경보호다. 이 재단은 투자할 때 사회적 스크리닝을 적용하고, 환경문제를 해결하는 방법을 찾는 기업들에 투자하고, 주주총회에서 투표권을 행사할 뿐 아니라 적극적으로 주주결의안을 제출하기도 함으로써 영향력을 확대해 나가고 있다. 이 재단은 인텔과의 대화를 통해, 재단이 기부하고 있는 뉴멕시코주의 앨버커키에 있는 환경보호단체와 보다 긴밀하게 협조하도록 했다.

세계의 모든 사람들은 스스로를 구제하는 행동을 할 준비가 돼 있다. 베이비붐 세대는 이제 성년이 됐고, 인터넷과 무선통신 덕분에 모든 사람들이 발언권을 갖게 됐다. 선진국들은 이제 충분히 부유해져서 자신의 문제를 넘어 다른 것들도 살필 수 있는 입장이 됐다. 선진국 시민들이 그렇게 넓게 내다보면, 월스트리트에서 공개적으로 또는 그 밖의 은밀한 공간에서 내려진 결정들로 인해 개발도상국과 저개발국 사람들이 타격을 입고 황폐해져 혁명이 발생할 지경에 이르렀음을 알게 될 것이다.

더 이상 방치할 상황이 아니다. 환경파괴는 이제 더 이상 누군가 다른 사람의 뒷마당에서 일어나는 일이 아니다. 그러기에는 세상이 너무 좁아졌다. 천식, 알레르기, 아동 백혈병, 확산하는 유방암, 급증하는 신경성 장애, 그 밖의 수많은 난치병들이 생태계 파괴에 따른 결과임이 밝혀지고 있다. 사람의 콩팥을 다 떼어내고도 그 사람이 생존하기를 바라는 것과 마찬가지로 우리는 열대우림을 계속 베어내고 태우면서도 과학이 우리를 구해줄 것이라는 맹목적인 희망에 의존해 살아가고 있다. 하지만 과학이 우리의 문제를 전부 다 해결해주지는 못할 것이라는 사실을 우리는 알고 있다. 이것이 우리를 두렵게 한다. 우리는 진실을 알고 있다. 지구는 하나뿐이며, 우리에게 남은 시간은 많지 않다.

이런 맥락에서 새로운 종류의 기업 리더십이 등장하고 있는 것은 놀라운 일이 아니다. 1996년 11월 석유회사인 텍사코의 종업원에 의해 녹음된 테이프가 발견됐고, 그에 관한 보고서가 발표됐다. 이 테이프에는 고용에 관한 회의에서 경영자들이 사용한 인종차별적인 발언들이 담겨있었다. 우연히도 이 보고서는 미국의 주주행동주의 단체인 '종파를 초월한 기업책임성 센터(ICCR)'의 창립 25주년 기념일 만찬이 열리기 며칠 전에 발표됐다. 텍사코의 회장이자 최고경영자인 피터 비저는 ICCR에 연락해, 자신도 ICCR의 회원이 될 수 있는가를 문의했다. 내가 보기에 그것은 또 하나의 변환적 순간이었다. 잘못을 마냥 숨기기만 하려는 심리는 이제 사라지고 있다. 기업의 최고경영자들이 스스로 문제가 있음을 인정하고 그 문제의 해결을 위해 노력하고 있음을 떳떳이 밝힐 수 있어야 한다.

그 이후 큰 변화의 징후가 많아졌다. 보스니아 전쟁의 진실은 미국 국무부가 아니라 난민들 스스로가 자신이 겪은 일들을 말함으로써 세상에 알려졌다. 세계무역기구는 미국 시애틀 회의에서 세계무역을 더욱 자유화하는 의안들[34]을 통과시키는 데 실패했다. 16살인 내 아들은 온라인으로 아이들끼리 나눈 이야기를 내게 전해주었는데, 〈뉴욕 타임스〉는 그 이야기를 이틀 뒤에야 보도했다. 분명 풀뿌리 참여를 넘어서는 새로운 움직임이 있다. 풀뿌리 리더십이 형성되고 있는 것이다.

우리는 거대한 지각변동을 맞고 있다. 지금 우리가 맞고 있는 문제는 나쁜 사람의 문제가 아니라 나쁜 제도의 문제이다. 해답은 있다. 더 나은 세상을 만들기 위해서는 투자의 힘을 이용해야 한다는 것이다. 이제 손만 조금 뻗으면 현재 존재하는 위험들을 느낄 수 있다. 우리는 모두 20여 년 전에 우리가 있었던 곳으로 되돌아가는 여행을 했다. 그동안 인구는 늘었고 세상은 허영에 들떴으며 아직 개발되지 않은 자연을 업신여기는 풍조가 만연해졌다. 이제 우리 각자가 개별적으로 행동에 나서야 할 때다.

시스틴 성당 천정의 미켈란젤로의 그림처럼 신은 우리 인간에게 손을 뻗고 있지만, 인간은 비스듬하게 누운 채 신이 내민 손을 무시하고 있다. 우리가 손만 뻗으면 신성한 장소, 즉 평화와 정의의 세계에 가 닿을 수 있다. 이는 우리가 그렇게 공경하는 금융산업에 그러한 목표들을 통합해 넣는 것만으로도 달성할 수 있다. 사회책임투자자는 그것을 가능하게 한다.

나의 부모님은 그들 세대의 모든 사람들이 그랬듯이, 하루 일을 나가기 전에 왁스를 입힌 종이에 샌드위치를 싼다. 그들은 종이가 더럽혀지지 않았으면 그 종이를 다시 보관했다가 며칠씩 더 사용한다. 아침에 일찍 나갈 때면 커피를 끓여 보온병에 넣는다. 과일을 담아온 쇼핑백을 깨끗이 씻어 두었다가 다시 사용한다. 선물 포장지를 조심스레 뜯어내고, 장식용 리본은 나중에 다시 사용하기 위해 잘 보관해둔다. 사용하다 남은 양초는 서랍이나 창문이 뻑뻑해지면 거기에 왁스칠을 하기 위해 모아둔다. 도시에 있는 작은 집의 조그마한 정원에서도 그들은 음식물 쓰레기를 퇴비로 쓴다. 물론 시내에서 샌드위치를 사 먹을 경제적인 여유가 없어서가 아니다. 그들 역시 다른 사람들과 식당에 느긋하게 앉아서 이야기를 나누며 즐기기를 좋아한다. 그러나 그들은 낭비하지 않는다. 샌드위치나 커피를 사서 먹는 것은 그들에게 낭비일 뿐이다.

나의 부모님이나 그 세대 사람들이 그런 작은 행동들에 그토록 사려가 깊었던 이유는 무엇일까? 어떤 이들에게는 대공황기에 겪은 어려움이 기억에 남아있기 때문이었을 수 있다. 나의 부모님은 전쟁을 경험했다. 어머니는 유복한 가정에서 자랐지만 자신은 뭔가 더 크고 중요한 것의 일부라는 생각을 버리지 못한다. 그녀는 자신의 행동 하나하나를 중요하게 여기도록 교육받았다. 나의 아버지는 전쟁 중 이탈리아의 가난한 사회주의자 노동자 가정에서 성장했다. 그는 빵 부스러기가 버려지는 것을 볼 때마다, 자신이 14살 때 빵 부스러기가 얼마나 소중했었는지를 돌이켜 생각한다.

우리가 인간의 존엄성과 지속가능한 환경이 유지되는 세상을 갖고 싶다면 두 가지 중요한 이니셔티브가 성과를 맺을 수 있도록 해야 한다. 우선 거시적 수준에서 금융제도, 정부, 기업이 인간의 존엄성과 지속가능한 환경을 주된 길잡이로 삼아야 한다. 개인적인 수준에서는 각 개인이 자신의 투자결정이 차이를 만들어낼 수 있음을 인식하고, 정의와 지속가능한 환경이 우리의 가장 강력한 시민적 구조가 되도록 해야 한다. 사회책임투자는 촉매제인 동시에 수단이다. 사회적 투자자로서 당신은 기업의 사회적 책임성에 대한 연구가 발휘할 수 있는 영향력을 확대시킨다. 그리고 한 번에 하나씩 시민사회를 변환시킨다. 이것은 매우 중요한 일이다. 지구 자원은 줄어들고 있고, 남은 시간은 많지 않다. 투자자들은 투자자금을 한 푼도 소홀히 취급해서는 안 되며, 사회책임투자자가 됨으로써 그 한 푼 한 푼이 힘을 발휘하도록 해야 한다.

KLD의 2000년도 사회적 평가 기준

개요

KLD는 2000연구기간(1999년 11월 1일부터 2000년 10월 31일까지)에 다음과 같은 기준에서 사회적 스크리닝을 실시했다. 각각의 스크리닝 항목은 특정한 사회적 지표에 초점을 두고 있고, 기업의 사회적 성과에 대한 전반적인 평가항목들 가운데 일부다. KLD는 평가와 분석을 각 기업별로 정리해 발표한다. 강점과 약점에 대한 평가점수는 평가차트의 각 항목에 다이아몬드로 표시된다(〈부록 2〉 참조). 평점이 없는 것은 특별한 강점과 약점이 없다는 뜻이다. 그러나 평점이 없더라도 기업별 평가기록에는 관련된 논평이 포함되기도 한다. KLD의 사회적 평가 내용은 소크라테스(Socrates)라는 이름의 데이터베이스에 포함된다. 소크라테스는 650개 이상의 미국 내 상장기업에 대한 KLD의 평가 기록들을 이용할 수 있게 해주는 독자적인 데이터베이스인 동시에 데이터베이스 프로그램이다.

평가차트

항목	강점	약점
지역사회	**자선기부** 3년간 지속적으로 세전이익의 1.5% 이상을 자선기부에 사용했거나 기부에 매우 적극적이었다. **혁신적 기부** 경제적 약자의 자립을 돕는 비영리 기관을 지원하는 혁신적인 기부 프로그램을 갖고 있다. 작업장에서 노동자들이 비전통적 형태	**투자 논란** 회사는 금융기관으로서 대출과 투자 관행상 논란의 대상이 돼 왔다. 특히 지역사회재투자법과 관련해 논란에 휘말렸다. **부정적인 경제적 영향** 회사의 행위가 지역사회 경제에 미치는 영향을 두고 논란이 잦다. 이러한 논쟁은 환경오염, 수자원

항목	강점	약점
지역사회	의 공동 자선모금을 하는 행위를 허용하는 경우 그런 사실도 언급 된다. **주택사업 지원** 경제적 약자를 위한 주택 건설 지 원에 두드러지게 참여하고 있다. **교육사업 지원** 경제적 약자에게 혜택을 주는 초 중등 교육 프로그램 지원에 매우 적극적이다. 또는 회사는 청년 대 상 직업교육 프로그램을 활발히 지원하고 있다. **기타**	에 대한 권리, 공장폐쇄, 쓰레기 소각, 삶의 질, 세금, 지역사회의 재산가치에 부정적인 영향을 주는 행위 등에 대한 것이다. **기타**
다양성	**CEO** 최고경영자가 여성 또는 소수인 종이다. **승진** 여성과 소수인종이 승진하는 비 율이 현저히 높다. 그리고 그들은 회사의 손익에 영향을 미치는 지 위에 있다. **이사회** 이사회 구성원이 12명(또는 그 이 하)일 경우 여성, 소수인종, 장애자 가 4명 이상 또는 3분의 1 이상이다.	**논란** 회사는 소수인종과 여성에 대한 차별 철폐에 관한 법률과 관련된 논란에 휘말려 상당한 액수의 벌 금과 민사배상금을 지급한 적이 있거나 현재 주요한 논란에 휘말 려 있다. **여성 대표자 없음** 회사의 이사회나 고위간부 중 여 성이 없다. **기타**

항목	강점	약점
다양성	**가족 혜택** 종업원에게 다양한 혜택을 제공한다. 직장이나 가족문제(육아, 노인부양, 유동적 근무시간제 등)에 관련된 훌륭한 제도를 갖고 있다. **여성 소수인종 우대계약** 회사는 구매 또는 하청계약의 5% 이상을 여성 또는 소수인종이 대표로 있는 회사와 맺고 있다. **장애인 고용** 장애인 고용 및 혁신적인 장애인 인사정책을 실시 중이다. 현재 장애인의 고용주로서 좋은 평판을 받고 있다. **전향적인 동성애 정책** 현저하게 전향적인 동성애자 정책을 실시 중이다. 특히 종업원의 배우자에게 혜택을 제공한다. **기타**	
노사관계	**노조와의 원활한 관계** 노조와의 관계가 매우 원활하다. **현금 이익배분** 현금 이익배분 프로그램을 갖고 있으며, 이를 통해 최근 종업원들 대부분에게 성과배분을 했다.	**노조와의 불편한 관계** 노즈와 매우 불편한 관계를 지속해 왔다. **안전 논란** 최근에 종업원의 건강과 안전에 관한 기준을 고의적으로 위반해 상당

항목	강점	약점
노사관계	**종업원의 경영참여** 대부분의 종업원들에게 스톡옵션 부여, 이익 배분, 자사주 소유, 재무정보 공유, 경영의사결정 참여 등을 실시해 종업원의 경영참여를 고취하고 있다. **탄탄한 은퇴계획** 매우 안정적인 은퇴계획을 제공하고 있다. **다른 강점들**	한 액수의 벌금 또는 민사배상금을 지출했다. 또는 현재 주요한 건강 또는 안전 관련 논란에 휘말려 있다. **일자리 감축** 최근 1년간 15% 이상의 인원을 감축했거나 2년 동안 25% 이상을 감축했다. 또는 그런 계획을 발표했다. **연금과 복지혜택 우려** 확정급여형 연금계획이 부실하거나 은퇴계획 프로그램이 만족스럽지 못하다. **다른 약점들**
환경	**이로운 제품과 서비스** 혁신적인 교정치료용 제품과 환경서비스, 에너지 효율을 높이는 제품에서 상당한 매출을 올리고 있다. 또는 환경적 이점이 있는 혁신적인 제품을 개발했다(환경서비스에는 매립, 소각로, 폐기물을 이용한 발전과 같은 문제의 소지가 있는 서비스는 포함되지 않는다). **오염방지** 강력한 오염방지 프로그램을 가지고 있다. 이 프로그램에는 배기가스 감소와 독성물질 사용 감소 프로그램이 포함돼 있다.	**유해 쓰레기** 회사의 유해 쓰레기 매립에 드는 비용이 5000만 달러 이상이다. 또는 쓰레기 관리법 위반으로 최근 상당한 벌금과 민사배상금을 지급했다. **규제상 문제** 대기, 수질, 기타 환경규제를 위반해 최근 상당한 벌금이나 민사배상금을 지급했다. 또는 청정공기법과 청정수자원법을 비롯한 주요 환경규제와 관련해 자주 논란에 휘말린다.

항목	강점	약점
환경	**재활용** 제조과정에서 상당량의 재활용 재료를 원재료로 사용한다. 또한 재활용 산업의 주요 기업이다. **대체연료** 대체연료로부터 상당한 수입을 얻고 있다. 대체연료에는 천연가스, 풍력발전, 태양광에너지 등을 포함한다. 회사는 에너지 효율화 프로그램을 갖고 있고 그것을 예외적으로 잘 지키거나 에너지 효율의 개선에 적극 노력하고 있다. **의사소통** 회사는 세레스 원칙에 서명했다. 분량이 충분한 환경영향 보고서를 발간한다. 또는 환경적으로 가장 우월한 관행을 정착시키기 위해 현재 효과적인 내부 의사소통 시스템을 갖고 있다. **다른 약점들**	**오존층 파괴 화학물질** 염화불화탄화수소(HCFC), 메틸클로로포름, 메틸렌클로라이드, 브롬 등과 같은 오존층 파괴 화학물질의 주요한 제조업체이다. **상당한 배기가스 배출** 환경보호국(EPA)에 의해 정의되고 EPA에 보고하는 법류상 유독성 화학물질의 대기 또는 수상 배출량이 KLD가 조사대상으로 삼는 회사들 가운데 가장 높은 수준이다. **농업용 화학물질** 살충제나 화학비료 등 농업용 화학물질의 주요한 제조업체이다. **기후변화** 석탄, 석유 및 그 파생 연료제품을 판매해 상당한 수익을 얻고 있다. 또는 석탄, 석유 및 그 파생 연료제품의 연소로부터 간접적으로 상당한 수익을 얻고 있다. 이런 회사들에는 전기, 운송, 자동차 제조사, 기타 운송장비 제조사들이 있다. **다른 약점들**
	지역사회 미국 외에서 매우 혁신적 자선기	**미얀마** 미얀마에 공장이 있다

항목	강점	약점
미국 외 영업	부 프로그램을 실천하고 있다. **기타 강점** 미국 외 영업을 하면서 지역사회와의 관계, 노사관계, 환경영향, 제품 혁신에 있어서 칭찬을 받아 왔다.	**멕시코** 회사의 멕시코 내 영업이 종업원 대우, 환경 악화와 관련해 최근 논란이 많다. **국제 노동력** 회사의 미국 외 사업활동은 종업원 관계와 노동기준과 관련해 주요 논란의 대상이 돼왔다. **다른 논란** 회사의 미국 외 영업은 지역사회, 다양성, 환경, 제품 안전성, 제품 품질 등의 문제로 논란의 대상이 되고 있다.
제품	**품질관리** 장기적이고 잘 개발된 전사적 품질관리 프로그램을 갖추고 있다. 또는 미국 산업에서는 예외적으로 인정된 품질을 가지고 있다. **연구개발과 혁신** 동종 산업에서 연구개발에 선도적이다. 특히 현저히 혁신적인 제품을 시장에 내놓고 있다. **경제적 약자에 대한 혜택** 기본적인 사명으로 경제적 약자를 위해 제품과 서비스를 공급하는 것을 기본적인 사명으로 여긴다.	**제품 안전성** 제품과 서비스의 안전과 관련해 상당한 벌금 및 민사적 배상금을 지급했다. 또는 논쟁이나 규제에 휘말려 있다. **마케팅과 계약상 논란** 최근 주요 마케팅 또는 계약 관련 논란에 휘말려 있다. 또는 광고, 소비자 기만, 정부계약과 관련하여 상당한 벌금 및 민사배상금을 지급했다. **반독점** 재판매가격 고정, 담합, 약탈적 가격 책정 등 반독점법 위반으로 최

항목	강점	약점
제품	**다른 강점들**	근 상당한 벌금 또는 민사배상금을 지급했다. 또는 반독점법 위반 혐의로 주요 논란 또는 규제에 말려있다. **다른 약점들**
기타	**보수의 제한** 최고경영자 및 이사진에 대하여 현저히 낮은 수준의 보수를 지급했다. 평점을 받을 수 있는 한계는 최고경영자의 경우 연간 50만 달러 이하, 사외이사는 3만 달러 이하다. **지분상 강점** KLD가 사회적 장점을 갖고 있다고 평가한 기업의 지분을 20~50%가량 소유하고 있다. 또는 KLD가 사회적 장점을 갖고 있다고 평가한 회사들이 이 회사의 지분을 20% 이상 갖고 있다. 회사가 다른 회사의 지분을 50% 이상 소유한 경우 KLD는 그 자회사를 이 회사의 사업부서 중 하나로 본다. **다른 강점들**	**높은 보상** 최근 최고경영자 및 이사진에 대하여 현저히 높은 수준의 보수를 지급했다. 평점의 한계는 최고경영자는 연간 1000만 달러 이상, 사외이사는 10만 달러 이상이다. **세금 논란** 최근 연방 또는 지방 세무당국과 1억 달러 이상의 세금 논란에 휘말려 있다. **지분상 약점** KLD가 사회적으로 문제가 있다고 평가한 회사의 지분을 20~50%가량 소유하고 있다. 또는 KLD가 사회적으로 문제가 있다고 평가한 회사들이 이 회사의 지분을 20% 이상 소유하고 있다. 회사가 다른 회사의 지분을 50% 이상 소유한 경우 KLD는 그 자회사를 이 회사의 사업부서 중 하나로 본다. **다른 약점들**

배제사항

KLD의 배제사항은 위에서 언급한 다른 질적 사항들과 달리 강점의 평점은 부여
되지 않고 약점의 평점만 부여된다는 점에서 차이가 난다.

항목	약점
알코올	**상당한 관여**: 주류를 생산해 상당한 수입을 얻고 있다. **다른 약점**: 주류 생산과 밀접하게 연관된 사업에서 상당한 수입을 얻고 있다.
사행산업	**상당한 관여**: 도박 및 복권사업과 관련한 제품과 서비스에서 상당한 수입을 얻고 있다. **다른 약점**: 도박이나 복권사업과 관련한 제품과 서비스와 밀접하게 연관된 사업에서 상당한 수입을 얻고 있다.
담배	**상당한 관여**: 담배제품의 생산에서 상당한 수입을 얻고 있다. **다른 약점**: 담배제품의 생산과 밀접하게 연관된 사업에서 상당한 수입을 얻고 있다.
군수산업	**상당한 무기판매 계약**: 무기관련 계약에 상당히 관여돼 있다. 정보가 확인된 최근 회계연도 매출의 2% 이상 또는 5000만 달러 이상의 수입을 무기관련 계약으로부터 얻었다. 또는 핵무기 관련 주 계약자로서 1000만 달러 이상의 수입을 얻었다. **부수적 무기계약 참여**: 무기관련 계약과 부수적으로 관련이 있다. 최근 회계연도에 재래식 무기 관련된 계약에서 1000만 ~5000만 달러의 매출을 올렸다. 또는 핵무기 관련 계약에서 100만~1000만 달러의 매출을 올렸다. **주요무기 관련 공급자**: 직전 회계연도에 국방부로부터 무기와 관련된 연료 또는 기타 공급의 대가로 5000만 달러 이상을 받았다. **다른 약점들**

항목	약점
원자력	**핵발전**: 회사는 핵연료에서 전력을 생산하는 발전회사이다. 또는 핵발전소 회사의 지분을 가지고 있다. **설계**: 핵발전소의 설계에서 확인 가능한 수입을 얻고 있다. 여기에는 핵발전소의 건설과 보수유지 서비스를 제공하는 회사는 포함하지 않는다. **핵연료 재처리와 주요 부품**: 우라늄을 채굴하고 가공하는 등의 일을 한다. 또는 핵연료 재처리에 관여한다. 또는 핵연료를 사용하는 발전용 장비와 주요 부품을 팔아서 상당한 수입을 올리고 있다. **다른 약점들**

사회적 평가의 사례 존슨 앤드 존슨
- KLD의 사회적 평가 보고서(요약)

평가항목	강점	약점
지역사회	◆	
다양성	◆◆	
노사관계	◆	◆
환경	◆	
미국 외 사업		
제품	◆	◆◆
기타		◆
알코올/도박/담배/군수품 계약/핵발전		

◆ = 강점 또는 약점의 평점

사업개요

존슨 앤드 존슨은 소비재(1998년 매출 중 28%), 의약품(36%), 전문제품(36%)을 만들어 파는 기업이다. 1999년 센토콜, 1998년 정형외과용 장비 제조회사인 디푸이, 1997년 이노테크, 바이옵시스, 바이오센스, 지네케어를 각각 인수했다.

지역사회
강점 : 자선기부

존슨 앤드 존슨은 1998회계연도에 연속 3년째 세전이익의 1.4%인 5720만 달러를 현금으로 기부했다. 아울러 매년 1억 2540만 달러를 현물로 기부하는 것으로 추산된다.

강점 : 혁신적인 기부

기부 중에는 소수인종을 대상으로 한 기부가 많다. 1997년에는 61만 달러를 기부해, 경제적으로 취약한 계층의 아동을 위한 '헤드스타트 프로그램'을 지원했다. 이 프로그램에 매년 약 100만 달러 정도를 기부하고 있다. 또 '양질의 피부양자 보호를 위한 미국 사업자 연맹'의 22개 기업들과 공동으로 조기교육 프로그램 개발과 탁아서비스 개선에 대한 연구를 위한 1180만 달러 규모의 프로젝트에 기부했다. 미국 8개 주와 푸에르토리코에서 벌이고 있는 취업알선 프로그램은 건강과 관련된 학교교육과 현장교육을 통합하는 데 도움을 주고 있다. '전국 소수인종 여름 인턴 프로그램'도 후원하고 있다.

존슨 앤드 존슨은 1970년대부터 본사가 있는 뉴저지주 브런즈윅의 재개발을 위해 상당한 역할을 하고 있다. 지역사회개발 기관들에 대한 지원도 하고 있다. 지역사회 건강관리 프로그램의 일환으로 1999년부터 2년간 플로리다주 마이애미의 '생명을 위한 음식 네트워크', 인디애나주 인디애나폴리스의 '매리온 카운티 소수인종 건강연맹', 조지아주 애틀랜타의 '성요셉 머시케어 서비스', 뉴저지주 캠던의 '여성 암 진단 프로젝트'에 각각 10만 달러씩을 기부하겠다고 밝혔다.

다양성
강점 : 승진
라인상의 직책을 가진 고위 임원 6인 중에는 여성이 없다. 하지만 소비재부문 사장인 콜린 고긴스, 자회사인 오소 바이오테크의 사장인 캐롤 웹은 여성이다. 그 외의 고위직 여성으로는 최고 정보책임자이자 집행위원회 위원인 조안 하이슨, 디엑스 그룹의 부사장인 애니 로, 투자홍보 담당 부사장인 헬렌 쇼트, 기술자원 담당 부사장인 브렌다 데이비스가 있다. 소수인종 간부로는 흑인인 알프레드 메이스가 회사의 특수제품 부문 사장으로 일하고 있다. 1999년 현재 중간 관리직 중에서 여자는 35%, 소수인종은 16%다. 1998년 3월 〈포천〉에 의해 '아시아인, 흑인, 히스패닉이 일하기 좋은 50대 기업' 중 하나로 꼽혔다. 그러나 1999년에는 이 명단에 들지 못했다. 회사 내 연봉순위 상위 25명 내에 소수인종이 없었기 때문이다.

강점 : 가족혜택
1999년에 잡지 〈일하는 엄마(Working Mother)〉는 존슨 앤드 존슨을 '일하는 엄마를 위한 100대 기업' 중 하나로 선정했다. 존슨 앤드 존슨은 그 전에도 이 명단에 든 적이 있다. 출산휴가는 52주다. 이 중 48주는 유급이며, 이는 정부가 정한 12주보다 36주가 더 긴 기간이다. 그 밖의 가정혜택으로 출산 후 복직 프로그램, 입양 보조금 3000달러 지급, 의료정보 제공 서비스 등이 있으며, 1998년부터는 수유 프로그램도 실시되고 있다.

1998년 현재 총 6개소의 탁아시설 운영비의 50% 이상을 보조한다. 미국 45개 주에서 탁아시설을 운영하는 3개 유치원 체인을 지원한다. 기혼여성을 풀타임으로 고용하고 있고, 직원들에게 거주지 탁아시설 이용비용 중 일부와 자녀보호 보조금을 지급한다. '양질의 피부양자 보호를 위한 사업자 연맹'에 주도적으로 참여하고 있다. 이 연맹은 아동과 노인을 보호하기 위한 기금을 조성하고 있다.

재택근무, 일 나누기, 유동근무시간제, 압축근무시간제 등 신축적인 근무시간제를 실시하고 있다. 가족문제 상담 및 관련정보 제공 서비스는 아동교육, 대학 진학, 입양, 기타 일반적인 직장과 가정생활 관련 문제들에 대해서도 실시하는 방향으로 확대돼 왔다.

강점: 여성과 소수인종에 대한 하청 및 외주

1998회계연도에 총 하청 및 구매 계약의 5.9%를 여성 또는 소수인종이 소유·운영하는 기업에 배정했다. 금액은 여성이 소유·운영하는 기업에 1억 2200만 달러, 소수인종이 소유·운영하는 기업에 2억 100만 달러가 배정됐다. 여성이나 소수인종이 소유·운영하는 납품업체를 지원하는 프로그램을 운영하면서 구매기반을 다양화하는 노력을 기울이고 있다.

강점: 장애인 고용

1998년 평등고용을 주장하는 잡지인 〈직장과 장애인〉은 '50대 장애인 고용 우수 기업' 중 하나로 존슨 앤드 존슨을 선정했다. 1996년에도 이 명단에 14위로 꼽힌 바 있다. 이 잡지는 장애인 대학생과 전문직 종사자들이 대부분인 독자들을 대상으로 '어떤 기업이 장애인에게 편리한 작업환경을 가장 적극적으로 제공한다고 생각하느냐'고 묻는 방식으로 조사를 실시했다.

이사회에는 조안 간즈 쿠니, 앤 디블 조던, 맥신 싱거 등 3명의 여성이 포함돼 있다. 이들 중 조던은 소수인종인 흑인이기도 하다. 쿠니는 '어린이를 위한 텔레비전 워크숍'의 집행위원회 의장이고, 조던은 시카고대학 병원의 산부인과 사회

서비스 부문 책임자였다. 싱거 박사는 워싱턴에 있는 카네기연구소 소장이다.

1996년 종업원 성차별을 하지 않겠다고 문서로 선언했고, 스미스대학이 운영하는 '여성 관리자들의 고위직 승진 준비과정'에 여성 직원들을 보냈다.

1998년에는 아시아에서 낸 구인광고에서 성차별을 한 25개 회사 중 하나로 지적됐다. 이들 25개 기업의 광고 중 25%는 상위직 남성과 하위직 여성을 등장시켰다. 그러나 광고가 시행된 나라들에서는 이런 식의 성차별 광고는 위법이 아니다.

노사관계

강점

2000년 1월 〈포천〉에 의해 '미국 내 최고의 직장 100' 중 하나로 선정됐다. 전에도 이 명단에 포함된 적이 있다. 이 명단은 1984년과 1993년에 《미국 내 최고의 직장 100》이라는 책을 낸 로버트 레버링과 밀턴 모스코비츠가 작성한 것이다.

존슨 앤드 존슨의 종업원혜택 중 특이한 것은, 매년 종업원에게 60시간의 교육을 제공하고 자기계발 비용의 100%를 보조한다는 점이다. 1996년 1월 잡지 〈머니〉에 의해 '종업원혜택이 가장 우수한 10대 기업' 중 9위로 꼽혔다. 1998회계연도에 직원들을 위한 401(k) 계획에 6300만 달러를 기부했다. 회사의 은퇴계획에 따르면 30년간 근무한 65세 퇴직자는 매년 1만 8800달러를 받게 된다. 일시불은 허용되지 않는다.

〈머니〉에 따르면 존슨 앤드 존슨은 종업원들에게 높은 의료혜택을 제공한다. 종업원들은 여러 가지 의료보험 상품 중에서 마음에 드는 것을 골라서 가입할 수 있다. 의료보험 가입에 따른 종업원의 부담액은 개인당 월 13.75달러 이하이며, 여기에는 치과진료까지 포함된다. 아울러 수준 높은 복지 프로그램을 운영하고 있다. 복지 프로그램에는 근무현장 운동시설, 구내식당의 건강식단, 우울증 치료까지 포함한다. 회사는 1994년부터 누트리시스템이라는 업체를 통해 종업원 의료지원 프로그램을 위탁 판매하고 있다.

1996년 6월 〈인더스트리 위크〉는 텍사스주 셔던에 있는 자회사 '존슨 앤드 존슨 메디컬'의 품질 담당 관리자의 말을 빌려, 노동조합과 경영진의 확고한 협조가 1993년의 감축경영을 성공시켜 셔먼공장을 보다 효율적으로 만들었다고 보도했다. 이 공장은 고객불만 처리, 작업시간표 작성, 새로운 작업과정 도입 등에 대한 결정을 종업원 자율에 맡겼다. 종업원들은 연간 59시간의 교육을 받는데,

이는 1991년의 36시간에 비해 크게 늘어난 것이다. 〈인더스트리 위크〉는 존슨 앤드 존슨의 셔먼공장을 미국 내 최고의 공장들 가운데 하나로 선정했다.

이 회사는 사업단위별 관리자들에게 최대한의 자율성을 보장하는 경영철학으로 높이 평가받고 있다. 1997년 7월 〈인베스터스 비즈니스 데일리〉는 최고경영자인 랄프 라슨이 실수를 적극적으로 수용하는 기업문화를 만들었다고 보도했다. 1994년 12월 〈포천〉은 존슨 앤드 존슨의 지사와 사업부들이 '놀라운 자율경영'을 한다고 보도했다. 미국 기업 중에서 앞서 갖춘 윤리규범이 다양한 사업들을 유기적으로 통합시켜내는 기업문화를 뒷받침하고 있다.

1997년에는 몇 개의 다른 대기업들과 함께 신규채용, 직원 경력관리, 직원교육을 위한 자료 및 정보 공유 체제를 가동시켰다. 이렇게 제휴관계를 맺은 기업들은 종업원들이 스스로 자신의 경력과 전망을 평가할 수 있는 테스트 프로그램을 웹사이트에 설치해 놓았다. 이 웹사이트를 통해 종업원들은 여러 회사에서 필요로 하는 개인적인 자질을 갖추기 위해 자신에게 필요한 교육과 훈련이 무엇인지를 파악할 수 있다. 아울러 어떤 직종의 일자리가 늘어나고 어떤 직종의 일자리가 줄어들고 있는지도 알 수 있다. 이에 따라 종업원들은 회사의 인원감축에 대비할 수 있고, 일자리가 늘어나는 추세인 직종을 겨냥해 자신의 능력계발 노력을 집중할 수 있다.

약점

1997년 법원은 성차별을 이유로 인사부서에 항의한 여성 직원에 대해 관리자와 동료들이 보복행위를 했다는 혐의를 인정하고, 존슨 앤드 존슨에 389만 달러를 배상하라고 판결했다. 배심원들은 그녀가 승진에 실패한 데는 성차별의 요소가 없었으나, 그녀의 항의에 대해서는 회사 차원의 보복이 있었음이 인정된다고 보았다. 이에 따라 배심원들은 존슨 앤드 존슨이 그녀에게 1170만 달러의 배상금을 지급해야 한다고 의견을 모았고, 판사가 이를 389만 달러로 인하조정한 판결을 내렸다. 회사는 이에 대해 항소했다.

1998년 12월 현재 종업원 수는 전 세계에 걸쳐 9만 3100명이며, 그 가운데 3만 7968명은 미국 내 종업원들이다. 미국 내 종업원 중 노조가입률은 8%다. 1998년 12월 회사는 전체 종업원 중 4.4%인 4100명을 해고하고 36개 공장을 폐쇄하기로 했다고 발표했다.

1996년 7월 존슨 앤드 존슨은 에이즈 검사약을 개발한 임원에게 그에 대한 권리를 넘겨주라는 중재결정을 받았다. 이에 따르면 회사가 그와의 고용계약을 위반해 근거 없이 해고했으니, 에이즈 검사약에 대한 권리는 개발자에게 속한다는 것이었다. 회사가 제기한 항소는 같은 해 10월 기각됐고, 그 후 회사는 그 권리를 매수했다.

환경

강점: 오염방지

존슨 앤드 존슨은 환경보호국(EPA)의 자발적 오염방지 프로그램에 참여했다. 이 프로그램은 1995년까지 17개 유독 화학물질의 배출량을 1988년에 비해 50%로 줄이기 위한 것이다. 1995년까지 이 회사는 17개 유독 화학물질의 방출량을 84% 줄여 감축목표를 초과달성했다. 특히 텍사스주 셔먼에 있는 의약품 사업부는 유독물질 방출량을 1992년부터 1994년 1월까지 90% 줄였다. 이러한 자발적 행동에 대한 보상으로 환경보호국은 이 회사에 대해 6년 동안 규제를 감면해주기로 했다. 1998년 현재 전 세계적인 유독 화학물질 방출량은 1991년에 비해 93% 줄어든 수준이다.

존슨 앤드 존슨은 1991~2000년에 유독성 폐기물을 10% 줄이고, 고형 폐기물을 50% 줄인다는 공개적인 목표를 갖고 있다. 실제로 1998년까지 유독성 폐기물은 11%, 고형 폐기물은 68% 줄였다. 고형 폐기물의 40%는 재활용된다. 이 회사는 환경보호국의 자발적 고형 폐기물 축소 프로그램인 '현명하게 버리기'에 참여하고 있다.

환경보호국의 1997년 매립지 정화사업 추적시스템에 따르면 존슨 앤드 존슨은 25개 슈퍼펀드사이트에 대해 부분적인 책임이 있다. 1999년 9월 현재 환경정화 부담금은 아직 확정되지 않았다. 1996년 11월 존슨 앤드 존슨을 비롯한 54개 기업이 로드아일랜드의 스미스필드에 있는 슈퍼펀드 매립지 정화사업에 3210만 달러를 지불하기로 합의했다. 이 지역에서는 1970년대와 1980년대에 액체 및 고체의 유독성 폐기물이 해안가에 매립됨에 따라 지하수가 크게 오염됐다.

강점: 재활용

존슨 앤드 존슨은 제품 포장을 줄이는 소프트웨어를 다른 기업들에게도 제공하고 있다. 1992~1998년에 이 회사의 포장은 22.3% 줄었고, 2000년까지 25% 감축이 목표다.

1995년 12월 존슨 앤드 존슨은 다른 4개 회사와 함께 '환경방어기금'의 회원으로 참여했다. 이들은 종이회사들로 하여금 환경개선에 더욱 힘을 쏟도록 하는 방향으로 자사 구매정책을 변경하기로 했다. 존슨 앤드 존슨은 1996년까지 종이의 사용을 50% 줄이고, 재생용지의 사용을 50% 늘리기로 하고, 이를 위해 '재활용제품 구매자연합'에 가입했다. 환경보호론자들 가운데 일부는 환경방어기금 회원사들이 제지회사의 환경훼손 관행들을 지속가능하다고 왜곡 선전하고 있다고 비난한다.

강점 : 기후보존

존슨 앤드 존슨은 2000년 3월 '기후보존 프로그램'에 참여한다고 발표했다. 기후보존 프로그램은 세계야생동물기금의 후원 아래 세계적으로 온실가스 배출을 줄이는 자발적 프로그램이다. 이 프로그램은 회사들이 교토의정서의 기준 또는 그 이하로 온실가스 배출을 줄일 것을 요구하고 있다. 존슨 앤드 존슨은 이산화탄소, 메탄, 기타 온실가스의 배출을 2010년까지 7% 줄이겠다고 제안했다. 회사는 이 목표를 에너지 고효율 장비, 폐열난방, 재생가능 에너지의 사용 등을 통해 달성할 계획이다.

1998년 존슨 앤드 존슨은 '기후보존 우수상'을 받았다. 이 상은 제조업체들에게 온실가스 배출을 자발적으로 감소하도록 권장하기 위한 환경보호국의 프로그램이다. 이 프로그램은 2000년까지 온실가스 배출량을 1990년 수준으로 줄인다는 미국의 약속을 실천하기 위한 것이다. 존슨 앤드 존슨은 1991년부터 2000년까지 에너지 사용량을 25% 줄이겠다고 선언했다. 1998년까지 실제 달성한 에너지 사용량 감축률은 19.9%였다.

존슨 앤드 존슨은 환경보호국의 에너지 효율성 제고 프로그램에 참여한 23개 회원사 중 하나다. 환경보호국은 1994년 존슨 앤드 존슨을 '올해의 녹색불빛 기업'으로 선정했다. 1998년에는 뉴멕시코와 푸에르토리코에 있는 공장의 에너지 효율성이 크게 개선된 것을 인정받아 '에너지 스타 빌딩 우수상'을 받았다.

강점 : 의사소통

유럽의 4개 사업현장, 아시아의 2개 사업현장, 미국의 2개 사업현장이 ISO 14000 인증을 받았다. 그 외에도 여러 공장들이 인증작업을 진행 중이다. 존슨 앤드 존슨은 자사의 모든 공장과 시설에 대해 이 인증을 받을 계획이라고 밝혔다. ISO 14000 인증은 환경적인 품질관리에 대한 인증제도다.

미국 외 영업

1998회계연도 중 미국 이외의 지역에서 발생한 매출은 전체의 47%다. 영업망은 한국, 중국, 대만, 홍콩, 이집트, 인도, 인도네시아, 케냐, 말레이시아, 모로코, 파키스탄, 필리핀, 싱가포르, 아랍에미리트, 잠비아, 짐바브웨 등 세계 55개국에 걸쳐 있다.

멕시코의 수르기코스 마킬라도라 공장은 1993년에 미국의 맬컴 볼드리지 상에 해당하는 멕시코의 우수 제조업체 상을 받았다.

1998년 존슨 앤드 존슨은 총 기부금의 10%인 600만 달러를 해외 프로그램에 기부했다. 1997년 KLD와의 대화에 따르면 해외 공장들이 자체적인 기부도 하고 있으나, 그 금액은 본사의 기부금 통계에 포함되지 않는다. 회사가 자체적으로 선정한 프로그램 외에 국제아동기금, '희망 프로젝트'의 프로그램 등에도 기부를 한다. 기부대상 프로그램에는 중국의 신생아 파상풍 제거를 위한 국제아동기금의 3개년 프로그램도 있다. 그 밖에 짐바브웨, 남아프리카공화국, 콜롬비아 등의 병원시설 개선사업에도 자금을 지원했고, 각종 국제 구호단체들에게도 상당한 양의 생필품을 현물로 지원하고 있다.

1998년 7월 러시아 정부는 존슨 앤드 존슨의 러시아 자회사가 세금을 탈루했다는 이유로 1900만 달러의 벌금을 부과했다. 임원과 회계책임자에게도 벌금이 부과됐으나, 이런 벌금은 나중에 취소됐다.

회사는 유아용 유동식을 만들어 전 세계에 판매한다. 회사는 이 제품의 판매와 관련해 개발도상국들에서 논쟁에 휘말려있다.

제품
강점 : 연구개발과 혁신

1998년 총 수입 중 33%가 개발된 지 5년 이내인 제품에서 나왔다. 혁신적인 제

품을 도입하는 데 사업전략의 중점을 둔 데 따른 결과다. 1998년 총 수입의 9.6%
인 23억 달러가 연구개발에 투자됐다.

약점: 제품의 안전성

〈포브스〉에 따르면 1998년 1월까지 3년간 50여 건의 타이레놀 관련 소송이 제기
됐다. 이로써 진행 중인 소송의 총수는 100건이 넘는다. 이중 최소한 4건은 합의
됐다. 1993년에 800만 달러를 지급하는 것으로 합의된 사건이 있다. 이는 저녁에
포도주와 함께 타이레놀을 먹고 난 후 간에 손상이 생겨 간이식을 준비하던 사람
이 제기한 소송이었다. 〈포브스〉는 특정한 조건에서 아세타미노펜을 과다복용하
면 위험하며, 심지어는 죽을 수도 있다는 사실을 제품 설명서에서 강력하게 경고
하지 않은 탓이라고 주장했다. 식품의약국 역시 아세타미노펜을 포함하고 있는
모든 제품들에 대해 분명한 경고를 하도록 요구하지 않은 잘못을 지적했다. 1998
년 10월 식품의약국은 아세타미노펜을 함유한 모든 제품은 하루에 3~4잔의 술
을 마시고 복용할 경우 위험하며 이로 인해 나타날 수 있는 결과를 설명서에 표시
하도록 조처했다.

　아세타미노펜의 과다복용에 따른 위험이 가장 큰 사람들은 어린이, 술을 마시
는 사람, 영양섭취가 부족한 사람들이다. 아세타미노펜은 라이증후군을 발생시
키지 않기 때문에 감기나 독감에 걸린 아이들에게 아스피린보다 안전하다고 알
려져, 부모들이 아이들에게 이 약을 많이 먹였다. 〈포브스〉에 따르면 존슨 앤드
존슨의 유동식에 부착된 설명서는 애매한 표현으로 돼 있어, 그것을 먹은 어린이
중 간에 손상을 입은 경우도 최소한 1건은 있었다고 한다. 〈포브스〉는 이 회사가
설명서를 한 번에 하나씩만 바꾸는 등 설명서 개선 노력이 미흡했다고 보도했다.
1989년에는 하루에 5개의 초강력 타이레놀을 먹은 5살짜리 어린이가 숨지고 난
후 아이에게 이 약을 주는 것이 위험하다는 문구가 추가됐다. 1993년에는 800만
달러에 합의된 사건 이후 음주 후 복용에 대해 위험을 경고하는 문구가 추가됐
다. 1998년 7월에는 상시적으로 상당량의 음주를 하는 사람이 타이레놀이나 모
트린을 복용하는 것은 위험하다는 문구가 삽입됐다.

　1998년 6월 존슨 앤드 존슨은 1997년 8월 이전에 만들어진 가정용 혈당 측정
기를 모두 교환해 준다고 발표했다. 1997년까지 판매된 가정용 혈당 측정기는 약
29만대 정도였다. 이 제품은 혈당이 수치가 아주 높을 때 위험하다는 경고 대신

에 다른 잘못된 메시지를 표시했다.

1998년 3월 식품의약국과 캘리포니아주 법무부는 회사의 '라이프스캔' 자회사의 당뇨병 기계에 대하여 조사를 실시했고, 회사는 이 조사에 협조했다. 이 조사가 시작된 뒤 기계의 잘못으로 사람이 죽었다는 두 가족의 신고가 접수됐다. 이 두 사람의 사망과 기계의 잘못된 메시지 사이의 연관관계는 아직 밝혀지지 않았다. 존슨 앤드 존슨은 1997년 기계의 결함을 발견한 후 문제의 소프트웨어를 교체했고, 고객이 기계의 결함을 검사할 수 있는 검사기구를 개발해 제품과 함께 배포했다. 두 건의 사망사고 이후에는 모니터도 바뀌었다. 이 제품에 결함이 있다는 집단소송이 캘리포니아의 지방 및 연방법원에서 진행 중이다.

1999년에는 다른 자회사인 에시콘이 으염된 봉합실을 팔아서 여러 명에게 심각한 감염을 초래하고 한 사람을 죽게 했다는 이유로 집단소송이 제기됐다. 에시콘은 1994년 봉합실을 모두 리콜했으나, 실제로는 25%만 회수해 폐기처분할 수 있었다. 나머지는 이미 소비되고 난 후였다.

2000년 3월 존슨 앤드 존슨은 위산역류로 인한 가슴앓이 치료약인 프로펄시드의 판매를 중단했다. 이 약을 사용한 환자들에게서 부정맥과 사망사고가 보고됐기 때문이다. 2000년 소비자 단체인 '퍼블릭 시티즌'은 식품의약국에 프로펄시드를 즉각 판매금지하라고 요구했다. 이 단체에 따르면 1993~1999년에 프로펄시드의 사용으로 인해 80명이 사망하는 등 많은 사고들이 보고됐다고 한다.

약점: 마케팅 및 하청계약상의 논란

1998년 환경보호국은 존슨 앤드 존슨이 항균 칫솔에 대해 과대광고를 했다면서 10만 달러의 벌금을 부과했다. 항균 물질이 칫솔의 플라스틱 손잡이에서 세균을 없애줄 수는 있지만, 광고에서 주장하는 것처럼 잇몸의 세균을 죽이는 기능은 없다는 이유에서였다.

1996년 10월에는 '관절염재단'의 이름을 내세워 약국에서 판매한 진통제가 소비자들을 현혹했다는 혐의를 받게 됐고, 존슨 앤드 존슨은 이 문제를 해결하기 위해 19개 주에 200만 달러를 지급하기로 합의했다. 이는 맥네일 소비재 사업부가 관절염재단의 이름을 내건 진통제 4종을 판매한 것 때문이었다. 이런 방식의 마케팅은 마치 관절염재단이 약의 개발에 참여했고, 그 약에 특수한 성분이 들어 있는 것처럼 소비자를 현혹할 수 있다는 지적을 받았다.

1991년에는 존슨 앤드 존슨이 여드름 치료제인 레틴-A가 그 승인된 치료목적이 아닌 주름살 예방에도 효과가 있다는 광고를 했다는 이유로 식품의약국이 법무성에 의견을 구했다. 조사 결과 불법적인 광고행위는 없었던 것으로 확인됐다. 그러나 이 조사와 관련해 서류를 파기했다는 이유로 1995년 1월 존슨 앤드 존슨은 500만 달러의 벌금과 250만 달러의 조사비용 납부 처분을 받았다. 1996년 1월 식품의약국은 레틴-A를 주름살 감소 목적으로 사용할 수 있도록 허가했다. 현재 이 약은 레노바라는 상표로 판매되고 있다.

존슨 앤드 존슨은 유아용 유동식의 마케팅과 관련된 논쟁에 휘말려 있다. 의사, 과학자, 공중보건 활동가, '국제 아동음식 행동네트워크'와 같은 비영리 단체 등은 일반적으로 모유가 다른 모유 대체음식보다 우월하다고 주장한다. 1970년대와 1980년대에 각국 정부들과 비정부 건강단체들은 아동용 유동식 업체들이 가난한 나라들에서 유동식을 무책임하게 판매하고 있다고 강하게 비난했다. 특히 그들은 깨끗하지 못한 물로 유동식을 만드는 데 따른 위험이 산모와 아이들의 건강을 위협하고 있다고 주장했다.

이 논쟁에 대한 대응으로 국제아동기금, 세계보건기구, 미국을 포함한 세계보건기구 가입국들은 모유 대체식 판매에 관한 국제규범에 서명했다. 이 규범은 산모가 모유를 수유하는 것을 억제하는 모든 행위를 금지했다. 특히 유동식이나 우유병, 인조 젖꼭지 등을 무상이나 저가로 산모 또는 병원에 공급하는 것을 금지했다. 1994년 이후 국제아동기금이나 그 밖의 유엔 기구들이 수행한 조사 결과에 따르면, 존슨 앤드 존슨을 비롯한 대부분의 유동식 제조업체들이 이 규범을 지속적으로 위반했다.

약점: 반독점
존슨 앤드 존슨은 약사들로부터 가격차별을 이유로 고소당한 대형 제약회사 중 하나다. 이 회사는 1996년 2월 15개 제약회사와 약사들 사이에 이뤄진 4억 890만 달러의 합의에 참여하지 않기로 결정했다. 1996년 4월 연방판사는 2월의 제안에도 불구하고 독립 약사들이 HMO나 우편주문 판매업체들에 비해 훨씬 높은 가격을 지불해야하는 이중가격제가 달라질 게 없다는 이유로 합의의 거절했다. 1996년 6월 11개의 제약회사는 연방판사가 승인한 3억 5100만 달러 규모의 합의에 동의했다. 그러나 존슨 앤드 존슨은 여기에도 참여하지 않았다. 1996년 6월의

합의에서 제약회사들은 이중가격의 관행을 중지한다는 데 동의했다. 존슨 앤드 존슨은 독립 약사들의 주장에 대항해 다투고 있다. 1999년 2월 몇 개의 제약회사들이 추가로 1억 7600만 달러 규모의 합의에 동의했다. 집단소송은 존슨 앤드 존슨을 포함한 7개의 회사들에 대해 계속 진행 중이다.

1996년 12월 22개 주의 검찰당국은 존슨 앤드 존슨과 2개의 소프트 콘택트렌즈 회사를 기소했다. 검찰은 이들 회사가 제품의 공급 등을 제한함으로써 소비자 가격을 올린 혐의가 있다고 지적했다. 일부 안경사들과 안경사조합이 이 소송에 연루됐다. 검찰은 2500만 명의 소비자들이 소프트 콘택트렌즈 회사들의 공급제한 행위로 1989~1994년 중 소비자들이 6억 달러를 과다하게 지불했다고 주장했다. 존슨 앤드 존슨은 1998년 현재 이런 혐의를 계속 부인하고 있다.

존슨 앤드 존슨은 벡톤디킨슨, 백스터인터내셔널과 더불어 라텍스 장갑 제조회사다. 1992년 이후 연방법에 의해 건강서비스 제공자들은 피로 옮기는 바이러스에 대비하기 위해서 장갑이나 유사한 보호장구를 착용해야 한다. 대부분의 의료진은 라텍스 장갑을 착용한다. 이들 중 라텍스의 단백질에 알레르기 현상이 있는 사람들이 라텍스 장갑 제조업체들이 제품 속의 단백질 농도를 줄이지 않고 알레르기 반응이 일어날 능성에 대해 경고를 하지 않았다는 이유로 제조업체들을 고발했다. 그러나 라텍스 장갑 제조업체들은 그들이 라텍스 장갑 외에도 다른 적절한 대안들을 활용할 수 있었다고 주장했다. 1996년 2월 캘리포니아 항소법원은 이 사건을 집단소송으로 인정하지 않는다고 결정했다.

1998년 2월 FDA는 회사의 자회사인 잔센제약회사에 대해 항히스타민제인 히스마날의 설명서를 바꾸라고 요구했다. 이 약은 우울증 치료에 광범위하게 쓰이는 특정한 항생제와 몇몇 다른 약들과 함께 복용할 경우 치사를 포함한 위험이 있을 수 있다는 경고를 설명서에 포함시키라는 것이었다. 식품의약국은 이 제품에 대해 판매금지 조처를 취하지 않았다. 1999년에 잔센은 자발적으로 이 약의 판매를 중단했다.

1994년 〈인더스트리 위크〉는 아칸소주 노스리틀록에 있는 존슨 앤드 존슨의 공장을 미국 내 최고의 공장으로 선정했다. 텍사스주의 엘파소공장, 텍사스주의 셔먼공장도 전에 이 잡지에 의해 미국 내 최고의 공장으로 선정된 바 있다.

기타

약점 : 과다 보수

1998회계연도 중 존슨 앤드 존슨의 비상임 임원들은 KLD의 기준으로 10만 5000달러의 보수를 받았다. 이는 연봉 7만 6000달러에 스톡옵션 등 비현금 보수 2만 9000달러를 더한 금액이다.

약점 : 동물 보호

1998년 존슨 앤드 존슨은 비의료 제품의 생산을 위해서 동물실험을 이용하고 있다고 KLD에 밝혔다. 1999년 4월 동물보호 단체들은 존슨 앤드 존슨이 제품 개발을 위해 동물을 대상으로 실험을 한다고 항의했다. 존슨 앤드 존슨은 그런 동물실험은 인간의 안전과 창의적인 제품 생산을 계속하기 위해 필요한 것이라고 항변했다.

1998년 현재 존슨 앤드 존슨은 새로운 화합물과 조제품 제조를 위해 120개의 검사를 이용하고 있다. 이 회사는 자원자 테스트 등 종래에 해오던 것과는 다른 비전통적인 검사 방법의 사용을 늘림으로써 동물실험을 줄이고 있다고 덧붙였다. 1984~1996년에 존슨 앤드 존슨은 비의료 제품 개발을 위한 동물실험을 99% 줄였다.

미국 증권관리위원회의 주주결의안 규정

1. 주주제안이란 무엇인가?

주주제안(Shareholder Proposal)은 주주총회에서 주주가 회사나 이사회에 대해 어떤 조처를 취하도록 권고하거나 요구하는 것이다. 주주제안은 당신이 생각하기에 회사가 따라야 하는 행동절차를 가능한 한 분명하게 적은 것이어야 한다. 만약 당신의 제안이 회사의 주주총회 안건에 올라가면 회사는 주주들이 찬성, 반대, 기권을 박스에 표시할 수 있는 투표양식을 제공해야 한다.

2. 주주제안 제출자의 자격은 무엇이며, 자격이 있음을 입증하는 방법은 무엇인가?

주주제안을 제출하려는 날 이전의 1년 동안 시장가치로 2000달러 또는 회사의 의결권 있는 주식의 1% 이상에 해당되는 주식을 계속 보유해온 사람이어야 주주제안을 제출할 수 있다. 아울러 이런 주식을 주주총회 날짜에도 계속 보유하고 있어야 한다.

당신이 주주명부에 등재된 주주라면 회사는 당신이 주주제안을 제출할 자격이 있음을 스스로 확인할 수 있다. 이 경우에도 당신은 문서로 주주총회 날까지 계속 주식을 보유할 것임을 밝혀야 한다. 당신이 만약 주주명부에 등재된 주주가 아니라면 회사는 당신이 주주라는 사실과 당신이 몇 주를 갖고 있는지를 알 수 없다. 이 경우에는 주주제안을 제출할 때 주식 명의개서 대행기관으로 하여금 당신이 1년 이상 주식을 계속 보유했음을 입증하는 문서를 회사에 보내도록 하는 등 주주제안을 할 자격이 있다는 점을 입증해야 한다.

3. 한 번에 몇 건의 주주제안을 제출할 수 있나?

특정한 어느 한 주주총회에서 주주 한 사람당 1건의 제안을 할 수 있다.

4. 주주제안서의 길이에는 제한이 없나?

주주제안서는 보강서류를 포함해 500단어를 초과할 수 없다.

5. 주주제안을 제출할 수 있는 기한은 언제까지인가?

정기 주주총회에 주주제안을 제출할 경우에는 전년도 주주총회 의사록에서 기한을 찾을 수 있다. 그러나 만약 회사가 전년도 주주총회를 개최하지 않았거나 금년도 주주총회 날짜를 전년에 비해 30일 이상 변경한 경우에는 회사의 4분기 보고서나 투자회사의 주주보고서에서 기한을 찾을 수 있다.

주주제안은 전년도 주주총회 때 주주에게 전달된 회사의 위임장권유 설명서상의 날짜보다 늦어도 120일 전에 회사의 본점 소재지에 도착돼야 한다. 그러나 만약 회사가 전년도에 주주총회를 개최하지 않았거나 금년도 주주총회 날짜를 전년도 날짜에 비해 30일 이상 변경했을 경우에는 회사가 주주총회 참석통지서를 인쇄, 송부하기 전의 합리적인 날짜로 기한을 정한다.

정기 주주총회 이외의 주주총회에 주주제안을 제출하는 경우에는 회사가 주주총회 참석통지서를 인쇄, 송부하기 전의 합리적인 날짜로 기한을 정한다.

6. 자격 요건이나 절차적 요건 중 일부를 충족하지 못한 경우에는 어떻게 되나?

회사가 당신의 제안을 기각시킬 수 있다. 그러나 회사는 사전에 이런 사실을 당신에게 고지해야 한다. 회사는 당신으로부터 주주제안을 받은 후 14일 이내에 당신에게 요건상의 흠결이 어떤 것들인지를 통보해야 하고, 당신은 회사의 통지를 받은 날로부터 14일 이내에 우편이나 전자메일로 응답해야 한다.

만약 당신이 주주총회일까지 필요한 주식을 계속 보유한다는 약속을 지키지 못한 경우에 회사는 향후 2년간 당신의 주주제안 전부를 주주총회 의안에서 제외할 수 있다.

7. 주주제안을 제출하려면 반드시 본인이 주주총회에 참석해야 하나?

당신 또는 당신의 적법한 대리인이 주주총회에 참석해 제안을 제출해야 한다. 당신은 주주총회에 참석하든지 아니면 적법한 대리인을 보내서 제안을 제출하는 절차를 밟아야 한다.

8. 회사가 일방적으로 주주제안을 의안에서 제외시킬 수 있는 경우는?

• **부적절함**: 주주제안 자체가 회사 소재지에 적용되는 법규에 적절하지 않는 경우.
• **위법**: 주주제안이 실행되면 회사가 법규를 위반하는 것이 될 경우.

- 허위: 주주제안이나 관련 진술서가 근본적으로 거짓일 경우.
- 개인적 불만이나 **특별한** 이해관계: 제안이 개인적 배상을 요구하는 것이거나 회사 또는 다른 사람에 대한 불만과 관련된 경우, 또는 제안이 개인에게 혜택을 주거나 주주 대부분과는 관련성이 없는 개인적인 이익에 관한 것일 경우.
- 중요도: 회사의 최근 회계연도 말 현재 자산의 5% 미만, 또는 순이익이나 총매출의 5% 미만인 사항에 관련된 것일 경우.
- 권한이나 자격의 결여: 회사가 실현할 권한이나 자격이 없는 것에 관련된 것일 경우.
- 경영의 기능: 당연히 회사의 경영진의 소임에 속하는 것일 경우.
- 회사의 제안과 **상충**: 동일한 주주총회에서 회사가 제출한 제안과 상충되는 경우.
- 기타: 제안의 내용이 이미 실행된 것일 경우, 동일한 주주총회의 다른 안건과 중복된 것일 경우 등에도 회사가 일방적으로 해당 주주제안을 주주총회 의안에서 제외시킬 수 있다.

레이시언의 임원보수에 대한 주주결의안

1990년대의 기록적인 순이익에도 불구하고 미국 기업들은 기록적으로 노동자를 해고했다. 비용 삭감이 장기적인 경쟁력과 이익 증가를 위한 핵심이라는 근거에 서였다.

1992년 미국경영자협회(AMA)의 연구에 따르면 인원을 감축한 회사 중 영업이익이 증가한 곳은 44%뿐이었다. 또 인원을 감축한 회사 중 31%만이 생산성이 증가했으며, 77%에서는 종업원의 사기가 악화됐다. 와야트(Wyatt Co.)에 의한 후속 연구에 따르면 조사대상 1000개 기업 중 3분의 1만이 구조조정 시 세운 이익 목표를 달성했다.

1998년 레이시언(Raytheon)은 1999년 말까지 1만 4000명의 종업원을 해고한다고 발표했다. 1999년 4월 회사는 해고예정 인원을 1만 5400명으로 늘렸다. 1999년 10월 회사 경영진은 추가로 2400명을 해고한다고 발표했다. 회사 경영진은 해고가 비용을 삭감하고 이익을 증가시킬 것이라고 주장했다.

직전의 인원감축은 회사의 최고경영진이 약속한 재무적 건전성을 달성하는 데 실패했다. 인원감축이 발표된 후 회사의 수익성은 악화되기 시작했고, 주식 가격은 경쟁사에 비해 매우 저평가됐다. 1998년 1월 1일부터 1999년 11월 23일까지 회사의 주가는 35.8% 하락했다. 같은 기간 중 S&P 항공방위산업 지수는 12.8% 하락했을 뿐이다. 전체 시장지수인 S&P 500은 오히려 48.6% 상승했다.

비용감축 필요성을 공개적으로 주장하면서도 회사의 임원들은 1998년에 자신들의 보수에 대해서는 매우 관대했다. 1997년 중 근무하지 않은 번햄을 제외한 4명의 최고위 임원들의 급여와 상여금은 모두 합쳐 179만 달러(일인당 평균 44만 9000달러)로 30% 이상 증가했다. 또한 이들은 1998년 전년도에 비해 최소한 33% 많은 스톡옵션을 지급받았다.

우리는 종업원들에게는 희생을 요구하면서 한편으로 임원진을 배부르게 하는 행위는 종업원, 납품업자, 주주들에게 좋지 못한 메시지를 준다고 생각한다. 그리고 장기적인 비즈니스의 성공은 모든 종업원 간에 보상과 희생이 같이 공유되는 기업이라고 인식될 때 비로소 가능하다고 믿는다.

결론적으로 주주들은 이사회가 종업원의 2%에 달하는 1000명 이상이 일자리를 잃는 동안 임원의 보수를 동결하는 정책을 취하도록 요구한다. 이러한 보수 동결은 인원감축이 완료되고 난 후에도 1년간 더 계속돼야 한다.

보강 진술

기업 지도자들은 경영상 결정을 내릴 때 장기적연 비전을 가져야 한다. 만약 비용을 삭감하는 결정이 장기적으로 회사에 가장 좋은 결정이라면 임원들은 그에 따른 소망스런 결과가 나올 때까지 보수의 수령을 자발적으로 보류해야 한다. 미래의 잠재적 성과를 위해 비용 삭감을 결정한 임원들을 오히려 보상하는 것은 바람직한 기업지배구조의 기준과 상충된다.

이 제안에 찬성투표를 해주기를 바란다.

출처: 2000년 1월 〈The Proxy Resolutions Book〉

퀘이커교 친우회의
사회투자 정책과 가이드라인

사회적 책임성에 대한 고려

A. 투자는 일상생활에 필요한 모든 것 즉, 사람이 필요로 하거나 평화 시에 산업이 필요로 하는 음식, 의약품, 의류, 주택, 난방과 조명, 수송, 통신, 오락 등의 재화와 서비스를 제공하는 회사에 대해 이루어져야 한다.

B. 화학무기, 생물학무기, 핵무기, 인명살상용 무기, 소형화기, 자동화된 전투용 무기 등을 생산하는 무기 제조업체에 투자해서는 안 된다.

C. 군수계약을 통해 수입을 올리는 회사에 대한 투자 여부는 그 군수계약에 대한 경영진의 태도, 계약액의 규모, 전체 매출 중 군수계약이 차지하는 비중, 계약 대상인 재화와 서비스의 종류, 군수계약이 전체 회사 매출에서 차지하는 비중의 증감 방향 등을 고려해 기업별로 판단돼야 한다. 주요 군수품 계약자나 그 공급자, 군수산업 관련 연구개발 용역 계약자, 군수계약이 전체 매출의 3% 이상인 기업들에 투자해서는 안 된다. 100대 군수계약자에 들어가는 기업에 대한 투자는 각별한 주의를 기울여 살펴보아야 한다.

D. 독극물, 담배, 사치품, 땅 투기 등 사회적 가치가 제한적이거나 의문스러운 산업에 주로 종사하는 기업에 대해서는 투자를 피해야 한다.

E. 같은 산업에 속한 다른 기업들과 비교해 볼 때 다음과 같은 분야에서 실적이 열등한 기업에 대해서는 투자 판단을 할 때 유의해야 한다.

  1. 환경, 자연보호, 오염 방지

  2. 소수민족과 여성에 대한 차별 철폐 정책에 부합하는 고용 및 인사 관행

  3. 종업원의 건강과 안전

  4. 광고 및 재무적 관행을 포함한 일반적 사업관행

  5. 주주에 대한 사업 및 사회적 책임성 관련 관행에 관한 정보 공개

  6. 천연자원 개발회사의 경우 원주민의 권리와 문화의 인정

  7. 노동조합이나 종업원 단체와의 관계

F. 문화와 가치의 차이 때문에 국제적으로 사업을 경위하는 기업에 대한 판단을 내리기는 매우 힘들다. 회사의 외국 영업은 회사가 ① 현지 국가에 도움이 되는지 ② 해당 국가나 지역의 문화와 부합하고 인간의 존엄성을 보장하는지 ③ 현지 국가의 자연자원을 불필요하게 소모하지 않는지 ④ 현지 국가의 열망에 귀를 기울이는지 등의 여부를 측정하는 방법을 정하는 데는 보다 세심한 연구가 필요하다. 현지 국가의 규모에 비교한 회사의 영업 규모 역시 고려해야 할 한 요소다. 투자정책은 미국 외에서 우리의 프로그램 활동을 통하여 얻어진 경험에 부합해야 한다.

주요 프로그램 방향과의 부합성

투자정책은 주요 프로그램의 문제에 대한 미국 퀘이커교 친우회의 입장에 의해 영향을 받아왔다. 남아프리카공화국 프르그램, 비핵화, 미국 재무부 채권 등의 문제는 각각 특정한 투자정책을 낳았다.

A. 1994년 1월까지는 남아프리카공화국에서 사업을 하는 회사들에 대해서는 어떠한 투자도 유지하지 않는다는 것이 친우회의 정책이었다. 그러나 현재는 남아프리카공화국에서 사업을 하는 회사에 대한 정책도 그렇지 않은 회사와 완전히 동일한 가이드라인을 적용한다.

B. 핵발전에 대한 입장은 1978년 평화교육 요원을 지도하기 위한 내부 지침에서 발전돼 나왔다. 그 투자 가이드라인은 다음과 같다.

1. 핵발전소를 건설할 계획이 있는 전력회사에 대한 투자는 피해야 한다.

2. 핵발전에 심각하게 관여하는 회사에 대한 기존 투자는 일정한 시간을 두고 줄여나가 궁극적으로는 완전히 없앤다. 현재 핵발전을 하고 있는 전력회사들의 채권은 심각한 손실을 피하기 위해 시장 상황에 따라 적절히 처분한다.

C. 친우회의 이사회는 1967년 미국이 베트남에서 전쟁행위를 하는 동안 미국 재무부 채권을 보유하지 않기로 결정했다. 투자위원회는 이 관행을 계속 유지하고 있으며, 대신 다른 미국정부기관의 채권을 보유하고 있다. 이 투자 가이드라인이 1983년 기업채권에도 적용되었을 때 많은 투자대상이 제외됐다. 투자기회가 급격히 변하는 시대에는 종류와 다양성, 유동성(낮은 비용으로 쉽게 사고팔 수 있다는 뜻)에서 장점이 있고 파산 및 조기상환의 위험이 없는 미국 재무부 채권을 일시적으로 보유하는 것이 재무적으로 신중한 처사일 수도 있다. 그

적절한 가이드라인은 다음과 같다.

1. 미국 재무부 채권에 대한 투자는 적당한 연방기관이나 회사채 중에는 투자할 만한 대상이 없거나, 그런 것에 투자하려면 과도한 위험을 부담해야 하는 상황에서만 실시한다. 미국 재무부 채권에 대한 투자는 마지막 투자 방안이어야 한다.

2. 시장 상황이 급변하는 기간에 미국 재무부 채권에 대해 일시적 투자를 할 경우, 다른 채권투자로 빠른 시간 내에 대체할 수 있다는 전제 하에서 하는 것이 적절하다.

3. 미국 재무부 채권에 대한 투자 금액은 친우회 포트폴리오의 12개월 평균 금액의 15%를 초과해서는 안 된다.

4. 미국 재무부 채권에 투자된 친우회 펀드의 투자금액을 최대한 억제하기 위하여 투자위원회와 투자자문관은 매년 미국 재무부 채권의 목록을 검토하고, 그 대신 투자할 대상을 찾는 데 가능한 모든 노력을 할 책임이 있다.

한국의 소수주주권

소수주주권의 의의

소액주주들이 모이면 경영진의 책임을 추궁하는 다양한 법적 권리를 행사할 수 있다.

〈소수 주주권 행사지분〉

	비상장기업 (상법, 보유기간 없음)	상장기업(증권거래법, 괄호 안은 자본금 1000억 원 이상인 기업의 경우, 보유기간은 6개월 이상)
임시주주총회 소집청구권	3%	3%(1.5%)
대표소송 제기권	1%	0.01%
이사해임 청구권	3%	0.5%(0.25%)
위법행위 유지청구권	1%	0.05%(0.025%)
회계장부 열람권	3%	0.1%(0.05%)
검사인 선임청구권	3%	3%(1.5%)
주주제안권	3%	1%(0.5%)

소수주주권의 행사절차

임시주주총회 소집청구권

소수주주는 회의의 목적사항과 소집의 이유를 기재한 서면을 이사회에 제출하여 임시총회의 소집을 청구할 수 있다. 회의의 목적사항이 주주총회의 권한에 속하는 결의사항이어야 함은 물론이다. 소집의 이유는 결의의 필요성을 소명하면 되고, 이사의 부정이나 재무제표의 부당과 같이 이사나 감사의 책임 추궁에 한정되는 것은 아니다.

소수주주의 청구가 있을 때에는 이사회는 지체 없이 주주총회 소집의 절차를 밟아야 한다. 이 경우에도 이사회의 소집 결정을 요한다. 소집 이유의 정당성을 검토해야 하기 때문이다. 물론 소집의 이유가 상당하지 못하면 소집 절차를 밟을 필요가 없다.

소수주주의 청구가 있음에도 불구하고 이사회가 소집 절차를 밟지 않을 때에는 소집을 청구한 주주는 법원의 허가를 얻어 소집할 수 있다. 법원의 소집허가 결정에 대하여는 불복하지 못한다. 이 경우 소수주주가 회사의 일시적 기관으로서 주주총회를 소집한다고 보아야 하므로, 기준일의 설정, 통지, 공고 등 총회소집을 위해 필요한 절차를 모두 소수주주가 취할 수 있으며, 회사에 대하여 소집비용을 청구할 수 있다.

이사, 감사, 청산인의 해임청구권

이사, 감사, 청산인이 그 직무에 관하여 부정행위 또는 법령이나 정관에 위반한 중대한 사실이 있음에도 불구하고 주주총회에서 그 해임을 부결한 때에는 총회 결의가 있은 날로부터 1개월 내에 그 이사의 해임을 법원에 청구할 수 있다.

위법행위의 유지청구권

이사가 법령 또는 정관에 위반한 행위를 하여 이로 인해 회사에 회복할 수 없는 손해가 생길 염려가 있는 경우에는 감사 또는 소수주주는 회사를 위해 이사에 대하여 그 행위를 유지할 것을 청구할 수 있는데, 주주 또는 감사의 이러한 권리를 유지청구권이라 한다.

대표소송

대표소송이란 회사가 이사에 대한 책임추궁을 게을리 할 경우 주주가 회사를 위하여 이사의 책임을 추궁하기 위해 제기하는 소이다.

- 소제기 청구 : 소수주주는 먼저 대표소송을 제기하기 전에 이유를 기재한 서면으로 회사에 대하여 이사의 책임을 추궁할 소를 제기할 것을 청구할 수 있다. 이 청구는 주주의 권리인 동시에 대표소송 제기의 요건이기도 하다. 회사가 이 청구를 받은 날로부터 30일 내에 소를 제기하지 아니한 때에는 소수주주는 즉시 회사를 위하여 소를 제기할 수 있다. 그러나 이 기간의 경과로 인하여 회사에 회복할 수 없는 손해가 생길 염려가 있는 경우에는 회사에 대해 청구하지 아니하고, 또 청구를 했더라도 30일을 기다릴 필요 없이 즉시 소를 제

기할 수 있다. '회복할 수 있는 손해가 생길 염려'가 있다함은 곧 시효가 완성한다든지, 이사가 도피하거나 재산을 처분하고자 한다든지 하여 법률상 또는 사실상 이사에 대한 책임추궁이 불가능 또는 무익해질 염려가 있는 경우를 뜻한다.

- 고지와 참가 : 주주가 대표소송을 제기한 때에는 지체 없이 회사에 대하여 소송의 고지를 하여야 한다. 일반적으르 소송 고지는 고지자의 자유이나 대표소송의 고지는 법상의 의무이다. 회사의 소송 참가를 위해서이다. 주주가 고지를 하지 아니한 경우 주주는 회사에 대하여 손해배상 책임을 진다. 회사는 주주의 대표소송에 참가할 수 있다. 참가 역시 이사를 상대로 한 소송행위이므로 감사가 회사를 대표한다.

- 제소주주의 권리와 의무 : 대표소송에서 주주가 승소한 때에는 회사에 대하여 소송비용의 지급을 청구할 수 있다. 대표소송에서 주주가 패소하였다고 하더라도 원칙적으로 회사에 대하여 손해배상 책임을 지지 않는다. 그러나 주주가 악의인 경우에는 회사에 대해 손해배상책임을 진다. 따라서 승산 없는 소송임을 알고 제기한 경우는 물론이고, 불성실하게 소송을 수행하여 패소로 이끈 경우에도 손해배상 책임이 있다고 보아야 한다.

회계장부 열람권

소수주주는 이유를 붙인 서면으로 회계의 장부와 서류의 열람 또는 등사를 청구할 수 있다. 회사는 주주의 청구가 부당함을 증명하지 아니하면 이를 거부하지 못한다.

업무, 재산상태의 검사권

회사의 업무집행에 관하여 의심이 있을 때에는 소수주주권자는 그 업무와 재산상태를 조사하게 하기 위하여 법원에 검사인 선임을 청구할 수 있다.

주주제안권

소수주주는 이사에 대하여 일정한 사항을 주주총회의 목적사항으로 할 것을 제안할 수 있다. 소수주주가 이사에 대하여 주주제안권을 행사한 경우에, 이사회는 주주제안의 내용이 법령 또는 정관에 위반되는 경우 기타 대통령령이 정하는 경우를 제외하고는 이를 주주총회의 목적사항으로 상정하여야 하며, 주주제안을 한 자의 요청이 있는 경우에는 주주총회에서 당해 의안을 설명할 수 있는 기회를 주어야 한다. '기타 대통령령이 정하는 경우'라 함은 주주제안의 내용이 ① 주주총회의 의결사항이 아닌 사항 ② 주주총회에서 부결된 내용과 동일한 의안을 부결된 날부터 3년 내에 다시 제안하는 경우 ③ 주주개인의 고충에 관한 사항 ④ 합병, 영업 양수 또는 양도 및 제3자에 대한 신주 발행에 관한 사항 ⑤ 증권거래법 191조의 13에서 규정하는 소수주주권에 관한 사항 ⑥ 임기 중에 있는 임원의 해임에 관한 사항 ⑦ 회사가 실현할 수 없는 사항, 주주총회의 의안으로 상정할 실익이 없거나 부적합한 사항 또는 제안이유가 명백히 허위이거나 특정인의 명예를 훼손하는 사항에 해당하는 경우를 말한다.

상법과 증권거래법은 '주주제안을 하고자 하는 자는 주주총회일 6주 전까지 서면에 의하여 이를 하여야 한다'고 규정하는 등 주주제안권 행사의 기간과 방법에 대한 제한을 두고 있으므로 주의를 요한다.

출처: 참여연대 웹사이트

290

1) Domini 400 Social Index. 이 책의 저자인 에이미 도미니가 창설한 사회책임투자 조사회사인 KLD 조사분석 회사(KLD Research & Analytics)가 1990년 5월부터 발표해 오고 있는 사회적 주가지수 사회적 스크리닝을 적용해 구성한 주식 포트폴리오의 가치 변동을 반영하고 표시해 주는 일종의 벤치마크 지수다.

2) 'Not In My BackYard' 의 머리말을 딴 것이다.

3) 사회적투자포럼(SIF; Social Investment Forum)은 사회책임투자의 이론과 실천을 개선 및 확충하고 그 발전을 촉진할 것을 목적으로 하는 비영리 단체다. 웹사이트는 www.socialinvest.org

4) Edmund Burke(1729~1797). 영국의 정치가이자 철학자.

5) IRA(Individual Retirement Account).

6) 확정지급형 퇴직연금(Defined Benefit pension plan)은 근로자가 규정된 퇴직연령 이후에 퇴직한 경우 기업이 종신토록 연금을 지급하는 제도다. 우리나라의 퇴직금 제도와 기본적으로 유사하다. 이에 비해 확정기여형 퇴직연금(Defined Contribution pension plan)의 경우 기업은 매년 종업원과 약속된 금액을 종업원의 퇴직금으로 적립해 줄 뿐이고, 개개 가입자가 자기 책임에 의해 퇴직연금을 운용하고 그 운용 결과에 의해 급여액이 결정되는 제도다. 미국의 401(k)의 경우 제도 도입의 초기 단계에서 확정 이율의 상품을 선택하는 가입자가 많았지만, 그 후 주식시장의 활황에 따라 주식 등 위험상품을 선택하는 가입자가 대폭적으로 증가해 왔다.

7) Maryknoll Fathers and Brothers. 아시아지역 선교를 위해 1911년 미국에서 설립된 조직. 메리놀 외방전교회(外邦傳敎會)로도 불린다.

8) McBride Principle. 1984년 11월 북아일랜드에서 활동하는 미국 회사들에 대해 차별적 관행을 금지하고 근로조건에 대한 적극적인 개선조처를 취하도록 압력을 가할 목적으로 만들어졌다.

9) 1970년 4월 22일 미국에서 2000만 명의 자연보호론자들이 최초의 대규모 자연보호 캠페인을 전개하고 시위한 날을 기념해 계정됐다.

10) Sullivan Principles. 이 원칙은 기업들로 하여금 매년 회사 운영상황에 대한 감

사를 실시하고, 그 결과를 자세히 보고하게 한다. 이 원칙에 따라 연례보고서에 수록돼야 할 사항은 인종 간 비차별, 고용의 형평성, 평등 임금, 교육 프로그램의 통일, 관리직종의 유색인종 고용비율 개선 정도, 종업원들의 생활여건 등이었다.

11) 그 대표자들 가운데 한 명인 광산업회의소 회장은 "미국의 투자철회 위협에 대한 대응방법은 남아프리카공화국의 헌법과 일반적인 사항들을 개혁하는 데 있다"고 말했다.

12) 미국의 인기 토크쇼 진행자로, 자신의 이름을 딴 의류회사를 운영하기도 했다.

13) 퓰리처상을 수상한 미국의 흑인 여성작가.

14) 〈부록5〉 미 퀘이커교 친우회의 사회투자 정책과 가이드라인 참조.

15) 미국의 증권관리위원회(SEC)는 1934년에 제정된 증권거래법에 의해 증권시장에 대한 연방 감시기구로 창설됐다.

16) 10-K는 연간 결산을 위해 회계감사를 받은 뒤 증권관리위원회에 제출하게 돼 있는 서류다. 많은 미국 회사들은 10-K가 포함된 연례보고서를 일반 대중에 공개한다.

17) 미국의 슈퍼펀드법(Superfund Act)에 의해 지정된 정화대상 지역. 1980년에 제정된 슈퍼펀드법은 미국의 환경법을 대표하는 연방법이다. 이 법률을 슈퍼펀드법이라고 부르는 것은 연방정부가 거액의 기금(슈퍼펀드)을 조성하고, 오염 책임자를 특정할 수 없을 경우나 오염 책임자가 정화비용을 지불할 수 없을 경우에 이 기금을 사용해 오염을 정화한다는 데서 유래했다. 슈퍼펀드법의 정식 명칭은 CERCLA(Comprehensive Environmental Response, Compensation and Liability Act)다.

18) 북미와 영국에서 150여 개의 점포를 운영하고 있는 자연식품 및 유기농산물 소매업체. 1980년 미국 텍사스주의 오스틴에서 한 개의 작은 점포로 시작해 20여 년 만에 지금과 같은 대규모 식품소매 체인으로 성장했다.

19) RJR 나비스코의 담배부문은 RJ 레이놀즈로 바뀌었다. 홈페이지는 www.rjrt.com

20) 엑손은 1994년 내려진 판결에 불복하여 법정 싸움을 계속했고, 부과받은 벌금은 10년 뒤까지도 단 한 푼 내지 않았다.

21) '세레스(CERES)'란 '환경적 책임성이 있는 경제를 위한 연대(Coalition for Environmentally Responsible Economies)'의 약칭이다.

22) ICCR은 뉴욕의 리버사이드 드라이브 475번지에 본부를 두고 있다.

23) NCCA의 웹사이트 주소는 www.communitycapital.org

24) 이 조직의 웹사이트(www.natfed.org)에 가면 지역사회개발 신용조합들에 관한 정보를 얻을 수 있다.

25) 당시 프랑스의 자크 시라크 총리는 전국에 중계된 텔레비전 연설에서 "푸조 시트로앵의 대규모 해고는 프랑스가 이제는 더 이상 프랑스 기업들을 통제할 수 없게 된 탓"이라고 말했다.

26) Business for Social Responsibility in the United States and Canada.

27) European Business Network for Social Cohesion.

28) EMPRESA.

29) Edward Said(1935–2003). 팔레스타인 출신의 미국 영문학자이자 비교문학가, 문학평론가, 문명비판론자.

30) 존슨 앤드 존슨에 대한 사회적 감사 보고서는 이 책의 부록에 실려 있다.

31) 보다 자세한 내용은 헤이즐 헨더슨의 《원원 세계 만들기: 세계적 복지경제를 넘어선 삶(Building a Win-Win World: Life Beyond Global Economic Warfare)》(1996, Berrett-Koehler, San Francisco)을 보라.

32) 이와 관련한 다양한 논문들은 www.socialfunds.com에서 볼 수 있다.

33) 그랜트 맥크래켄, 《문화와 소비: 소비재와 소비행위의 상징적 특징에 대한 새로운 접근(Culture and Consumption: New Approaches to the Symbolic Character of Consumer Goods and Activities)》(1991, University of Indiana Press, Bloommington)

34) 개발도상국들은 이 의안들이 선진국들의 경제적 제국주의를 가속화하는 것이라고 보고 반대했다.